一頁 folio

始 于 一 页 ， 抵 达 世 界

梦游进入新世界

Sleepwalking into a New World

12世纪意大利城市公社的出现

The Emergence of Italian City Communes in the Twelfth Century

Chris Wickham

[英] 克里斯 · 威克姆 著 X. Li 译

GUANGXI NORMAL UNIVERSITY PRESS
广西师范大学出版社
· 桂林 ·

图书在版编目（CIP）数据

梦游进入新世界：12世纪意大利城市公社的出现/（英）克里斯·威克姆著；X.Li译. --桂林：广西师范大学出版社，2022.3
书名原文：sleeping into a new world
ISBN 978-7-5598-4399-9

Ⅰ.①梦… Ⅱ.①克… ②X… Ⅲ.①意大利－历史－12世纪 Ⅳ.①K546.31

中国版本图书馆CIP数据核字(2021)第219491号

著作权合同登记号桂图登字：20-2022-008号

MENGYOU JINRU XINSHIJIE
梦游进入新世界

作　　者：［英］克里斯·威克姆
责任编辑：张　涛
特约编辑：任建辉

广西师范大学出版社出版发行
　广西桂林市五里店路 9 号　邮政编码：541004
　网址：www.bbtpress.com
出版人：黄轩庄
全国新华书店经销
发行热线：010-64284815
北京九天鸿程印刷有限责任公司
开本：880mm × 1230mm　1/32
印张：7.5　　　　字数：150千字
2022年3月第1版　　2022年3月第1次印刷
定价：65.00元

如发现印装质量问题，影响阅读，请与出版社发行部门联系调换。

目　录

第一章　城市公社

1117 年，一场大地震摧毁了意大利北部，米兰大主教以及该城的执政官们召集北部各城的民众及主教前来米兰，举行一次大会。地点设在布罗莱托，这是一处位于米兰两座大教堂之间的开阔地，如今是大教堂广场（Piazza del Duomo）的一部分。对于这次集会，编年史学家圣保罗的兰多尔福在二十年后引用目击者的话记述道：

> 大主教和执政官们搭起两座舞台（theatra）。其中一座供大主教和主教、修道院长、重要的教士使用，他们或坐或立；另一座属于执政官们以及精通法律和习俗之人。四周则围绕着许多神职人员和世俗民众，包括妇人和少女，人们翘首期待着惩恶扬善、激浊扬清。

这次会议的召开，似乎是为了应对此前发生的大地震，兰多尔福紧接着提到，“出于对断壁残垣的恐惧，所有人聚集在那里，以聆听弥撒和布道”；然而，此处也被看作一个寻求正义、讨回公道的场合，兰多尔福自己就曾在这里寻求恢复原状，因为他新近被逐出了（圣保罗)教堂,而他原本是那里的神父和共同所有者之一。他的主张未获支持;他的敌人大主教焦尔达诺绝不会允许兰多尔福重掌其教堂,焦尔达诺的继任者也不会(尽管他们不像前任那么心怀怨毒)。在此背景下,兰多尔福关于重树美德的言辞应理解为一种反讽。但是,他笔下的这次精心策划的会议场景十分引人注目;其中权力分立的情况也是如此——教会占一座舞台,执政官和法律界人士占另一座。[1]

这一记述,可与同年7月的一份文献互为参照。该文献在当时的一份副本中保存了下来。它记载道,米兰的执政官们裁断了一桩法庭讼案,该案是由邻近的洛迪城(此时属于米兰治下)的主教提起的,“在公共大会(public arengo)[或许是在同一个开放的场所]上,与会者有米兰大主教焦尔达诺及米兰教会上下各级神职人员,米兰的执政官们及许多领主(capitanei)、封臣(vavassores)[这是伦巴第军事贵族统治体系中的两个等级]和民众(populus)”。这是提到米兰执政官们的第二份文件,却是第一份真正点出其中十九位执政官姓名的文献,表明他们扮演了司法官的角色。如果兰多尔福的记载和执政官的文件意指的不是同一次集会,至少也是同一场合紧挨着举行的两次会议,并且相互印证:一个展示了一桩经过精心安排的事件,另一个展现出切实有效的法律内容。自从近现代历史著述开始关注意大利城市公社的起源以来,它们也被看作且被大力强调为一个对子(a pair)。米兰的例子,可以追溯到1760年代乔治·朱利尼的著作:在这个戏剧性的时刻,我们可以看到,米兰的执政官们开始肩负起他们未来将会扮演的城市统治者这一崭新的角色,而意大利的历史也由此迈向了具有决定性意义的新道路。[2]

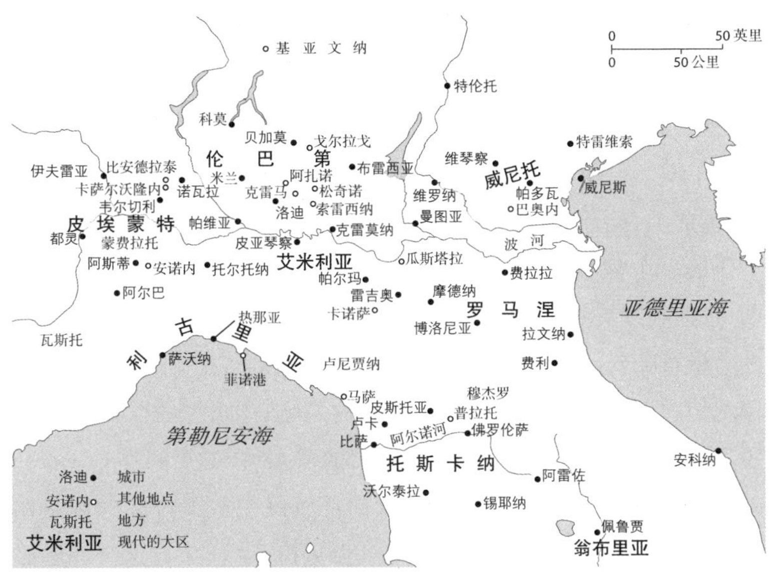

地图 1　城市公社时期的意大利

在下文中,我想要细致地将那个时刻描述一番。不过,还是让我们从简述以下内容开始:为何那个时刻以及那种新政体(régime)在历史编纂学上如此重要。广泛来看,有两方面的相关背景,一个是意大利的,一个是国际的(尤其与美国相关)。

对于意大利的专业历史学家而言,在关于过去的宏大叙事中,近代国家的起源从来不是中世纪,正如西欧大部分地区的情况(要不然它怎么会在德意志令人扼腕地失败),而毋宁是自治城邦对外部支配的成功抵制,这使得文艺复兴时期市民文化的发展成为可能;其实,外部统治只不过是事情的一部分,因为直到最近,意大利人仍倾向于将诺曼人和安茹人在南意大利进行的真正的国家建设活动视为错失良机乃至南部"落后状态"的根源,认为其损害了那里的城市自治化的根基。城市,是意大利历史中的“至善原则”(principio ideale),存在于1850年代卡洛·卡塔内奥著名的构想之中,并为意大利复兴/统一运动(Risorgimento)准备了前奏。当最初产生了城市自治的那个时刻成为历史学界极为有趣和重要的话题时,缔造了自治集体的“联合运动”(moto associativo)也就成了研究工作的一个核心焦点,尤其是1900年前后的几十年,就在这个时期,意大利发展起了其合乎科学的历史学。确实,它超越科学的情感力量意味着,关于中世纪市民集合体性质的辩论,很快变成了20世纪初意大利主要政治和文化战场的隐喻;中世纪史学家在社会主义和法西斯主义运动、克罗齐式的唯心主义共同体(Crocean idealist community),以及二战后以基督教民主主义告终的慢热的教权运动中扮演了重要角色。人们会觉得,这意味着这个课题必定已经得到了充分的研究;很不幸,情况并非如此(后文将会再次探讨这个问题)。但是在意大利,它的核心地位依然是不言而喻的。[3]

至于国际上对这个主题的兴趣,从布克哈特到美国大学的“西方文明”必修课(US Western Civ),也都与文艺复兴相关,尽管也会补充说,意大利城市公社被认为具有民主或至少是共和主义的性质,是现代性的诸多起源之一。就像研究威尼斯历史的历史学家弗雷德里克·C. 莱恩1965年在美国历史学会所言:“我的论旨是共和主义,而非资本主义,这才是这些意大利城邦最独特和重要的方面;从13世纪一直到16世纪,是共和主义赋予了意大利文明突出的特质……复兴古代城邦文化的尝试,反过来又加强了共和制理想,并极大地推动了它在近现代国家,尤其在我们国家的胜利。”美国对文艺复兴史的依旧非常强烈的关注,就是源于这两条思路。[4]令人惊讶的是，意大利城市公社的经验还被非中世纪史学家援引和提及，比如美国社会学家罗伯特·帕特南颇具影响的合著《使民主运转起来》，就将当时意大利市民的团结一心，全部归功于意大利城市公社及其在11世纪“对霍布斯式两难困境的协调解决”所产生的影响；又比如在英国，昆廷·斯金纳《现代政治思想的基础》一书中，“自由的理想”一章干脆不是以对问题的定性作为开头，而是直接切入早期意大利的执政府。这里我必须补充说明的是：这两位重要学者满足于从相当基本的文献中获得他们关于公社时期意大利的信息，但是，意大利各城市公社，以及更广泛的意大利各城邦，在两人的现代性故事线中，还是占据了显著位置。[5]

我可以扩展这份清单，但恐怕没这个必要。要点在于，意大利城市公社这一表达，通常未经太多细思，就被广泛用于指代迈向近现代世界的踏脚石之一，基于其自下而上的合作方式、对君主制的脱离、制度上的创新，或者世俗（由此也更加“现代”的）文化。在我看来，就像所有对历史的目的论式解读，这种诠释犯了根本性的错误。不过，这些描述也并非一无是处。公社的确因制度上的创新而富于特色（但如果没有其他原因，其制度大概率会失败），的确是基于自下而上的合作（然而从根本上讲，贯穿其中的是等级制和军事贵族阶层的价值观，以及竞争意识）。这些新颖之处的矛盾，令它们充满趣味又难以解释。因此，本书的主旨也有着这样的矛盾；可以用一个简单的问题来对它们进行最佳的总结。意大利北部和中部城市在（比如说）1050年受到贵族、军事势力以及教士们的操纵，这些精英的行事作风和价值观，与拉丁欧洲其他地方的精英几乎相同；即便有时难以控制，他们也像其他地方的精英一样，完全是等级制的一部分，该等级制一直向上延伸到主教、伯爵和国王/皇帝,作为一个完整的意大利王国的组成部分。而到了(比如说)1150年,执掌这些城市的精英可能来自同样的那几个家族,却发展出了自治以及崭新的集体政府形式,其重点是五十个乃至更多城镇每年一度的执政官换届,在更强大的上级势力看来,他们几乎全都有名无实,并且频繁地相互争斗;这样的政府在外人看来似乎高度激进[6],而且具有充分的组织性和自我确信,能够联合起来,对抗两百多年来最严重的一次皇帝想要彻底控制意大利的企图,即1158—1177年间皇帝腓特烈·巴巴罗萨的所作所为。这是一个新世界。然而这些人在进行我们眼中的戏剧性变革时,并没有——除了极少的情况下——向我们显示一丝证据,表明他们意识到自己正在除旧布新。那么他们认为自己在做什么?

简短的回答是:我们不知道,且永远不会知道,除了从非常片面的角度。当然,我们手中的证据稀少;那时是中世纪,还未到中世纪晚期文献爆炸的时候,这种爆炸在意大利需要到1250年才出现,一个世纪之前绝不是这样。不过,这个问题足够重要,值得我们试着去回答。于是,我选择重点关注三座城市的个案研究,其中每一座都既具有相对充分的文献(通常是陆上交易活动),又有一组组各种各样的叙事,文献与叙事之间的辩证也许可以让我们对我所提出的问题有所领悟。这三座城市,分别是米兰、比萨和罗马。就分组而言,它们事实上是意大利最佳的三个城市个案。热那亚可能可以算第四个,但是它最早期的证据太过模糊,就像我们将会在本书第五章中看到的,这一章包含了对意大利其他城市的简短概述,可以彰显上述三座城市在更广范围内的典型性和非典型性。我选的这三座城市均已得到了学者们细致的研究,但是这些研究没有完全聚焦于我最关注的问题。相对而言,米兰和比萨常常被比较（这很大程度上是因为比萨大学在 1960 年代聘用了几位来自米兰的历史学家）；罗马很少被放在等式的一端，然而，它将会作为这两者的一个有用的对比项和对照标准。意大利的每座城市各不相同这一老生常谈无疑属实，但是，这三座城市各自呈现的不同经历也具有明显的并行性，从而在一定程度上创造出某种间接的图景，让我们可以管窥人们作出选择的方式，而这是证据能提供给我们的最大限度的真实。作为一名受过训练的社会史学家，相对于相关的心理过程，我在分析他们作出的选择以及采取的模式方面更有经验，不过，心理过程同样至关重要，我希望能够尽量清晰地将它们展现出来。

不过，在考察具体的案例之前，我们需要了解上一代已经出现的、关于如何更加细致地分析公社的历史编纂学框架；梳理清楚这个问题十分重要，因为这样就可以看出，我的哪些地方是在追寻前人的足迹（包括我自己之前的作品），哪些地方不是。

****

意大利学者针对早期公社的详细的和比较性的学术成果，在数量上并没有人们想象的那么丰富。长期以来，意大利人的研究都是围绕着他们的直系尊亲属，而当执政官出现时，他们或许觉得工作已经完成。例如，上一代的意大利重要历史学家乔瓦尼·塔巴科以及琴吉奥·维奥兰特的大多数经验性著作就是关于 11 世纪晚期之前的时代。[7]然而，在过去的四十年间，尽管研究的数量依然不是很多（只有关于单个城市的专著性分析数量甚丰，但这些研究常常不把它们的经验数据用作更广泛意义上的反思的基础），有些重要作品仍在相当程度上改变了我们对于1050—1150年间所发生事件的观点。[8]

这里首先需要申明一点（这一点在历史编纂学中没有争议）：中世纪意大利城市的领导层，从来不仅限于商界（无论是贸易还是手工业），这与北欧通常的情况不同。[9]意大利的大地主多数住在城中，且总是在城市政治生活中扮演核心角色。这也是意大利城市比拉丁欧洲其他地区的城市面积更大、实力更强，社会政治方面更复杂的基本原因，而且这种情况延续了几个世纪。尽管11世纪和12世纪，意大利的经济的确发展得很快，但经济发展本身并非城市公社发展的必要原因。比萨和热那亚这两个主要港口是早熟的公社，克雷莫纳和米兰作为交流中心也是；但威尼斯不是，而且许多不那么商业化的中心城市，比如贝加莫和帕尔玛，发展出执政官政体的速度与那些经济领先者大体相同。因此，我不会对经济方面的结果多加评论。从本质上说，早期城市公社此时大体上都被认定是（极宽泛意义上的）贵族的：它们通常不是公开冲突的结果（罗马是一大例外），并且它们旨在固化不同类型的地产精英的权力。前公社时期，首先是11世纪早期和中期，是城市起义频发的时代；相反，所谓公社的最早的证据，出现在11世纪最后十年屈指可数的几个城市，其他例子则出现在12世纪，而且常常是在进入12世纪很久之后。历史学家们如今常常表示，公社不是出现在对抗的背景下，而是诞生于彼此妥协的情境中[10]：妥协既发生在城市精英的不同派系和层级之间，在主教与城市世俗领袖之间，也发生在那些领袖与更广泛的社群之间。其首要起因，是1076年之后几十年的“主教叙任权之争”[1]引发的混乱。这场斗争使皇帝和教皇反目，导致意大利在1080年代到1090年代间陷入内战（通常包括各个城市因出现对立的主教而产生的传统领导层危机），进而在此后几十年间逐步崩溃；城市公社由此成为一种应对危机的防御性反应。

如我们将看到的，我会在一定程度上对这种防御性反应的细节提出质疑；然而，我会同意这一概述的大部分内容。不过，对贵族统治的强调既有好的一面，也有坏的一面。它可以是对人民民主在意大利各城市共和国获胜这一老旧的浪漫观的现状核实（reality check），也可以（哪怕是现在）基于一项帕累托式的假设，即所有的历史主角实际上都是贵族。结果，某些意大利历史著作就相当舒服，并且强调了政治权力的真正渊源为什么根本没有随着早期的公社而改变。支持这种连续主义（continuitist）解读的，是某种未被问题化的发现，比如（就像奥塔维奥·班蒂展示的），直到12世纪中期，新的城市政体大多数时候都不称为“公社”，而是如长期以来的称为“城市”（civitates / cities），从而对我们（抑或也对他们自己？）遮掩了他们在治理中的任何改变。的确，对于1120年代之前的多数城市，公社（commune）甚至在源头上不是一个名词，而是一个形容词或副词，意指“集体的”或“共同地”。[11]此外，如今常常有人认为，不仅执政官们很早就已经担任或者可以担任公共角色——这一点不难看出[12]，而且执政官政体的公共角色只是从伯爵们和主教们那里继承而来的。一种更进一步的连续性因素，

1　即以格列高利七世为代表的教皇和以亨利四世为代表的皇帝之间争夺教会控制权的斗争。

是法律专家(iudices)毋庸置疑的重要地位,因为他们曾在11世纪的主教、12世纪早期的混合政体、12世纪中期更清晰地由执政官主导的政体下管理各个城市:只要他们控制着公共行为,这些行为的法律基础就不太可能有什么不同。[13]

然而,后面这种论点,有完全抹杀这段时期的风险,使得执政官时期真正的创新之举,无论当时是否被有意识地觉察到,都无从得见。例如,传统上的意大利王国(从7世纪到11世纪统一了罗马以北的意大利)展现其公共认同和合法性的主要方式,就是借助被称为"审判大会"(placita)的集会。这是定期在大量民众眼前实现司法公正的场合。11世纪晚期,这些司法性集会几乎在整个意大利中北部地区消失了,而各个公社也没有试图重建。[14]究其原因,要么是带有强烈"公共"(public)性质的审判大会传统不再管用,要么是执政官政体感到他们无法染指,要么是公共权力另有所属。无论是上述哪一种情况,都发生了政治权力基础的丧失或极大的变动。而法律专家们显而易见地适应了这种情况,并将其看作理所当然。后文中,我们将会回过头来再次论及这个问题。

上一代历史学家争议更多的,是统治早期公社的精英的性质。从一开始,如果大地主在实行公社统治的城市中是重要的,那么这些城市从根本上与乡村有什么区别?哈根·凯勒写有若干关于公社形成的极其出色的概论,并在1979年发表一部重要著作,主要基于米兰城的证据,大力主张将位于今意大利北部的各城市的精英,划分为轮廓清晰的层级(ordines),由军事贵族(Adel)来领头,根据采邑-封臣关系以及不同的社会出身来界定:领主(capitanei)从当地的主教那里获得领地,并在乡村地区进行私人统治;封臣(valvassores)则是领主们的附庸;还有市民(cives),即跻身于精英但出身于范围相对狭窄的贵族阶层之外的领袖人物,他们在早期公社的领导层中是少数,并且即便投身商业活动,也依然可能与军事层级或主教存在封臣式的联系。这看起来没什么争议(我当时很高兴地接受了,并且现在依然接受它的主线),但是它恰逢菲利普·琼斯论述“资产阶级传奇”的一篇重要而颇具争议的文章。该文的观点在随后的另一部大书中被推而广之,认为:意大利城市不完全是中世纪史学家们习惯将它们看作的那种完全“市民化”(civic)的状态,地主在城中的重要地位意味着它们长期以来受到贵族价值观的支配(城市公社“生而是领主的”);皮埃尔·拉辛关于皮亚琴察的论文则主张(这一主张有些过头):早期公社在如此大的程度上受到土地贵族的操控,以至于它们可以被看作“领主的集合体”,在类型上与乡村的领主统治没有真正的区别。[15]这些历史学家中没有一位是意大利人,他们的观点对于1980年代的意大利人而言,远不如凯勒的结论对我那样有用;意大利人的回应宽泛而并不总是有用,他们强调,在所有各个时期,意大利各城市究竟是多么的“市民化”,它们与乡村地区是如何不同,尽管外国人试图使它们看起来与北欧无异。[16]针对凯勒的“层级社会”,他们还给出了某些更加一针见血的观点:它的二重性,只能概括意大利北部少数城市的情况(对于意大利中部的城市则无一言中);它死板到了没有必要的程度,因为领主到底是什么人以及他们的行事风格都因地而异;贵族层级和主教的封臣也并没有支配每一个地方的早期公社。而且凯勒低估了一个重要的事实,这个事实在保罗·格里洛展示的米兰的例子中可见一斑,那就是:涉足城市政治的领主与那些没有涉足的同一层级的成员有很大不同,前者尽管依旧是主教的封臣,却对领主的权利和其他乡村权力要素的兴趣较小,而对更加“市民化”的活动更感兴趣。[17]人们可以接受上述观点的大部分,而不必贬低凯勒的著作,不过在一些至关重要的问题上,仍存在着争议。比如,如果12世纪城市的“市民”价值观的确跟乡村的和北欧的那么不同,那么它们到底是由什么组成的?(凯勒的批评者雷纳托·博尔多内对这一问题进行了深入探讨,但远非全面。[18])

2003年,让-克劳德·梅尔·维古厄出版的《骑兵与市民》得到了更加充分的认可,但实际上更具批判性,可能也更加激进,它探讨的是12世纪以及(尤其是)13世纪的城市民兵。梅尔·维古厄认为,贯穿两个世纪的公社的政治核心,不是像凯勒(以及其他不少人)所界定的军事层级,而是每个城市中的骑兵群体,他们远远超出了狭窄的采邑-封臣贵族,涵盖了城市中10%到15%的人口,并且必定包括商人和工匠中比较富有的成员,以及司法专家和公证员。他论述道,这个非常广泛的军事化精英阶层在12世纪的霸权,导致整个执政官时期“公社的统治阶级极其稳定且高度同质化”,而研究(为数不多的)对执政官的传记性分析会引发“一种厌倦感,一种似曾相识的印象”,这是由该阶层的全面同质性造成的,它一贯地基于“正直”的土地世袭制、与当地教会在土地方面的联系,以及与其他执政官家族密切的亲属和商业关系。[19]毫无疑问,该书通过极大地拓展城市精英的范围,赋予了该领域的研究一个新的框架,使学者们得以避开旧日的争辩。与梅尔·维古厄一样,我尤其确信,与主教们的封建纽带在关于公社的分析中被过分夸大了,公社的活力属于一个较为广泛的阶层。然而,我怀疑这个阶层是否完全地同质化。正如我们将看到的,它在各个城市中都包含有更多的多样性;我会在下文中强调其内部基于财富的细化分层，在我看来这有助于我们更加确切地了解存在于早期城市公社经验中的真实的社会和政治差异——在谈到我的三个个案研究的经验性证据时，我们会看到这些差异的重要。

让我们暂停一下，对概念的定义稍加探讨。我一直在提“贵族”（aristocrats）和“精英”（élites）：我将在谈论城市领导者的大部分时候坚持使用“精英”，因为其语义模糊得恰如其分，无疑可以扩展到涵盖梅尔·维古厄笔下的所有城市民兵；军事“贵族”的范围则将限定在身份明确的领主[20]以及与他们对等的角色（不过，他们多么富有或者实际上多么不同于身处领袖地位的市民，则是另外一回事）。但是，“公社”这个词本身是什么意思呢？学者们传统上认为它意指所谓的“执政官们”（consules）——1150 年之前的意大利中北部城市几乎普遍用这个词来指称其统治者，罗马和威尼斯除外，前者偏好使用“元老院议员”（senatores），后者则依然以公爵为核心——组成的城市政府，并且倾向认为公社是从第一次提到“执政官”开始的。关于首次提及执政官，有一份广为人知的清单，排在第一的是 1080—1085 年的比萨，接下来是 1095 年的阿斯蒂、1097 年的米兰、1098 年的阿雷佐和热那亚，等等。但这些提及全都是偶然的引用，执政官或其同类角色在大多数城市可能早就存在了。如凯勒所言，我们对于单个意大利城市转变为执政官政体的具体日期一无所知（尽管罗马存在部分例外）。[21] 此外，单单“执政官”这个词的出现是否足以标志一种新型政府的诞生？早期这个词好多都是指向定位非常宽泛的人物，他们很可能并无一官半职。在一系列情况可能如此的城市中，比萨和阿雷佐已被令人信服地证明存在这种现象，此外还包括卢卡，在那里，这个词首度出现在 1090 年代一首提及 1081 年的诗歌之中。[22] 所以我们手中关于执政官的证据可能是在"真正的"公社定型之前,也可能是在之后,就像我们已经看到的,直到进入12世纪很久之后,它在多数城市中才被称为"公社"。有鉴于此,如何界定一个"真正的"公社的特征呢?

这么说吧,很显然,任何历史学家都应该使用自己认为最有用的特征。我宁愿采用的不是一则定义,而是一种理想类型,一种相关元素的集合,这些元素可能不是在每座城市中都存在,却可以整体或部分地用于定性和比较各地各城的公社化现象。对于12世纪那个版本的意大利公社,这些元素可能尤其要包括:一个有自觉的城市集体,包括所有(男性)城市居民或者他们中的大部分,通常通过誓言绑定在一起;[23]定期轮替的地方官员,由这个集体选择或者至少由其确认(通常不是通过"民主"的方法,但也绝不由国王或主教之类的上级势力来选派);以及该城市及其地方官员事实上的行为自治,包括战争和司法行为,乃至税收和立法行为——这是中世纪早期和中期政府的基本要素。不是所有的公社都在实践中实行了自治(比如,脱离主教们的掌控),尤其在初始阶段;也不是所有的公社都定期由下面来选任或允准地方长官[腓特烈·巴巴罗萨曾在长达十年的时间里选用了很多城市统治者,而威尼斯的公爵们则是终身统治者,尽管他们本身是通过一系列复杂程序当选的,但他们无疑在选任自己的智者(sapientes)和参事(consiliatores)时有很大的话语权],但是,理想类型的要点在于使我们得以聚焦于为什么某些要素缺失,而不是挑起常常毫无助益的争议,较真于一座缺少其中某个要素的城市是否属于"真正的"公社。即便如此,理想类型也使我们能够看出,一座只有其中某一因素的城市,大概就不必与那些拥有大多数要素的城市相提并论了。例如,一个城市如果拥有通过誓言结合而成的社群,却没有其他方面的自治(1040年代的米兰是一个显而易见的例子),是很难加以控制的,而且正如米兰的情况,会发现很难维持连续的能动性,而这是后来每年选任的地方长官和以城市为基础的司法管辖范围所带来的。与此类似,一座完全自治却坚定地遵奉单一的终身统治者的城市(比如1143年之前的罗马和威尼斯),其政治实践必然与那些已经将权力岗位的轮替变成规范的城市大相径庭。

时至1150年代,在意大利北部和中部,执政官已被广泛接受为城市的统治者。在这十年的记载中,他们被视为理所当然的统治者,无论是城市公社官员自己的记述,比如热那亚的卡法罗、洛迪的奥托内·莫雷纳和比萨的贝尔纳多·马拉戈内,还是不带同理心的局外人,比如高度贵族化的德意志历史学家弗赖辛主教奥托,他是皇帝巴巴罗萨的叔父。而正是从这时,我们开始获得关于早期公社财政榨取的清晰的第一手参考资料;比萨也是在1150年代迈出重要一步,起草其第一版综合性的地方法典,明确地要求实现完全自治。[24]这些是我将1150年看作我探讨的时间终点的主要原因,因为此时意大利中北部的大多数主要城市都已经以某种形式建立了公社。更早些时候,则取决于个别城市的具体情况;不过在我看来,一个至关重要的标志是执政官常规司法记录的出现。这是最早展现执政官或其代理人以系统性的方式实行自治的文献,有时将他们自己描述为“民选的”(electi a populo)或采用类似的措辞。这十分重要,我们可以借此识别出一种与意大利王国传统的等级制大不相同的政府形式。不久之后,这些记录还主张法律凌驾于当事方的至高性,即便他们并不同意(这是法律权威性的一个重要标志),具体体现在:即便当事方之一没有出庭,执政官们也准备作出判决。[25]如果是这样,那么可以认定,1130年代,在大多数发展比较早的城市中，城市公社政体的巩固首次得到印证：米兰又一次名列其中，此外还有皮亚琴察、卢卡、帕多瓦、克雷莫纳和维罗纳，以及就像我们将会看到的，比萨和热那亚显然是其中最早的，它们在 1110 年左右就已经部分可见类似的巩固；但阿斯蒂和阿雷佐肯定不属于这个群组，其执政官法庭的记录分别晚至 1180 年代和 1190 年代方才出现。[26]凯勒已经论证：12 世纪二三十年代是公社在制度上定型的时刻，至少最早建立的公社是符合这个时间的。[27]我也偏向这一论点，而不是他的其他主要论断，并以米兰为背景加以阐明。在米兰，1044—1045 年反抗贵族阶层和大主教的城市起义结束时，市民（civitas）或者说民众（populus）与贵族（nobiles）之间的集体和平誓言，以及 11 世纪六七十年代中止米兰民众宗教争端的集体誓言，可谓“公社组织和自治的原始形式”；这些誓言尚未成熟且是针对具体情况，不能直接当作一种新政体的先驱，而在我看来，这里明显存在一种目的论式解读的危险。[28]但也必须从一开始就认识到，如果我的理想型公社的全套要素只出现在 1130 年代到 1150 年代的大多数城市中，那么这就比其他一些历史学家所主张的更晚也更慢，而这会影响我们对因果关系的理解，以及推动这些发展的人的自我意识。

在综述中提到的最后一个因素，与我此前已经论证的观点密切相关，而我希望能在书中进一步发展，那就是：公社最初是非常不正式的团体（body）。它们最终不得不变得正式，以便取代加洛林王朝和后加洛林王朝时代公共和私人领域旧有的正式等级制，这些制度在 11 世纪晚期的内战中失势，有些甚至从此一蹶不振；但是，这个过程无论如何都不是在一瞬间发生的。执政官们在创造一种新的结构，其基础性的要素（比如集体誓言和轮职）过去从未被单独用于统治;他们的领袖常常来自传统精英家庭,在过去曾是皇帝/国王、伯爵/公爵、主教的扈从,并且常常会觉得,较之城市集会这一作为多数地方进入早期公社的标志,王宫或主教宫以及正式化的审判大会更让他们从容和投合。我们凭什么推断他们对于自己正在做的事情有着清晰和一贯的理念?为什么我们要推定他们会自动地认为:统治同等者以及权力小于他们的人,要比维持祖先采纳的传统等级制更加荣耀(而他们自己有时依然首先是王室和主教体制中的一员)?以及为什么我们要推定,一旦执政官体制建立,其领袖们就会认定“这就是未来”,并且不作他想地着手巩固它们?最可能的情况是,他们在摸着石头过河;他们很可能只是将自己看作早前政治实践形式的修正者,并且也乐于这样想。的确,一些执政官政权在一开始似乎并不稳固,或者并不彰显;朱利亚诺·米拉尼将其贴切地形容为“潜藏的”(latent),就像后文将会探讨的韦尔切利、拉文纳和佛罗伦萨的情况。[29]未来公社理想类型的一些要素确实很早就正式化,比如城市民众集会,一如我们将会看到的。但即便是最稳固的政体,在其他方面也会以非常不正式的方式发展很长一段时间,不断增加必要和可能的要素,必定借鉴自邻城——这是“同等政治体互动”(peer polity interaction)的经典例子(事实上到1200年,多数公社都有了非常类似的制度结构),但是一开始各自的发展路径都是临时的。

此外,11世纪末领导城市的那些人并不一定全都想要成为执政官。即便同君王和主教的联系,此时已经无法像过去那样增强人的权势,但依然更具吸引力。例如卢卡的阿沃卡蒂家族,他们在整个11世纪都是该城的显要,并且在1080年之后的三十年间担任该城的世俗领袖,但1119—1120年首次真正在卢卡出现的第一代城市执政官中,却没有该家族的身影,反而有证据表明他们担任了皇帝的使节(missi)、"神圣宫廷的伯爵"——一种更加浮夸的帝国头衔,并且他们还是主教的代理律师(这也是他们后来姓氏的来源[1]):这些头衔和角色看上去都比"区区"执政官的职位更加显赫。当卢卡的执政官制度完全稳定下来之后,他们确实也投身其中,但这是直到1150年代才发生的事。[30]或许他们是最能看清那个时代的家族,而真正的执政官却不太清楚自己在做什么。这一点在卢卡很难断定,因为在这里,能给予我们线索去探究人物动机的文本散乱且稀少。这就是我没有将我非常了解的卢卡列为个案研究对象的主要原因。但我们将会看到,阿沃卡蒂家族在其他地方的早期公社那里有许多同类。而我将要聚焦的正是这个最初的、不确定的、非正式的时期,当时不同类型的城市领导者们——我们将在三座城市的个案研究中看到全部不同类型的领袖——正犹如梦游一般,走向一个新的且常常极为不同的体制:大多数时候,他们装作绝无此事。

1　这里可能是指 Avvocati 这个姓氏是意大利语中的 avvocato(即律师或诉讼代理人)的变形。

第二章　米兰

米兰是我们个案研究系列的起点。这并非因为它是最早全面发展起来的城市公社（比萨和热那亚最有资格自称第一），也不是因为它堪称典型，而是因为它在意大利中北部（位于如今的伦巴第大区，甚至包括更远的地方）的实力和影响力，吸引着同时代观察家的目光，上个世纪甚至更久之前的历史学家也对它十分关注。晚近的历史学家们确实常常将它视为典型；因此，如果想要对这一点提出质疑，我们就必须理解它是如何发展起来的。这座城市之所以是一个好的起点，还因为它的相关证据。米兰有着相对丰富的文献记载，而且关于我们研究的那个世纪，也有几部当地的历史著作。其中两部来自1070年代，分别出自阿诺尔福和一位被称为老兰多尔福的匿名作者之手，记述了反对大主教阿里贝托·达因迪米亚诺（1018—1045年在位）的起义，以及纯化论者在1057—1075年间发动的被称为“巴塔里亚”（Pataria）的民众宗教运动，两位作者对巴塔里亚运动非常敌视，但我们也有亲巴塔里亚运动的文献，展现了当地的认知；还有一部来自1130年代的历史著作，即圣保罗的兰多尔福的作品，上文已有引述。比较年轻的这位兰多尔福记述了父亲的兄弟利普兰多的艰辛经历（利普兰多是前一代巴塔里亚运动的幸存者)，并以大主教们及其面临的种种难以克服的困难为框架背景，讲述了自己的遭遇——他被不公正地(作者这样写道)驱逐出了自己的教堂。[1]这些历史记载使我们能够描述公社最终形成的各条发展线索的特征，其中的主线是没有争议的。让我们首先看一看米兰及其政府的总体发展:它起初是大主教辖区，然后在1050—1150年间成为公社;接着，在本章的第二部分，我们将聚焦于米兰执政官的身份，以及他们的社会构成如何变动的问题。这是因为，在一个政府结构具有相当大的非正式性的世界，主政者的确切身份和行为目的就变得格外重要。在米兰，就像在其他大多数城市，正是这段非正式时期的实践，框定了任何一个特定的公社在最终制度化时的实际发展。

米兰一直是意大利王国最大的城市和占据支配地位的城市之一。自从罗马帝国时代，它就是一个重要的政治中心。尽管没有大河，它却是翻越阿尔卑斯山的交通枢纽，同时也是阿尔卑斯山麓(大规模铁器和羊毛的产地)与波河大航道(米兰以南三十英里处)之间重要的货物转口集散地。这些就是米兰城和附近地区纺织、冶金产业发展的基础，一直到12世纪，这座城市的发展都十分迅速。[2]米兰城将王国古老的首都，也是其在王国南部的近邻和对手帕维亚远远甩在了身后。同时，米兰也是统治波河平原大部分地区的大主教座;米兰大主教几乎全部出身于领主家族，他们权势煊赫又腰缠万贯，稳步取代米兰的伯爵们(最后的文献记载是在1045年)成为城市的实际统治者。[3]米兰的庞大规模和增长的财富也意味着，它是第一章中提到的领主和封臣等格外活跃而复杂的城市贵族的焦点所在，并且这座城市很难用和平的方式来统治——1050—1150年间，在上文提到的内乱背景下(再加上许多其他的麻烦),有五位大主教被废黜。如果想要成功地治理这座城市,就必须竭力争取广泛的支持作为统治的基础。

阿里贝托大主教在1030年代便赶上了一波麻烦,被夹在不同等级的军事封臣与皇帝康拉德二世的干预之间。然而,在1040年代早期,他面对的是一次“市民”起义。从琴吉奥·维奥兰特开始的一系列学者对所谓的“市民”进行了诠释,我有充分的根据可以肯定:市民不是城市全体民众,而是由收租人、商人和司法界人士构成的一个军事化精英阶层。[4]在市民暴乱之后,以互换誓言达成的1045年协议,赋予了市民更大的交易权,并且承认他们在大主教选举中的作用。根据编年史家阿诺尔福的记载,1018年阿里贝托是在与城中的长者们(maiores)磋商后当选的,但1045年他的继任者圭多·达韦拉特是在一次“全体市民集会(collectio)”上当选的,而这种涉及面更广的选举传统延续到了圣保罗的兰多尔福的时代——1097年大主教由众贵族(nobilis multitudo)和民众(两组市民分列两边)选举;或者像1102年,大主教由贵族和男人们(viri)在民众面前选举。[5]我们很难得知参与者的来源到底有多广泛,或者这种参与有多重要,至少在1097年,选举的操纵者们显然费尽心思才压倒民众而获胜。这显示出,尽管存在许多社会限制,而且可以看出精英在这类场合的支配地位基本上是不言而喻的,但民众还是有其真正的作用。米兰的世俗人士(尽管仅限于其中的贵族阶层)依旧长期在大主教的选举中发挥着作用;随着精英的基础变得更加广泛,它也依然是一股势力。

这就是1057—1075年巴塔里亚运动时期动荡不安的时代背景。这是一场真正自下而上的宗教运动,聚焦于11世纪最典型的两种道德恐慌:圣职买卖;神职人员结婚对圣礼有效性的影响。这些担忧对不少城市造成了重大影响,并且必定会波及教皇制,但正是在米兰,它们极为清晰地被裹挟于一场更加广泛的世俗民众运动中,就像包括鲍勃・穆尔在内的一些学者所强调的,运动者对金钱的商业角色一清二楚,不愿再像上几代人那样,将以金钱换官职的行为看作道德上无伤大雅的礼尚往来。(然而,在米兰,对于巴塔里亚运动同样反对的神职人员结婚,争议则要大得多,因为在这里,神职人员结婚的传统由来已久,老兰多尔福尤其对此提出过抗议。)巴塔里亚运动继而开始聚焦大主教圭多的当选,认为其也有买卖圣职的性质,显然这是因为圭多是皇帝亨利三世从城中商定的候选人名单之外选定的,于是气氛骤然紧张起来。在罗马,对巴塔里亚运动的支持经过了一番犹豫,不过一旦亚历山大二世在1061年当选教皇,态度就清晰起来,因为这位原名安塞尔莫・达巴焦的教皇出身于米兰的一个领主家族,并且在1056年离开该城之前就是"改革"运动的热心支持者。而他的得力助手希尔德布兰甚至更加热衷于此,不论是此时担任罗马的执事长,还是在1073年成为教皇格列高利七世以后。1066年之后,巴塔里亚运动的领导者是厄利姆巴尔多,一位世俗领主,哪怕反对者老兰多尔福也称他是有气魄的人。他在米兰获得了所有社会阶层,无论是精英还是非精英的极大支持。1073—1075年间,圭多死后,两位互为竞争对手的大主教均未能在米兰立足,而厄利姆巴尔多几乎独自统治了米兰,直到1075年一场大火焚毁该城,一场贵族掀起的暴乱导致他战死在城中。显然,他是死于另一位领主阿纳尔多・达罗之手,巴塔里亚运动的势力顷刻间烟消云散。[6]

在我看来,正如大多数历史学家所见,巴塔里亚运动本质上是一场宗教运动。如何将它的发展纳入11世纪中期政治合法化的那段历史,依然没有完全的定论;然而,我在这里不会执着于此。厄利姆巴尔多及其同党共同作出的宣誓(iuramentum commune)无疑十分重要,这种常常只是应对当下这一时刻的誓言在1071年的某个时间点,似乎变成了一种广义的宪制性誓言;这告诉我们,那时集体宣誓行为已经相当可靠。而且直到12世纪的头十年,巴塔里亚运动的幸存者们在米兰继续有一些收获,但该运动与米兰在12世纪才发展起来的公社的历史几乎无关。[7]米兰人似乎被这整个事件灼伤,在接下来的二十五年里都保持了内部的安宁,处于少有争议的大主教们的统治之下,而且大多数时候都站在皇帝这一边。尽管巴塔里亚运动得到了社会所有阶层的支持,但它的反对者们很可能也旗鼓相当,结果,它遭受的镇压似乎成了领主阶层的胜利,该阶层的成员再次充任大主教以及教会中其他的高官显职,大主教安塞尔莫·达罗三世(1086—1093年在位)就出身于杀害厄利姆巴尔多的那个家族。

1080年之后的这一时期的文献,列举了上一次米兰审判大会(据载,召开于1093年)和大主教教廷中的主要人物,向我们展现了米兰城内以及大主教身边成分混杂的精英。这一混合构成中既有贵族:子爵/维斯孔蒂家族(vicecomites / Visconti),达兰德里亚诺家族、达罗家族、达梅莱尼亚诺家族、达巴焦家族,这些家族在别处全都被描述为领主阶层;还有一小群法律专家兼使节(iudices et missi),他们拥有得到帝国官方头衔认证的法学专业知识,在当地政治中处于中心地位,其中有三位最为重要,频繁出现:阿尔贝托、名字颇具爱国色彩的梅迪奥拉诺·奥托内[1]以及安布罗焦·帕加

1 “梅迪奥拉诺”在拉丁文中意为“米兰人的”。

诺。在贵族中,阿里亚尔多·达梅莱尼亚诺作为政坛协调人显得尤为突出,并且他必定也扮演着核心角色。[8]一部来自克雷莫纳的文献向我们展示了1097年一场土地争议之后缔结的正式协议(至于它是否曾被拿到审判大会上讨论,不得而知),这项协议是在米兰由“市民执政府”(consulatu civium)作出的,这是史无前例的第一次。见证它诞生的,有一系列显赫家族的成员,包括前文提到的阿里亚尔多·达梅莱尼亚诺,以及韦弗莱多·达普斯泰拉和安塞尔莫·凡蒂,他们全都被认为属于领主阶层;有帕加诺·斯坦帕,来自圣安布罗焦修道院的封臣家族,因而肯定也是贵族;也有三名律法专家,其中的帕加诺·甘巴里和纳扎里奥·甘巴里并非贵族出身,不过其家族后来在12世纪的米兰城中十分活跃。[9]我们无法辨别这些名字是否就是或者包含那些在1097年被称为执政官的人,但就像我们在大主教辖区文献中发现的,同样的一类人似乎与执政官会议(consulatus)有关,并且此时还加入了一些显赫的市民。

然而,这里我们必须停顿一下,思考“执政官会议”是什么意思。这显然意味着米兰此时已经使用了“执政官”(consul)这个术语,尽管它在此后二十年间的其他文献中再未出现,直到1117年。此前罗马曾使用过“执政官”这个词,随后比萨在1080年代使用,但早期它仅仅意指城市精英阶层的成员,而且肯定尚未意指12世纪发展出的那种定期轮替的城市统治者;完全有可能是米兰借用了这个词(最可能是从热那亚人那里,他们与比萨和米兰的关系都十分密切),其最初意义也不过是某种泛指。米兰在1097年之前就已经这么做了毫不奇怪:米兰外郊两个重要的乡村中心(或者说小镇)比安德拉泰和基亚文纳,分别在1093年和1097年就已经有显赫的男性被称为“执政官”了。[10]但执政官会议又是另外一回事,而且可能更加重要:它是一群人的集合,一种集会(以及这样一个集体相会的地方)。它可追溯至1040年代的集会(那时它偶尔被称为 collectio),以及巴塔里亚运动中以誓言为基础的群体,但是这个词在1097年却表明:此时,这样的集会已经成为一种更加正式化,也更加常规化的场合。同样引人注目的是,就在紧接下来的几年中,即从1098年到1100年,我们有两份文本,其中一份以铭文形式保存了下来,另一份则是后来的抄本,都提到1097年当选的大主教安塞尔莫·达博韦西奥四世建立了一个市集,并且通过“全城共同商议”(comuni conscilio tocius civitatis)给予其通行费的豁免,而在第二份文件中,这一决议(consilium)是在一次 conventus(民众集会的另一种措辞)上作出的。[11]这样的一种民众集会也出现在圣保罗的兰多尔福的笔下。他在1103年将其称为 concio,1117年则称为 arengo。如此五花八门的名称暗示,我们不应当过分看重“执政官会议”这个术语的含义,但它无疑表明这座城市的民众集会此时已经成为一种有组织的团体,它乐于密切配合大主教行动,并且在1097年带有明显的贵族统治的因素,却很可能是自发的集会,而且召开得相当频繁。

城市民众集会可以追溯到9世纪;各个城市或者说它们的精英,在每一个时期都希望能够公开表达自己的意愿,而这是一种很好的方法。这种集会跟作为司法集会的审判大会有些类似之处,原因十分明显,但它并不具有审判大会那种正式、公共的性质;尤其是,即便在实践中受到城市精英的掌控,城市民众集会依然是临时的,而非意大利王国公共政治等级制的一部分,并且不是由伯爵或使节或其他王室/帝国代表牵头或召开的。[12]城市民众集会只是偶尔出现,尤其是在危急时期,比如 1040 年代。但是在米兰,自从 1090 年代末,它出现的频率大大增加;而且它的实际权力在接下来的十年或二十年里越发清晰。重申一下,这种集会在 1097 年批准一项解决方案时所扮演的角色,意味着它的作用此时已经在某种程度上正式化了。为什么是这个时候呢?在这十年的大部分时间里,这座城市表面上风平浪静;无论这种集会(先不说那些藏身于阴影之中的执政官领袖)是不是“妥协”的结果,在米兰,它似乎出现在了城市内部以传统权威——尤其是大主教及其高级教士和封臣——为中心的等级制更新换代且不受争议的时期。即是说,那时的米兰城局势稳定。安塞尔莫四世确实于 1100 年带领米兰的年轻人进行了十字军东征,这次远征以不甚成功而著称,大主教本人也未能从征途中返回,但这次东征却包括了较早期的所有派系的成员,甚至包括支持巴塔里亚运动的家族。不过,1097 年的意大利,就更广阔的背景而言,依然是持续的内战和政治上的不确定;审判大会的传统这时在米兰城中绝迹不是偶然的。在没有公共司法集会的时候,米兰城自己的集会获得了更加正式的地位,并且得到了越来越明确的权力,我们固然可以将此看作一种防御性的措施,尽管是在一种大主教的权威不再且尚未受到争议的环境中。这一点很重要。这不是迈向“公社”的一步(我在上一章界定的理想型公社,只有几个要素出现在这里,并且如我们将看到的,执政官统治权的制度化是一个晚得多的过程),而是在王国更广泛的制度日益混乱的时期,城市政治行为重新在地结构化的标志。[13]

一旦我们将目光投向 12 世纪,圣保罗的兰多尔福就开始为我们提供一些关于米兰城重大时刻的细致记述,其中的大部分,他或是目睹,或是事后立即从亲历者那里得知的,比如 1111 年大主教格罗索拉诺以及 1135 年安塞尔莫·达普斯泰拉五世的倒台。这些记载值得一番探讨，因为它们提供了重要的，哪怕是成问题的（如我们将看到的）消息，让我们了解米兰城的世俗社群以及作为其中一部分的执政官们实际上如何经营这座城市。

格罗索拉诺的出身并不典型，他不是米兰人（他曾在利古里亚的萨沃纳担任过主教），在这座城市也不甚受人爱戴。1102 年，当选大主教之后不久，他就因为圣职买卖而遭到兰多尔福父亲的兄弟利普兰多的责难。那是一则夸张的指控，兰多尔福甚至没有试图去证实它，但它却引发了 1103 年的一场火刑神判，而利普兰多成功地完成了这场表演。兰多尔福对此进行了极为细致的记述，使得此事在历史著述中颇负盛名，然而格罗索拉诺得到了教士阶层和教皇的坚定支持，这让废黜他的尝试徒劳无功。[14]兰多尔福几次声称，利普兰多得到了大量民众的支持；我们可以对此存疑。但值得注意的是，这场神判活动最终是由民众大会（concio populi）来组织的。在这里，民众大会与大主教是分开的，而且并非明显对他有利；其常规性和潜在的独立性从此开始缓慢增长。1117 年，大主教焦尔达诺利用大会（arengo）发挥了相当大的影响，就像我们在本书开头看到的；1118 年，军事和市民大会（contio militum et civium）是对科莫宣战的团体（根据兰多尔福的说法，米兰的一位领主死于科莫人之手后，焦尔达诺就此“点燃了复仇的火焰”，但是这位大主教显然无法自己开启一场战争）；1128 年，神职人员和民众大会（contio cleri et populi）决定，大主教安塞尔莫五世应当将康拉德加冕为意大利国王，而康拉德是德意志国王洛塔尔三世的对头；1135 年，民众大会（popularis contio）成了推翻安塞尔莫的活动的起点，部分正是因为那场加冕，高级修士们出言反对他，扭转了会议的走向,而执政官们一致同意采取进一步行动。[15]目前已经清楚,12 世纪刚过三分之一时的这次大会,参加者可能既有贵族,也有神职人员。然而,就像在别处一样,大会是否涵盖了少数城市居民之外的人,远非清楚。1117 年那次是个例外,它明确地将妇女也包括了进来。然而同样重要的是,这些引述全都来自兰多尔福写于 1130 年代的著作,比如 concio/contio 甚至没有出现在这个时期的米兰文献之中;而且兰多尔福远非中立的观察家,他的文字有着精心的安排。我们真正可以断言的不过是,他在 1130 年代见证了一种显然相当松散、宽泛的议会政治,作为米兰居民表达自己政治见解的一种正常途径,地位显赫的神职人员和世俗领袖也会到场。我在后文中将会再次讨论这个问题。

于是,格罗索拉诺熬过了 1103 年。但八年之后,他相当轻易地垮台了。当时多场洪水袭击了这座城市,而他虽然不在耶路撒冷,却因此受到责难。一个由教士和世俗人士精心构成的十八人团体(后者中的全部和前者中的许多人显然都是贵族出身,有证据表明其中一些人后来担任了执政官),势均力敌地分为支持者和反对者两派,并且一致同意在 1111 年的最后一天召开会议,以决定格罗索拉诺担任大主教是否恰当。最终,基于他依然是萨沃纳主教的理由,他们全体决定格罗索拉诺不适合担任大主教,并且选举出焦尔达诺来取代他。很容易看出,这个政治社群是想摆脱一个尴尬的人物,手法颇为麻利,结果却是拖泥带水。格罗索拉诺在 1113 年返回意大利试图复辟,他的支持者和反对者之间发生了争斗,许多人因此丧生。很显然,这位前任大主教绝非孤立无援,并且(兰多尔福表示)焦尔达诺只是依靠在一场平行的贿赂之战中的胜利,才将格罗索拉诺赶出了米兰(他后来曾向教皇申诉,却没能成功)。不过，向格罗索拉诺投反对票的团体是一群临时自选而出的城市领袖，而绝非 contio。这个在兰多尔福的记述中出现的词，只是用于描述格罗索拉诺的派系，而非任何形式的全体会议，这与 1135 年安塞尔莫五世倒台时不同。[16] 我反对以下想法，即“市民大会”（concio）越来越成为一个中心词，标志着 1111—1135 年间发生了一场变革；再一次，有必要强调我们只是在处理单个的文本；但我们至少可以说，不管兰多尔福对民众集会有什么兴趣，他没有必要每当米兰发生什么重大事件时就提到它们。

对于执政官而言，也是这样，实际上更是如此。兰多尔福曾经自豪地表示，他是执政官们的“口述笔录官”（epistolarum dictator），即撰稿执笔之人，但是在他的记述中，这些执政官远非什么主要人物。正如凯勒评论的，他们首先是在 1117 年兰多尔福经历一系列庭审诉讼，试图拿回他的教堂时出现的。他两次提到他们时都称其为大主教的执政官们（suis consulibus），尽管事实正好相反，他们是曾经参与推翻安塞尔莫五世的政治人物。在兰多尔福的记述中，不少世俗人士是作为政治角色出现的，但他只提到了两位执政官的姓名，而且都来自作为领主的达罗家族。在其史著的结尾，即 1136 年，时任皇帝的洛塔尔三世实际上听审了他的教堂案，但所做的不过是将这个案子移交给米兰城的执政官，而接手此案的阿纳尔多·达罗，其祖父杀死了厄利姆巴尔多，当初正是他的家族夺走了兰多尔福的教堂，所以不可能有佳音。[17] 这就是我们能够获得的最近乎以执政官为主角的论述。兰多尔福是执政府中的一位官员，此外，他还来自一个与米兰的传统领导层没有任何联系的反对派家族（他的亲属在文献中无从考证，尽管根据兰多尔福的说法，他们常常为米兰而奋战，如此看来，他们很可能不属于显赫人物[18]),对贵族没有多少同情;可能有人指望他鼓吹自治的城市政府,然而他并没有这么做。对于1117年权力的公开分立(见本书开头),基于我们主要的叙事性资料,可能很容易得出结论,认为执政官其实不过是贵族阶层的普通成员,与大主教关系密切,只是偶尔作为独立的政治主角而活动:除了民众集会,这里没有看到多少理想型公社的形迹。但是,我们不应该单纯地接受兰多尔福描绘的景象。如今,我们都对那样的资料越发不信任了,并且显而易见的是,尽管圣保罗的兰多尔福的《米兰城史》的标题最早在15世纪早期的手稿中便有记载,但他首先是在撰写一部关于米兰的教会及其大主教的历史(包括他父亲的兄弟和他本人,两人都是神职人员),而不是关于米兰的世俗政治,甚至作为城市历史和年鉴基本内容的战争,在他的文本中也仅仅作为偏题话而出现。一部1130年代留存下来的书信集,里面恰巧有一封信是米兰的执政官和广大民众(consules Mediolanensium et universus populus)写给一位世俗贵族的,为的是请求军事帮助,以对抗克雷莫纳,时间很可能是1132年;执政官们到此时显然处于城市政治行动的最前头,再加上他们职位的轮替以及与大会的联系,使得理想型公社的所有要素都出现了。[19]因此,较好的做法是,将兰多尔福仅仅看作单个的带有偏见的见证者,在必要时要与其他资料进行对照。反过来,记住这一点无论如何是重要的,即一位亲身参与城市和教会政治(所有的大主教都与他本人相识),直接涉足执政府工作的作者(无论多么不成功),可能只是将正在形成的公社视为小得不能小的中心舞台。

由此,让我们转而看一看关于米兰城市公社的文献。第一份提到且明确指出执政官们姓名的文本标注日期为1117年,第二份出现在1130年。两者都不具典型性，我将在后文对此进行讨论。随后连续出现了一系列执政官对法律争议的裁断，从1138年开始，到1150年已达二十起（到1200年超过了两百起），并且此后几乎每年都有，除了1163—1166年这一时期，因为巴巴罗萨于1162年摧毁米兰城，且将居民们暂时放逐（1167年之后，米兰人迅速反击，巴巴罗萨仅在九年之后就输掉了这场战争）。自1138年起，这些执政官的裁断就高度标准化；因此，它们很可能不是在1138年首次出现，而1136年兰多尔福的案件则暗示确实不是。争议由一组执政官听审，通常在一个特定的公开地点，这个地点很快就被固定在布罗莱托的大教堂（参见地图2）附近，位于1138年就已被称为“常设执政厅”（domus consulatus）的前面；通常由其中的一位法律专家，宣读其他人的合议意见（concordia）。[20]此外，还有被列为见证人的听众，常常由过去和未来的执政官组成，一直到1170年代都人数众多。这些争议大多关于乡村土地，且常常涉及封建和领主权利问题；执政官的司法管辖权可能没有扩展到主教辖区的每一个地方，但鉴于争议中双方的出身，到1140年代，执政官的司法管辖权必定已经相当普遍。[21]这些裁断再现了一系列常规而又固定的案件的情况。它们在米兰那浩如烟海而又五花八门的历史档案中幸存下来，有时还出现在其他城市的档案中。文本的套路定式并不能说明米兰的执政官们（不像某些城市的执政官）是由民众“选举”出来的，但他们显然是实行自治的人士。这些文本自1919年起就被编辑成一组，几乎是任何有自己出版物的城市中，仅有的一套关于执政官的文献，因此在相当大程度上影响了每个人，就像其编者切萨雷·马纳雷西权威但极其单调的引言一样。[22]哈根·凯勒说公社在12世纪二三十年代成为有组织的团体，很大程度上便

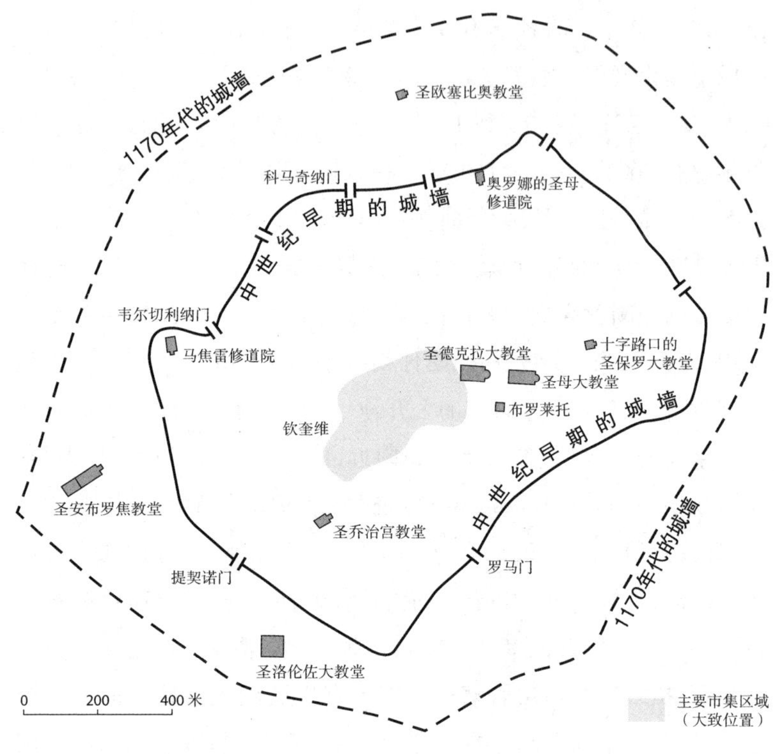

地图2　公元1100年左右的米兰

是基于对这组文献的思考，而我们也能看出原因所在。

更有质疑余地的，是1117—1130年间两个较早的案例，以及一些相关文献。1117年的文本，在本书开头已有探讨，与后来的执政官判决完全不同；它事实上是暂时复兴了11世纪审判大会的形式，由作为主持者的大主教、法律权威以及执政官们在群众大会上作出判决，执政官们实质上扮演了11世纪帝国法律专家的角色。此外，审判大会已经在伦巴第地区的大部分地方绝迹（到此时它们只是间歇性地保存下来，尤其是在威尼托[23]），因此这个程序是过去司法集会的翻版,而不是其延续。但是在那样的背景下,这个案例中的重大创新,不只在于执政官和群众大会,尽管这两者到此时都有了清晰的身份,更在于帝国人物的缺席:仿佛米兰城此时是由大主教治理,而执政官们作为“他的”官僚。[24] 1130年的文本中没有出现大主教,但就像保罗·格里洛所言,那是因为安塞尔莫五世那时遇到了麻烦;该案是由执政官宣读判决的(实际上他只是附和了贝加莫主教在该城领土范围内的一桩案件上业已作出的裁断,因此在这里,主教们也不是完全缺席),并且其他的执政官(总计二十二位)都附议了。除了执政官名单的长度,这与后世的审判相符;但是,我们很容易将这一文本看作大主教权力与执政官权力之间的某种折中。然而,1130年文本对于历史学家而言至关重要,因为它绝对是唯一表示执政官中既有领主、封臣,也有市民的文献。凯勒将这看作冰山一角,认为可以据此推导出这一事实,即执政官常常从全部三个阶层中选任,就像弗赖辛主教奥托在1150年代明确声称的;格里洛以及其他一些人,则持怀疑态度,并强调文本的单一性。必须承认,我们无法轻易作出判断,因为该文本十分独特,尽管这种三重政治代表的情况在圣保罗的兰多尔福笔下也曾非常偶然地出现过。[25] 但反过来,也没有其他迹象表明,时至1140年代,执政官名单中存在任何一分为三的情况,并且就像我们将会看到的,这不太可能发生。可以肯定的是,后来有一些执政官出身于贵族,有一些则不是。我在后文会回过头来探讨这一点,因为在我看来,它比关于典型性的论证更加重要,而且执政官们的社会出身的平衡,在实践中也会发生种种重大的变动。

然而,对我来说同样重要的是,这些并非这个时期唯一被记载下来的争议。另有四个教会法案例,由大主教审结,每个案件除了有神职人员在场，还有世俗人士出席，这些人必定以某种形式——他的忠仆(fideles)或封臣——作为大主教教廷的组成人员。这些人可能跟1117年和1130年的执政官名单有所重合。另外两个争议可以被称为“准执政官”(quasi-consular)式的，因为它们是由大批重要人物确认的合议，而这些人却不自称为执政官，在这里也存在名单的极大重合。其中第二个争议，发生在1129年米兰的公共大会(publico arengo)上，依然是在大主教面前(尽管那一年他已身陷麻烦，他获得了此前由乡村领主非法拥有的土地和权利)，但也援引了一份早前由执政官们作出的司法判决；有人可能将这里(高度贵族化)的见证人名单看作那一年执政官的人员组成，但这份文件绝没有这样的表示，他们同样很可能是大主教的手下——如果存在任何具体差异的话。[26] 1130年之后，这类由大主教作出的判决越来越少(尽管它们依然作为教会法案件继续存在，并贯穿整个世纪[27])，但是早前，在12世纪前二十年，执政官的形象基本上可以归为大主教的私人扈从。这可以从圣保罗的兰多尔福的记载中推断出来，就我们掌握的文献来看也是合情合理的。1130年代之前的执政官的确拥有正式的角色，如果兰多尔福曾为他们写下文字的话；并且在1117年，就像我们刚刚提到的，他们已经在备存记录了。[28] 不论如何，1138年之后更加制度化的公社标志着一个突破，并且很可能是颇为重要的突破。

******

如果想要进一步理解米兰公社的发展，我们就必须像我早前强调的，不要去关注政府结构，而是要看人，看清米兰每个时期政治上的活跃角色都是何许人，也即要搞清我们掌握的文献中的公众人物，无论大主教的人、准执政官还是执政官，实际上都是谁。在这里不可能对他们所有人立细致的传记；我会选取几个典型的例子，然后以一些非常基本的统计数据作为框架，追踪他们的生平。我会简单地区分1138年首个“常规”执政官出现之前和之后的情况，因为每个人物各不相同，并且我的分析将止于1150年——尽管我将会继续追踪某些重要人物，直到其文献记录的终结。

首先，显而易见的是，1138年之前的公共世界的确在很大程度上是由贵族把持的。在1117年文本的十八或十九位执政官中，最多只有四人看起来不是贵族出身；在1130年文本的二十三位执政官中，只有五人是市民。这些非贵族人士中的大多数也出现在了大主教的相关文献中。有趣的是，较之早期执政官文献，记录大主教重大活动的文献常常包括更多身份无从认定的人物——大主教是市民大规模聚集的焦点；不过这些人出现在名单末尾，列在名单最上面的名字，绝大多数依然属于贵族。[29]然而，从1138年开始，格局发生了实质性变化。在1138年的执政官名单上，完全没有任何明显出身于贵族的人；在1140年和1141年，他们回到了名单上，但所占比例下降到50%。总之，1138—1150年间的执政官文献，就我们能辨别的而言，贵族的比例不到40%，如果我们计算每个任期的话，这个百分比还会进一步下降，因为许多人曾数次出任执政官。[30]对比之下，非贵族中有很大比例是法律专家兼使节。这些有着帝国头衔的人，到这时为止，是数次出任执政官一职的人中最常见的类型：一些年份甚至出现了多数执政官是法律专家的情况。因此，1130—1138年间，执政官中贵族所占百分比实质性下降，而法律专家们异军突起。我们曾看到，法律专家们活跃在11世纪的审判大会，以及1097年文本提及的执政官会议上。由此可见，这里存在一种连续性，至少在个案中很可能是谱系上的连续性。但是，法律专家几乎没有出现在1117—1130年的执政官文件和大主教文献中：他们并非早期由贵族把持的公社的一部分，即便他们在1140年代已经如此重要，并且在接下来的每个年代都是如此。所有这一切在我看来，都印证了一次对以往做法的突破，并且很可能是急剧的突破；但是，它发生在1130年代，而不是更早。在1130年代的这十年中，公社变得更像一个制度，而且显然更少地作为大主教扈从的衍生，同样从此刻开始，大主教在城市政府中的地位也不那么显赫了。

1130年代之后，另一件值得一提的事是贵族的遭遇。直到1130年，我们在大主教周围和早期执政官的文献中，能看到各种各样的城市贵族（尤其是领主）家族。只有最乡村化的贵族家族（比如达卡尔卡诺家族和达贝萨特家族），才没有出现在这些文本中，甚至没有出现在12世纪早期和中期米兰的其他文献中。此后，一些城市贵族家族也继续担任执政官，比如达罗家族、达波尔塔罗马纳家族、达塞塔拉家族、达索雷西纳家族、维斯孔蒂家族、布里家族、克里韦利家族。[31]但还有几个依附于大主教的城市贵族家族，至少在1130年后，却没有与公社相关的记载，比如达兰德里亚诺家族（直到1155年才有人出任执政官）、达普斯泰拉家族（1117—1119年间无人担任执政官）、达梅莱尼亚诺家族（直到1181年才有人出任执政官）、斯坦帕家族（直到1193年才有人出任执政官）、波佐博内利家族（直到1198年才有人出任执政官），以及达特内比亚戈家族、阿沃卡蒂家族、凡蒂家族（1130年后再未有人出任执政官）。[32]阿沃卡蒂家族在1130年出了一位执政官，但此后便没有了。可能大主教的诉讼代理人这一角色，就足以让他们在城市中举足轻重，而无须再有其他官职。他们还在主教区西南部的罗萨特附近拥有可以征收什一税的采邑和领主权利，尽管12世纪后半期他们在这里的权势不如12世纪前半期那么强大。[33]达兰德里亚诺家族在我们关于12世纪早期米兰的所有资料中都十分显著，并且在更早的时候也是如此，尽管1117—1130年间，该家族无人担任执政官；后来，到1170年代，可以看到他们再度活跃于城市政坛（有两名家族成员在为对抗巴巴罗萨而结成的伦巴第联盟中担任领袖）。但是，他们在公社形成过程中的大多数年份都隐而不见，大概是在集中力量发展其位于米兰南部维拉马焦雷地区的乡村领地，在几份12世纪的文献中，他们都被视为那里的领主。[34]斯坦帕家族权势较小（正如我们所见，他们是圣安布罗焦教堂的封臣，但我们没有发现他们拥有领主权利），不过，可以看到他们在土地交易方面十分活跃，尤其是在城市南边的“斯坦帕的昆托”（此地至今依然被如此称呼），想必他们真的支配着那里。[35]这三个家族可以作为不需要城市公社的样例，尤其是当公社在1130年代定型之后；达兰德里亚诺家族在政治结构稳固到足以有利于自身时，会重新回到公社的轨道上来，但其他家族没有这样做。

我已经提出：贵族未必想要成为只是统治下等人的精英，而可能宁愿守着传统的等级制，遵奉皇帝和主教；在米兰，这类例子很多。比较富有或有较多领地的家族都疏离于公社之外，相对不太富有的家族则没有这么做——若能够提出这样的观点固然好，但我们掌握的文献尚不足以使我们这么做（就像所有早期文献汇编一样，这些文献给予土地而不是商业活动以优先地位，对评估城市财富毫无帮助，也没有如我们所希望的，告诉多少关于采邑的信息，而这种现象在米兰司空见惯）。如此以财富为标准的划分并非不可理解，在下一章，我们将会在比萨看到一些例子；不过事实上，在米兰，根据意大利顶尖贵族的标准，哪怕这些非执政官家族也不算特别富有，甚至没有一个城市领主家族显示出拥有超过一两座城堡的财力；大型的城堡建筑群仅限于乡村贵族家族，比如达贝萨特家族。[36]所有我们能够说的是，在米兰，政治活动家肯定有可能选择不加入公社——而且鉴于米兰的显赫地位及其公社结构较早定型，加上与之相关的相当多的军事侵夺行为，我们可以说：尤其在米兰。因此，1120 年代的米兰公社很可能是大主教扈从的延伸，但 1140 年代的公社则更多地充斥着法律专家而非贵族，许多贵族到这时都选择避开公社。这表明，时至 1140 年代，确实出现了一些不同以往的新发展；并且就是这个城市公社，而非其前身，决定了该城政府未来的发展。

让我们看一看某些有人出任执政官的家族，以便看出 1138 年之后的若干年中，米兰面对的是些什么样的人物。我圈出了七人作为简要分析的对象，两位贵族出身，一位可能是商人家庭出身，以及四位司法界人士；他们将会帮助我们认识这群人。如果想要了解他们究竟认为自己在做什么，那么对其家族的重构，无论多么简略，都至关重要。

达罗家族显然是对执政官制度无比坚定的领主家族。他们在反对巴塔里亚运动的过程中相当活跃，并且在 11 世纪出了一个大主教；1120 年代，他们与后来的大主教们有来往，并且是圣保罗的兰多尔福的敌人。1130 年之后，他们依然是大主教封臣中的活跃分子，与主教座堂关系密切；1149—1150 年间，安塞尔莫 · 达罗是主教座堂的助祭，而阿德里科 · 达罗是其诉讼代理人。他们掌握了位于该主教区西北部的阿尔纳特、瓦拉诺以及特尔纳特的采邑什一税，实际势力范围远超其政治中心罗，尽管（稀少的）土地权证证据表明他们在城中也有活动（参见地图3）。但是，阿纳尔多·达罗在1130年、1136年和1140年，乔瓦尼·达罗在1134年左右和1150年，奥托内·达罗在1143年、1145年和1154年，都担任了执政官；并且总体而言，达罗家族在这一时期的各种城市事务中都是积极的见证者。这个家族在很多方面都与达兰德里亚诺家族类似，但对于执政官和城市公共义务，全然不像后者那么警惕小心。[37]

布里家族甚至要更加引人注目。马拉斯特莱瓦是埃里普兰多·布罗的儿子，也是唯一在最早期的公社和1140年代的公社中同样活跃的人；他在1117年和1130年分别担任执政官（当时他是一位封臣），并且在这之间担任大主教的扈从，又在1140年代三次出任执政官，同时与大主教保持着密切联系，这在1148年的一份文献中得到了证实。文献中，他的名字与吉戈·布罗并列，后者于1140—1151年间五次出任执政官；家族的第三位执政官，是1144年上任的安塞尔莫·布罗，并且这个家族的成员在1170年代以及之后的执政府中一直十分活跃，在接下来的一个世纪中，还频繁出任其他城市的督政官（podestà）。布里家族对公社的认同是毋庸置疑的，无论他们同时与大主教有多么亲近。在持有土地方面，这个庞大的家族同样显眼。他们在这个主教区南部较远的维拉马焦雷（许多有影响力的米兰人都是如此）、不远处的梅莱尼亚诺、城市西南方的古多、西北方的马尼亚戈以及本城都有一些土地，并且在东面的维梅尔卡泰也握有一些什一税的征收权（但不见文件提到该家族的领主权利）（参见地图3）。布里家族的土地分布范围很广，覆盖近一半的主教区，这必然有助于解释他们对本城事务的参与，这座城市正位于这个网络的中央。数据太过零碎，导致我们无法弄清其规模，但是奥托内·迪阿梅代奥·布罗在1121年能够承担得起一笔四十镑的婚嫁费用，而这个金额远高于当时的平均水平。在城市中有根基且对公共事务相当有野心的富裕地主：我们可以想象他们如何将手中的财富用于商业目的，尽管必须说，这一点在后来13世纪更加丰富的商业文献中表现得不太明显。然而，无论如何，他们是贵族出身的执政官的典型代表，如果他们和达罗家族在1140年代是执政官中的典型，那么他们应显示出与上一代显著的延续性。可是，他们并没有。[38]

对于有成员出任执政官的非贵族和非司法家族，追踪工作更是难上加难，而这个事实十分重要；他们有时可能掌握着较少的土地，并且必定较少担当那种最终会归入教会档案的特许状的见证人。他们有时可能通过商业活动获得显赫的地位，尽管我们无法简单地如此推断；我们在这里讨论的，往往很可能是较小规模的收租者，以及商人和作坊主阶层。如果我们真的发现有任何关于他们的证据，可能也只是表明了非典型性。不过，多亏利维娅·法索拉的研究，我们至少能够多少了解斯卡卡巴罗齐家族的情况，这个家族产生过两位执政官，分别是1150—1155年在任的圭列尔莫以及1157年在任的焦尔达诺。1162年米兰被腓特烈·巴巴罗萨攻破之后，斯卡卡巴罗齐家族倒戈投向了这位皇帝，其实在此之前他们已经这么做了；焦尔达诺被米兰《年鉴》称为“叛徒”(proditor)，而且再也没有担任执政官。这是一个兴旺的地主家族，在米兰城中尤其活跃，且同样在米兰的南端和东北角拥有土地。他们没有什一税或领主权利，而这些是贵族身份的重要标志，但他们后来获

地图 3　公元 1100 年左右米兰的疆域

得了采邑,拥有的土地规模与一些小贵族家族的相当。非同寻常的是,有直接证据表明斯卡卡巴罗齐家族涉足商业活动,因为 1143 年,他们从钦奎维(Cinque Vie,意为“五道”)区的大教堂那里租了一个面包炉(pristinum)[1]。一次至少是偶尔发生的商业投资,可能就是将“市民”从与之相对的贵族中圈出的标记,但再一次,我们若是自动地作此推定,就太不明智了;在我看来,更重要的是,凡是我们能看到的上层市民的土地资源,可能不仅量大,而且分布广泛。[39]在这里,我们实际着眼的是城市精英的第二个层级,较之主要的领主,这个层级相对没那么富裕,领主的色彩也必然较淡,哪怕是像达罗家族和布里家族这种一度有人出任执政官参与政治的家族。在这第二个层级中,我们可能还可以加入一些对我们的文献影响较小的封臣家族,它们很可能不像布里家族那般富有;这是一个根据财富状况,而非军事贵族地位来界定的层级。

然而,来自司法家族的执政官的情况迥然不同。让我们从身为法律专家兼使节的瓜尔泰里奥着手,他曾在 1138—1142 年间三次出任执政官,可能在那之后不久就去世了,因为 1109 年,瓜尔泰里奥就已经是一位职业法律专家了,当时他按照米兰的惯例所要求的,为两位未成年业主的土地销售提供担保。据说他是法律专家兼使节阿里普兰多之子,而后者同样被证明在 1095—1115 年间一直担任公职,是法律专家帕加诺之子。这位帕加诺想必就是我们已经提到过的安布罗焦·帕加诺,一位公证人,后来在 1069—1114 年间成为司法界的重要人物(当时他肯定年事已高)。这条谱系链并不确定,因为阿里普兰多是个常见的名字,但很可能属实;

1　在中世纪,烤炉是财富和地位的象征,一般不允许私人设置烤炉。

不过它也让人猜测,后来在1147—1162年间四次出任执政官的法律专家阿里普兰多,可能是出自同一支血脉的下一代人(1162年之后,他也倒向了巴巴罗萨)。[40] 在此可以看到司法力量参与该城公共事务的连续性,这一点被那些认为公社制度没有带来多少变革的人援引,即使我们完全不清楚每一代法律人是否有着同样的思想,而且该家族的成员并未出现在执政官制度形成的那些年的公共文件中。不过,另一个引人瞩目的事实是,虽然前面这三代人在文中被频繁地提及,但他们从未被以任何形式称为地主。显然,他们是一个纯粹的司法家族。11世纪时,法律专家常常出身高贵,并且在很多情况下拥有大量土地。不过,即便在那个时候,也存在反例,并且到了12世纪的前几十年,在许多城市,法律专家大多不在大地主之列。这个家族显然属于反例之一:连他们那位11世纪的祖先安布罗焦·帕加诺,也未在任何文献汇编中看到他活跃于土地交易事务的记录,而此人曾在1080年代组织召开审判大会,并且出现在1097年最早的执政官文件中。[41] 无论司法职位能否提供足以谋生的报酬,至少十分清楚的是,这个家族的显赫地位与土地方面的财富无关。

法律专家兼使节斯特法纳尔多于1138年担任执政官,此后又四次出任此职,直到1149年;但他比瓜尔泰里奥年轻。他的背景很清晰:来自新兴小镇维梅尔卡泰,有证据显示他从1133年起就在那里有土地;1150—1153年间,他离开米兰,退隐到维梅尔卡泰,成为一名土地经纪人,并且活跃于司法界,直到1183年之后去世,去世时必定已经八十岁左右了。斯特法纳尔多的家族后来依然住在维梅尔卡泰,再未出现一位执政官,尽管他们并未放弃与米兰的联系,因为1211年斯特法纳尔多家族依然称自己来自米兰城,而他们的后代在城里也有住所。[42]斯特法纳尔多为什么放弃了米兰的事业,我们不得而知,但他后来在维梅尔卡泰必定地位显赫,我们推断,这很大程度上要归功于他过去的辉煌历史。在这个例子中,(多亏维梅尔卡泰的教堂档案幸存下来)我们可以大概看出他的经济来源的基础:他的交易规模很小(一次几块地),使我们很难将他看成中等以上的地主,尽管他作为一个城市人物获得了成功。

奥贝托·达洛尔托的情况类似。1140—1158年,他曾七次出任执政官,中断一段时间之后,又于1169—1171年两次出任;他的儿子安塞尔莫在1155—1162年也曾三次担任执政官,之后同样倒向巴巴罗萨,并且再未出任此职。值得注意的是,这个家族并未面临衰落,奥贝托的地位足够重要,所以米兰城重建之后再次召他。同样,我们无法在土地文献中追踪到奥贝托家族的踪迹,除了作为见证人(1139年有一位更早的叫安塞尔莫的同名者是基亚拉瓦莱修道院的土地丈量员,这是该家族唯一被明确提及的在更广范围的活动)。[43]不过,很独特的是,无论奥贝托(他被德意志编年史家布拉格的文森特称为“智者”,并且于1175年去世时,进入了主教座堂的亡者名录),还是安塞尔莫,都曾作为短篇法律教科书的作者而出现,这些留存至今的教科书表明两人都曾受过罗马法方面的训练。的确,奥贝托的文章是关于采邑法的,以致信安塞尔莫的方式写成;当时安塞尔莫正在外地学习,很可能是在1140年代。安塞尔莫的学业几乎可以肯定是在博洛尼亚进行的,因为安塞尔莫自己的法学小册子显示他曾去过那里;但奥贝托的法律专家兼使节这一头衔最初是隶属于国王洛塔尔三世(因此奥贝托的这个头衔是在1125年洛塔尔登基与1131年他首次在文献中出现之间获得的),他必然是在1120年代早期或者更早的时候接受了法学训练，当时博洛尼亚远远没有那么显赫的学术地位。彼得·克拉森认为他是在米兰本地接受的训练；也有可能是在帕维亚，因为那里的法学教育早在11世纪就已经建立完善。[44]但是奥贝托的著作向我们表明，他以及他的同代人有条件接受的法学训练（不管是在哪里接受的），最迟在1120年代就已经相当复杂了。这些著作对我们而言很重要，后面我们将会回过头来探讨，不过它们在这里的作用是标识出米兰城法律知识的深度，这很可能意味着成为一位法律专家兼使节也是有利可图的；那么，就资源来说，将奥贝托与斯特法纳尔多视为同一层次，也就合情合理了。在城市之外，知识也很可贵。奥贝托的声望很高，1511年他被请去独立仲裁维罗纳和费拉拉两个城市公社之间的一桩边界争议，这对于一位律师来说是非凡的成就。此外，1147年维罗纳的一份文件提到的六位米兰法律专家，就包括奥贝托和斯特法纳尔多（同时还列了四位不属于司法界的米兰人，包括马拉斯特莱瓦·布罗和一位达罗家族的成员），他们被请来在一场关于封建法的争议中，发表高度罗马法化的法律意见（consilium）。[45]

1147年，吉拉尔多·卡加皮斯托也在维罗纳。在我们正在讨论的这整个时期，他是最活跃的执政官，曾于1141—1180年十四次出任执政官。鉴于执政官似乎不会连任两年，而且1163—1166年间执政官的选任发生了中断，这几乎是他有可能达到的最高次数。1176年伦巴第联盟击败巴巴罗萨之后，在翌年召开的威尼斯和平大会上，他还是米兰城的代表。他也是精通罗马法和封建法的专家，因为他自称“辩护人”（causidicus），而他的名字与奥贝托一样常常被封建法基础课本《封土之律》所援引（部分是基于奥贝托的文章）。他显然是奥贝托的一位亲密盟友，尽管两人经常在不同的年份轮替上台。1154 年他们一同出任执政官，在米兰与巴巴罗萨的最初对峙中扮演了主角。（结果不是很好；他们将德意志军队从米兰的富庶地区引开，导致这支军队缺少补给，而巴巴罗萨报复性地摧毁了米兰的罗萨特城堡，惊慌失措的米兰人的回应是捣毁吉拉尔多的住宅。此后，他迎来职业生涯的最大空白期，直到 1160 年米兰与皇帝的关系破裂，才再度出任执政官。）相对于其他法律专家的家族，我们对卡加皮斯托家族有更多的了解。吉拉尔多当然是这个家族中最成功的成员，并且在米兰的其他领域也十分引人瞩目，而米兰的另一些法律专家却并非如此；他的继承者们，可以追述到下一个世纪，他们同样从事法律职业，且担任公证人。1188 年，吉拉尔多去世之后，米兰城的执政官们将他的土地划分给他的三个儿子，并且列明了这些土地的位置，总共有四块，分布在米兰的东西两面（跨度相当大，尽管我们无法确知其规模）；此前对这个家族的提及，为我们提供了关于几处城乡土地的更多参考，包括在稍南部的布鲁扎诺的一些什一税，他们在 1135 年买下了这些土地，并于 1151 年让渡给了米兰的圣欧塞比奥教堂（参见地图 3）。什一税不足以使这个家族跻身贵族之列，但必定是富足的象征。1170 年吉拉尔多以一百一十镑从达巴焦家族手中购得城市西北部的土地，也是这种象征。尽管这后来引发了一场讼战，但吉拉尔多获得了胜利。我们可以将卡加皮斯托看作一个相当兴盛的中等收租者家族。吉拉尔多可能比斯特法纳尔多更富有，后者拥有的土地更加有限；但是这两者的区间，也可以当作其他司法家族经济水平的指南。[46]就经济方面而言，这些家族甚至算不上精英中的第二层级，这个第二层级包括斯卡卡巴罗齐这样的家族；最好将他们看作第三层级，我称之为“中等精英”（medium élite）。我们在探讨比萨尤其是罗马的情况时，将会再次看到这个层级。

吉拉尔多·卡加皮斯托之所以重要，还因为他的名字。大多数历史学家都强调，很多米兰政治领袖的姓氏都以“卡加”（Caga-）或“卡卡”（Caca-）开头，这是“粪便”的意思。更早几代的学者们的高雅使他们对这一点避而不谈，较为年长的历史学家在提到这一点时，则顶多是不自在地一带而过，尽管近来弗朗索瓦·梅南的一篇出色的文章终于一一列举了这些名字，并探讨了其词源；但是，这必定对米兰人的身份认同和自我表达十分重要。（类似的名字也存在于意大利的其他城市中，梅南特别强调了克雷莫纳，但它们通常没有这么显著。）卡加皮斯托的意思很可能是“粪便香蒜酱”，好像意大利面酱之类的东西。例如格雷戈里奥·卡卡因纳尔卡和圭列尔莫·卡卡因纳尔卡兄弟两人都是法律专家，并且在1143—1187年间作为执政官十分活跃，但他们姓氏的意思是“盒子里的粪便”。而1140—1144年担任执政官的阿德里科·卡加依诺萨的姓氏意为“你裤子里的粪便”。其他显赫的家族，还包括卡加伦蒂（意为“慢慢排便”）家族、卡卡因巴西利卡（意为“在教堂里排便”）家族、卡卡拉纳（意为“在一只青蛙身上排便”）家族、卡加托西奇（意为“有毒粪便”）家族以及其他许多，不一而足。[47]在意大利，12世纪是一个外号充当姓氏甚至名字的时代。比如，在贵族统治阶层中，以“马拉”（Mala-）开头的名字曾流行一时，宣扬着邪恶（像贵族出身的米兰执政官马拉斯特莱瓦，他的姓氏意为“邪恶马镫”），而在更多地为神职人员所掌控的罗马，除了某些“卡拉”开头的名姓，还有许多名字源自“德乌斯”（Deus-）1 这个词根。[48]但

1　这个前缀作为一个拉丁文单词，意为“上帝”或“神”。

是，让我们设想一下，当发现意大利北部最大城市的一位官方代表姓“粪便香蒜酱”时，德意志宫廷会作何感想，那里可是挤满了来自古老家族的势利贵族？事实上，我们可以得知结果。其中的一位是弗赖辛的奥托，他带着些许幸灾乐祸的心情记述吉拉尔多1154年的艰辛工作时，将其称为“黑色的吉拉尔多”（Girardo Niger），从未有任何证据表明米兰存在这个名字，它想必是奥托杜撰的一种更礼貌的代称。在此之前不久，这位历史学家可能就已经对此心中有数，当时他写出了他著名的转喻，惊骇于意大利人竟允许“出身微贱的年轻人”，甚至“可鄙的工匠”“束带簪缨”（miliciae cingulum），也就是说担任公职。[49]我们刚才提到的人中，不太可能有人还像奥托所说的那样从事手工匠人的工作，但是没有理由将这话太过当真——毕竟，对于奥托而言，一位姓“粪便香蒜酱”的中等地主担任重要公职，与一个粗鲁的手艺人担任重要公职一样糟糕。重要的是应认识到，粪便等相关词汇在这个时期的欧洲并非禁忌；在这方面，中世纪的欧洲从来不像1750—1950年间的文雅社会那般拘谨。主教叙任权之争中就有清晰的例子，当时希尔德布兰被反对派神职人员中的善辩者称为“梅尔迪普兰德”（Merdiprand）[1]或类似的名字。[50]但这本身也表明，在我们讨论的这个时期的许多语境中，与粪便相关的名号至少有侮辱之意。显然这并不总是发生在米兰。我甚至要说，这种带乡土气的取名所展现的尘世情感，是米兰人对12世纪“市民”文化的重大贡献之一；它既新鲜，对外又极具震撼力，就像他们很快会意识到的。[51]

综上所述，米兰城市公社在1138年之后肯定有贵族参与，但他

1　大致意为“粪便正餐”。

们是少数;最活跃的、反复出现的成员全都是司法专家,他们的资源相对较少,其中一些人有着放纵派吟游诗人式的名字。这一点无疑符合以下事实:米兰执政官参与的活动中,得到最充分文献记载的,是审判案件。在这个时期,司法正义和内部和平显然是重要的美德。莫塞·德尔布罗洛是一位著名的城市知识分子,住在附近的贝加莫城,他在 1120 年左右写了一首名叫《贝加莫记》(*Liber Pergaminus*)的诗来赞美他的城市,诗中只提到了一种想必就是执政官的人[十二位"神圣之人"(viri sancti),人员每年变化],夜以继日地专注于法律和公正,在这座城市中缔造了如此伟大的和平,以至于无需建起高耸的塔楼。尽管如此,必须补充说,这绝非执政官们的全部职能,因为城市也要打仗(莫塞也表示,贝加莫的执政官们训练年轻人的战斗技能),尤其是米兰,包括 1118—1127 年同科莫、1129 年和 1136 年同帕维亚和克雷莫纳、1137—1138 年再次同克雷莫纳、1154—1155 年再次同帕维亚的战争,当然还有 1158 年之后反抗巴巴罗萨的战争。科莫描述贝加莫城战败于米兰的诗歌,清楚地表明法律专家也是披坚执锐的战士。[52]法律专家们显然并非不适于战争;他们不仅可以法袍加身,还可以舞刀弄剑。甚至更加清楚的是,他们似乎也并非不宜担任大使职位,包括在艰难的谈判中,比如 1154 年奥贝托·达洛尔托和吉拉尔多·卡加皮斯托就曾作为使者出现在皇帝巴巴罗萨驾前。奥贝托受到布拉格的文森特赞誉,不仅因其智慧,还因其 1158 年在龙卡利亚第二次会见巴巴罗萨时所展现的辩才(使用了拉丁语和意大利两种语言;这在外行看来显然不再是理所当然的)。[53]

因此,对于执政府而言,法律专业能力必不可少,且与战斗并不矛盾;而后面这种能力使得法律专家与贵族更加接近。我将米兰城的领导层划分为三个经济层级。顶层是在不同地区掌握土地的人,包括拥有采邑什一税和至多两座城堡,与军事贵族大致对应。一些封臣以及市民中的卓越者,则作为第二个层级,他们没有城堡,土地数量也较少。至于法律专家,则构成下面一个层级,即"中等精英",他们拥有的土地相当少(尽管并非微不足道)。这些区分很重要,并且在别的地方也有类似的现象。另一方面,这并不是某种跨度极大的经济光谱,因为,尽管贵族必定有着比法律专家多得多的土地,但对城市居民来说,这种土地占有从未是明显大规模的:在米兰及其领土范围内,只有乡村地区的家族才拥有大量城堡,而这在欧洲其他地方通常是贵族身份的必要条件。在城市里,贵族(尤其是领主)是唯一拥有城堡的人,但他们很少出现在我们所研究的家族的资料中;在拥有领主权利的人中间,他们占据了绝大多数,[54]尽管他们的领主权很少超过几个村落的范围;在拥有可征收什一税的采邑的人中间,他们也占据了绝大多数,但是有一些显然不属于贵族的家族,比如第二层级的斯卡卡巴罗齐家族以及第三层级的卡加皮斯托家族,也可以通过购买而取得这些采邑。此外,我们发现贵族和非贵族有着相似的土地持有结构:无论大小,都支离破碎,散布于米兰的各个地区;几乎没有由完整的地产构成的情况。这种相似性,对于我们理解米兰各层土地精英之间没有明显的紧张关系这一事实十分重要。(它还进一步为弗赖辛的奥托的反感提供了背景:在他的眼中,米兰的贵族竟无一人可以被看作"真正"的贵族;他们全都太过城市化,总体上也不够富有,从而不太值得当回事。)基于米兰的资料,梅尔·维古厄十分正确地提到执政官们"正直"的世袭土地财产;并且他的以下看法几乎肯定是对的,即我们在这里看到的,在某种意义上,是一个单一的群体,其成员被他称为骑马民兵(mounted militia),并且这种社会地位的共性,至少在1130年代之后,比传统的兵士(milites)和市民(cives)的划分更加重要,更不要说领主和封臣之分,后面这种划分使得米兰公社在许多学者看来异乎寻常地贵族化。

我想进一步说明的是,米兰作为贵族公社的范例而著称于世,但事实上,情况几乎相反。在开头的一二十年,它肯定是由贵族主导的,但是在1130年代之后,执政官就在这个世纪剩下的时间里占据了舞台中央。这些执政官不属于贵族,而是属于城市精英的第三层级(或是梅尔·维古厄所谓的民兵),在土地方面绝无重要地位,并且不是此前曾统治米兰城的大主教的扈从。然而,我们不可能将米兰正在定型的城市公社重新塑造为对贵族权力的激烈破坏,那就未免矫枉过正了。即便在奥贝托、吉拉尔多和他们的继任者们领导统治的那些年里,米兰执政官中贵族的比例也高于大多数城市,这一点我们将在第五章看到。明摆着的事实是,尽管城市贵族中的许多人其实没有参与早期公社,这表明米兰政治上的同质化并不完全,但米兰的贵族作为一个整体,基本上没有反对司法家族在本地的影响力;有些东西将它们联系在了一起。换句话说,经济和地位的差异的确存在于贵族和法学家之间,却没有妨碍他们都被接纳为米兰政治的参与者。但是,这引发了需要进一步解释的问题。我们不能简单地认为城市贵族和法学家们会理所当然地形成一个单一的政治或军事共同体;因为在其他城市显然没有发生这样的情况,包括我所研究的比萨和罗马。为什么至少一些贵族家族会乐于参与米兰的这样一个单一共同体?比如达罗家族,他们有着长期参与政治、支持现状的传统,并保持与教会的密切联系。这个问题依然需要更多的探讨,而这里我们需要回到文化问题上。

＊＊＊＊＊＊

从 1136 年兰多尔福的编年史结束到 1154 年米兰《年鉴》（它描述了执政官政体如何独自英勇对抗巴巴罗萨，直到 1162 年的灾难降临和之后的复兴）开始这段时期，我们没有任何关于米兰的同时代的叙事性资料。[55]读者将会清楚地看到，我将这段间隔期看作一段变革的关键期，其间米兰人发展出了着实新颖的公社结构，并且到此时，米兰城已部分地被一些人统治，这些人与依然存在于米兰的传统统治集团（包括大主教的扈从、大教堂的教士会、层级分明的封臣网络）的联系少得多。就像意大利史学著作常常强调的，这是否意味着他们在自己的眼中也更加“市民化”？在我看来，这是一个误导性的问题。至今为止，我所掌握的新型市民意识的最佳例子，就是以“Caca”开头的名字；以我从所有关于战时的米兰人及其他意大利人的新近研究中汲取的东西来看，军事价值远远不是“贵族的”，进而与后来出名的“市民生活”（vita civile）相抵触，相反，它不仅必要，而且鉴于前面提到的所有本地的战争，还是市民身份的主要标志之一。对此的清晰展示正是来自这个时期，尽管准确来说并非源自米兰，而是一首无名氏所作的诗歌，名叫《科莫记》（*Liber Cumanus*），这首总共 2030 行的诗歌，描述了科莫在 1118—1127 年战争中对米兰的英勇抵抗。它没有得到太多研究，部分是因为其长度和诗歌体裁，令军事史学家们望而却步；部分也是因为它没完没了地专注于欢乐、荣誉和战略，而且描述的是 12 世纪初一场最接近总体战的战争，这又劝退了文学学者。诗中的科莫人正是市民，所有无论在马上还是马下战斗的人都是；而米兰人则主要是敌人（hostes）。这首诗歌确实有一处提到执政官们是科莫的战时领袖，但他们更常被称为“贵族”（proceres），并且集体似乎是由整个城市组成的，而非任何统治集团，无论是封建封臣还是执政官。[56]关于城市如何迈向执政官政体，这份文本没有告诉我们太多，那么，无论是有意还是无意，它与下一章将会探讨的那些关于比萨的诗歌不同。但是，它无疑告诉我们市民价值观和军事价值观在这个背景下完全一致，这蕴含在这一事实中：某个显然直接参与了战争的人完全掌握了诗歌的行文规则，这人或许还是一位世俗人士，因为诗中毫无基督教的意象。甚至对于意大利的任何地方，我不会主张任何与此不同的“市民”意识。但是，我们绕不开的问题是，米兰的执政官精英在引领这座城市脱离大主教的控制，走向很大程度上受法律指引的中世纪政治结构时，他们认为自己正在做什么。在这里，让我们更密切地观察奥贝托·达洛尔托及其儿子留下的文字；因为这些是我们仅有的、由我们所知的执政官亲笔书写的文本，而它们本身也值得我们去关注——作为执政官的作品，而非仅仅作为对法律发展的贡献，后者是它们被研究时最常见的背景。

我们必须从一开始就承认，奥贝托和安塞尔莫写的是法律论文，而不是对政治的沉思；他们对执政官的职位或公社身份的思考，丝毫不属于他们选择的论述范围。安塞尔莫比较容易讨论，因为他基本上就是在谈罗马法，一篇论文是关于案件中的初始行动，一篇（非常简短且罗马法色彩较淡）是关于租赁形式。后者至少与当时的租赁行为有某些联系，前者在米兰却尤其缺乏共鸣，在那里，伦巴第法和法律程序依然占据统治地位，而罗马法，尽管（很显然)得到了法律专家们的研究,也被承认为法官断案的依据(就像我们即将看到的奥贝托的见解),却未在执政官们的判决中得到明确援引。这样自相矛盾的状况早已为人所知。安东尼奥·帕多阿·斯基奥帕和彼得·克拉森早在三十年前就已经发展出了这个观点。他们表明(部分得益于维罗纳审判的证据),米兰人对罗马法的相关知识,要比执政官判决允许我们以为的多得多。而安塞尔莫简直就是最佳的例子。[57]他是否将自己在博洛尼亚受到的训练单纯当作获取法律执业资格的需要,或者这种训练是否支撑着他对法律如何运作进行更广泛的概念化,都无法从这些文本中得出明确结论,虽然我们不应当轻忽后者:卢卡的罗兰多·迪瓜米纳诺是安塞尔莫的下一代人,这位训练有素的法学家曾在一座与米兰一样不遵循罗马法的城市长期担任公职,并著有一部细致的评论集,其评论对象就是《学说汇纂》1 的一部分。这部著作的篇幅(其新近的版本超过五百页)暗示,他认为罗马法的原则对一座非罗马化的城市存在潜在的影响。[58]无论如何,法律文化的浓厚程度在米兰显而易见。

奥贝托的两封信更加不同寻常,它们探讨了封建法,事实上成为后来《封土之律》的核心章节,并且几乎是仅有的有作者署名的章节。这两封信是足智多谋而又切实可行的指南,来自一位经验丰富的地方法官,这位法官一开头就交代了自己在米兰频繁审理案件的经历,也就是说,他是一位执政官。在第二封书信中,因为“常常忙于照管我们的共和国(respublica),又被许多私人争议以及其他无数事情牵绊”,他无暇写作。[59]信中罗列了封建制的授权规

1　6 世纪时东罗马帝国的法律汇编,共计五十卷,是罗马法的基本文献之一。

则，涉及采邑的出让和继承、领主和封臣的争议处理，以及采邑可能被征收的情况。处理这些事务的思想框架源于罗马法，与优士丁尼的《国法大全》（*Corpus iuris*）遥相呼应，偶尔还直接援引，并且提到了提丢斯和森普罗尼乌斯——这两个名字在罗马法中就像英文中的约翰·多伊和理查德·多伊[1]，但没有涉及后来的罗马法论文讨论的更细巧的差别。它们还提到了伦巴第法根深蒂固的传统，以及稍早一些的关于封建法的论文。奥贝托开门见山地评论道：尽管案件的裁断（就像米兰的情况显示的）有时是根据伦巴第法，有时是根据罗马法，有时又是根据习惯法，而各地的习惯法不尽相同，但他希望至少讲清楚封建法在米兰是如何运作的，在这个领域罗马法没有"扩张到足以压倒当地习惯（usus or mores）的程度"。"扩张到足以压倒当地习惯的程度"这个短语常常被用来表明奥贝托对米兰习惯法凌驾于罗马法之上的颂扬，但这并非他的本意；这里他是在明确地探讨采邑法，而这个方面，罗马法并未涵盖，因为采邑在6世纪还未产生。[60]奥贝托其实是在试图将封建法抬升到与罗马法平起平坐的高度，他（以及该书其他部分的作者）成功完成了这个任务，因为《封土之律》从此成为《国法大全》的标准补充文本，并且成为后来中世纪理解封建法如何运作的基础；在更加地方性的层面上，它们于1216年问世时，也成为米兰习惯法的一个核心要素。[61]

于是，我们可以将这些信件看作奥贝托试图让他的常规武器库变得更系统：伦巴第法和罗马法两者都是稳定的成文资料库，封

1　这两个名字是英国法律中用于指代身份不确定的人的虚拟名字，类似于中文的"张三""李四"或"某甲""某乙"。

建法却不是,可它应当是。这似乎反映了他作为一位解决争议的法官的实践经验——也是作为解决封建争议的法官,这些封建争议确实以一定的频率出现在执政官的法庭上。[62]但是,还有一种看待这些文献的方式:当一位经验丰富、训练有素、具有城市和非贵族背景的米兰执政官兼法官,想要填补他掌握的法律制度的空白时,他关注的是采邑法,而这些法律几乎只与不多的几个属于军事层级的家族相关。的确,奥贝托比其他任何资料都多得多地告诉了我们米兰的封建关系的情况,哪怕我们从他的文本中排除(而我不确定我们是否应当这么做)解释领主和封臣差异的著名章节——无论是否准确,这是我们所能找到的对此问题的唯一现存的解释。[63]故而,一位"市民"出身、受过罗马法训练的执政官在1140年代到底在做什么呢?他在思考封建世界。

我们兜转了一圈,又回到原点。奥贝托不属于大主教的扈从,并且就我们所知,也没有任何采邑;而且我不认为以下推定有多么出格:他非常满足于自己身处的环境,在这个环境中,是像他这样受过法学训练的人在执掌城市公社,而不是(或者说不仅仅是)那些来自封建/领主世界的人;但即便如此,当他试图在法律上有所建树时,他主要的关注点依然是封建/领主的世界。犹如第三帝国的纳粹官僚们怀着"为元首效劳"的观念,试图进入他被认为具有的思维定式;[64]毫不夸张地说,奥贝托可以被看作是在"为贵族效劳"。奥贝托一生的政治实践使米兰脱离了传统等级制;此外,他(与他的儿子不同)十分反对腓特烈·巴巴罗萨,因而在1167年米兰重建之后,仍被召回担任执政官,并且我们无需怀疑:如果1177年他还活着的话,他会同吉拉尔多·卡加皮斯托一起去威尼斯。不过在他的思想世界里,占据舞台中央的是传统的等级制。更早一些时候的1158年，当巴巴罗萨利用罗马法将其对龙卡利亚的领土主张合法化，而意大利各城市的执政官们对此表达承认时[65]，奥贝托（那一年正担任执政官，并且身在龙卡利亚）基于他受到的罗马法训练和他的思想世界，必定尤其容易被说服——至少在米兰与巴巴罗萨皇帝的战争向他展示主权的实践意义之前。思想与实践的截然相反，概括了我所意指的“梦游”。奥贝托（与他的同侪一道）将这座城市引向了一个全新的方向，但他所想的却是另外一回事。并且这一矛盾——就我们所能分辨的而言，也许更好的说法是，这一不被觉察为矛盾的事实——也使我们得以看到，米兰的公社发展成一种不再是贵族统治的结构这一事实，并没有预期中的那么重要：公社经常由并非来自那个世界的人以及以各种方式反对它的人运营，但他们还是与它融为一体。在1138年之后，置身公社之外的贵族们恐怕太清楚这个新的走势，但达罗家族和布里家族对公社的接受，以及这座饱受内乱的城市大体并未出现关于公社的冲突，很可能是因为贵族层级也意识到了奥贝托的那个思想世界。

****

1150年的米兰政府，在许多方面与11世纪的迥然不同。我已经强调了1130年代是转折点，不只是后来执政官们的传记如此显示，米兰的新型政府结构也是在这个时期完全建立起来的。如我们所见，一直到1090年代，米兰的司法工作依然通过审判大会来处理。这个大会尽管因极高的出席率而获得了正当性，并且必定被法律专家们（包括执政官瓜尔泰里奥可能的祖父）安排得当，但大会是由上级势力召集的,并且充斥着贵族的代表。之后,审判大会终结了,尽管大主教的扈从依然保持着这种自上而下的模式。但是到这个时候,从1090年代开始,还有市民大会(concio),看上去其公众参与非常广泛,并且几乎可以肯定是基于一种集体誓言而召开,这种誓言出现于米兰城11世纪中叶几十年的动乱之中。这样的集会也是一种历史悠久的传统,不过为了应对公权力的弱化,此时变得更加常规,且日益正式化。它们似乎都是自下而上地组成审议小组(也就是说,并不依靠或听命于上层势力;大主教并不是召集人,但他会出席),相对而言几乎没有什么社会排他性(我们无法看出其中是否也包括城市中的穷人,可能不是很经常;但据圣保罗的兰多尔福记载,通常被意大利城市非常男性化的政治排除在外的妇女在1117年至少作为集体小组的一部分)。[66]同样根据兰多尔福的说法,正是1118年的一次市民大会决定对科莫开战,这是那个十年中最具有里程碑意义的决定,而1135年的一场市民大会则将安塞尔莫五世拉下马来。

因此,米兰的民众集会首先发展了一种新的正式结构,作为对意大利王国政治和制度危机的防御性反应;而这只是我所界定的理想型城市公社的一个要素。自治的执政官权力后来发展起来,且并不必然是作为抵御政治崩溃的手段,因为这发生在大主教的势力显然依旧强大的情况下:我们无法探究1130年代末及之后大主教(及其扈从)跟执政官的直接冲突,但他们之间存在着结构性的对立。尽管如此,是市民大会(concio)充当了新发展出的执政官实践的另类正当化工具,且第一次脱离大主教的权力,无论执政官的实践在现实中多么富于精英主义色彩。执政官的判决并没有采纳更古老的审判大会传统,尽管审判大会长久以来有许多见证人,而这种采纳将标志着执政官权力的集体基础具有连续性，但到此时，这个基础是市民大会，其根源并不在过去的等级制。此外，执政官们不再几乎都是贵族，而是更经常地来自“中等精英”，后者更在意更广泛的城市社群，而不是大主教等级制。在这个世纪后来的岁月中，当米兰贵族阶层中的其他人回归公社政治时，他们也采用了执政官式的方式，而非他们自己的。但也必须说明，执政府花费了很长时间才发展出审判大会所提供的同样正式的权力。至少在最初几十年间，当公社权力的正当性尚不完善时，抛弃审判大会的传统很大程度上意味着倒退；1140 年代及之后，当执政官的权力和公社的身份获得其独立的公共地位和正式性时，审判大会的旧传统不再重要，而体现权力的制度也必须更新。这一新颖性并不会被以下事实削弱，即执政官历史的其余部分，全都致力于使任何民众权力更不现实：担任执政官的精英比贵族更加广泛，但骑马民兵依然只占人口的 10%—15%（实际上，在米兰或许会更少），并且它希望保持这种状况。最终，在我们研究的这个时期之后，市民大会被人员构成较为狭窄的团体所取代，或者回到自上而下的仪式性大会。[67]

那时，米兰即便不算激进，至少也是激进与保守相混合。米兰公社是在一个大主教拥有极大处置权的世界开始发展起来的，其首批领袖是大主教的扈从，大多来自贵族家族，这些家族连续统治了米兰一百多年，包括在巴塔里亚运动如火如荼的时候。它之所以转向司法方向，确实很可能单纯是因为大主教意识到“他的”执政官们将需要审理法庭案件，并且认为他们能够胜任这项工作，而传统等级制则管理城市的其他事务。我猜测，对这种令人舒适的连续性的暗中破坏，可能在 1120 年代就已然出现，那就是对科莫的战争。与之前的战争不同,这场战争漫长而血腥,令交战双方都筋疲力尽。为了赢得战争的胜利,需要对米兰城的军事资源进行更为全面的组织,金融资源也是如此,因为这次战争是首次被记载的尝试在科莫人中征收土地税的背景,在米兰可能也有与之相应的措施,而如果在和平时期,这种东西在下一代才会普遍推广。[68]在梅尔·维古厄看来,这场战争只有靠民兵才能获胜,司法层级当然也在民兵之中,而这进一步使他们作为城市统治者的地位合法化;这场战争也成了1130年代及以后的战争的模板。不管是怎么发生的,那个在1140年代日益正式化的团体,其外观与1120年代的截然不同,并且指向了一个不同的政治方向。大主教丧失了核心地位,半数的城市贵族也退出了;最常见的执政官类型——成为该城驻巴巴罗萨处大使的人——不仅受过法律训练,拥有的世袭地产也相对有限。尽管如此,如果奥贝托·达洛尔托有指导意义的话,我们远远不清楚执政官们是否充分意识到这些重大变化是一种突破;因为他们思想的方向,也与贵族的世界密切相关。我说的是"思想",而不是"价值观"。事实上,标志着贵族世界的那些令人感到棘手的基于荣誉的价值观,也是所有类型的城市领袖具有的特征;民众对乡村压迫和精英阶层的坏小子在城中横行霸道的反感,在我们研究的这个时期没有以任何明显的方式得到记载,这要到12世纪末才偶尔出现,并且成为后来13世纪立法反对权贵的核心所在。[69]这将使得这个激进与保守的混合体更加容易管理。不过在这里,思想可能更为重要。很明显,它们的运作方式与12世纪早中期米兰的政治实践不同,至少在我看来是这样;这一差异是我想要强调的。但我也想强调,思想世界和实践都很重要,尤其是当人们在行动,却不真正明白自己在做什么时。因为密涅瓦的猫头鹰总是在黄昏时起飞。

现在的问题是,米兰具有多大的典型性。因此,接下来我们将检验我对比萨的解读。比萨是一座非常不同的城市,其主要注意力在海洋,并且在1100年就有了由来已久的海上扩张传统;它的相关资料很丰富,这一点倒与米兰类似,而且就像我们将会看到的,似乎还更胜一筹。

第三章　比萨

对于整个支离破碎的意大利王国而言,1110 年代是充满不确定性的艰难时期,甚至不只如此,就像我们已经在米兰,并且将会在罗马看到的;比萨却不是这样。的确,比萨人似乎正享受着欢乐的时光。1113 年 8 月 6 日是比萨的幸运日,三百艘舰船驶离比萨港,长途奔袭当时处于穆斯林治下的巴利阿里群岛。这样的袭击对比萨来说并不罕见,在之前的整整一个世纪中,比萨大约每十五年就发动一次。不过,这次是大型远征,尽管由比萨人绝对领导,但托斯卡纳地区的其他城市也参与其中,而且迅速获得了来自西班牙加泰罗尼亚地区和法国朗格多克地区的支持。这也是一次漫长的远征,耗时长达两年,而不是数周。同样相当重要的还有,事后它很快得到了满怀热情的记录和赞美,不仅像其他历次出击一样被记录在比萨的年鉴和短诗中,还得到了一首风格高度维吉尔化的六韵步长诗的颂扬,那就是《马略卡战记》,长度相当于《埃涅阿斯纪》的三分之一。该诗非常清晰地展现了比萨人认为自己多么英勇无畏、意志坚强、勇猛善战,他们的十二位执政官、大主教和子爵的领导多么英明。诗中对执政官的强调远远超过了对大主教和子爵,这一点我们在后文会再度提及;然而,同样惊人的是对其他许多比萨人的强调:在描述战争场面时,不仅点出了许多人的名字,还写出了他们父亲的名字,以至于连我们常常都能将他们识别,更不必说他们的同时代人。作者(无名氏,不过可能是一位叫恩里科的教士)似乎曾邀人投稿,以便将他们含括在其中,就像编制电话簿的黄页一样。无论是怎么选中他们的,被描述者都传递了一种非常强烈的对于胜利的集体进取心:不是贵族与平民一起,或者说不是明确地如此,而是比萨的所有男性,即比萨的市民或者说民众,众志成城地摧毁了他们的敌人(或者你更愿意说是受害者),并夺取其财货。[1]

就像我们在上一章看到的,1110 年代的米兰也处于大主教和执政官的统治之下,伦巴第地区(至少科莫和贝加莫)也产生了同类的诗歌作品。这一时期的意大利城市无论如何分裂,都经历着许多类似的社会和政治历程,应对的方式也类似。尽管如此,比萨城市公社缓慢发展的经历依然与米兰的大不相同。首先,米兰的公社虽然按意大利的标准发展得较早,但直到 1130 年代才开始将自身制度化;而比萨与热那亚一样,拥有最早建立的城市公社,1110 年左右最有可能是其定型期(就像远征巴利阿里群岛所展现的,但不止于此),而且对比萨那些被称为"执政官"的人的初次提及,可以追溯到 1080 年代。这不可能只是一个偶然,就像我们将会看到的,有太多各种各样的资料为我们提供了同样的证据。在过去的一个多世纪中,比萨的历史学家们为此着迷,并对广义的公社起源期(1050—1150 年)进行了大量研究;毕竟,11—13 世纪是比萨历史中的高光时刻,而比萨大学也是一座庞大而活跃的学府。结果产生了关于我们研究的这个时期的优质著作,其中一些非常晚近,并且远比关于米兰的研究更全面,例如,几乎对每个精英家族都有一份细致的研究。在本书中,我对它们十分倚重。[2]然而奇怪的是,12 世纪早期却没有得到充分的研究,而这段时间肯定值得我们重新探索一番。

比萨相对于米兰,是一座相当小的城市。但是,它既位于地中海沿岸,又位于阿尔诺河边,直到 10 世纪末,比萨港都是外来货物进入托斯卡纳地区的主要集散地;到 12 世纪,商业在这座城市中如此重要,足以使得陆上交易的记录中也出现了其痕迹,而这些陆上交易记录,就像在其他地方,是我们了解这个时期最具实质意义的资料。[3]比萨主教区也相对较小,其中很大一部分属于阿尔诺河三角洲的沼泽地;当地农业发达,但面积不大。就像米兰人一样,比萨人也会与他们的邻城为敌以寻求扩张,并且 12 世纪的大部分时间里,他们确实与卢卡——离得最近的对手——发生了边界战争;但双方旗鼓相当,比萨人无法轻易获得米兰人在毁灭邻城时的那种喜悦。他们确实也在相当大程度上扩张了领土,但总是针对人口较少的内陆和海岸地区,这些地方位于其他城市的势力范围之外。与之相反,比萨的海上利益却迅速蓬勃发展,很快就不只是拥有一个海港而已。

11 世纪早期的地中海以西存在一张活跃的商业网络,其基础是西班牙南部、西西里和突尼斯之间的海上航线,并且由此向东拓展到埃及——这里一直是地中海地区商业发展的动力所在。[4]因此,商业网络的中心是穆斯林统治下的地中海,而比萨长期以来一直处于网络的边缘。这座阿尔诺河畔的城市干脆开始时不时地袭击穆斯林世界的富庶城市。比萨舰队的规模和凶猛,足以征服尚未准备好承受如此有系统的攻击的中心城市。1005 年,比萨攻击了雷焦卡拉布里亚这座 1015—1016 年间阿拉伯人在撒丁岛的桥头堡,1034 年则攻击了博纳(今阿尔及利亚的安纳巴),1064 年是巴勒莫,1087 年是突尼斯的马赫迪耶和宰维拉,1092 年是西班牙的托尔托萨(这次进攻罕见地失败了),1098 年向东袭击了巴勒斯坦(作为第一次十字军东征的一部分),随后在 1113—1115 年间袭击了巴利阿里群岛。[5]就像维京人或者印度洋上的葡萄牙人,比萨人专注于劫掠战利品;但在中世纪,商人和海盗总是难以区分。历史学家戈弗雷多·马拉泰拉于 11 世纪晚期在意大利南部从事写作,他便将 1064 年的巴勒莫远征单纯地看作比萨人的一次暴力的商业行动,比萨人“通常更多地致力于商业收益而不是战争活动”——此言颇有启发性,尤其因为它绝无颂扬的意图。11 世纪比萨人断断续续的劫掠活动,事实上旨在树立作为足够令人敬重和畏惧的军事势力的形象,以便能更加充分地参与既有的西地中海商业关系网,这个网络随着第一次十字军东征而向东扩展,并于 12 世纪通过比萨的贸易协议(从摩洛哥经拜占庭帝国到叙利亚)得到了制度化。[6]与此同时,他们还在科西嘉岛和(后来的)撒丁岛慢慢发展出了一个小型海洋帝国;比萨主教自 1092 年起就成为大主教,因为教皇乌尔班二世将科西嘉岛划入了其管辖范围。[7]出于几乎相同的原因,他们的步调与热那亚人的全然一致,后者有时是他们的盟友,但从结构上说,也是他们的对手和敌人。不过,热那亚人没有像比萨人那样详细而生动地记载自己的早期活动。[8]

1060 年代,比萨人开始建造他们那令人瞠目的新大教堂。这座奢华的白色大理石建筑,在十几个方面推陈出新,时至今日依然矗立在那里,包括它那角度怪异的钟塔。教堂正面的左侧散布着铭文,时间可追溯至 1070—1150 年间。这些铭文包括一些悼念文,其中三则是悼念大教堂的主要建筑师布斯凯托,有一则将他与奥德修斯、代达洛斯[1]相提并论,还有两首诗歌是关于比萨人的胜利:前面列举了一连串(在比萨人看来)英勇无畏的对各城市和岛屿的洗劫;获得的战利品,确实有一大部分明确用于支付这座教堂的建造费用。这种用石头来纪念勇猛的军事行动的做法,及其与这么一个标新立异且雄心勃勃的建筑项目之间的密切关联,在这个时期没有任何地方可与之相提并论。它显然是在一种非常广泛的意义上表达市民的骄傲;而且市民们常常出现在这些诗歌中:来自大户人家、中等人家、小户人家,富的、贫的都有出现,正如描述洗劫巴勒莫的诗歌铭文所表明的。[9]

比萨人确实在任何方面都不缺少市民的自豪感。除了前面已提到的关于布斯凯托的经典类比,比萨人在其他许多事上也有类似的说法与做法。他们在许多场合将自己比作古罗马,就像一首12世纪中期的诗歌所言:比萨是“第二罗马”(Roma altera),它被抄录于《马略卡战记》的手稿中;曾经铭刻在金门(该城的临河城门)上的一段铭文,将比萨称为“帝国的明珠”,这指的是罗马帝国。[10]当然,在《马略卡战记》中还有其他类似的比较。[11]稍早的《比萨胜利之歌》(*Carmen in victoria Pisanorum*),是一首关于1187年远征马赫迪耶的嗜血诗歌,开头写道:“我更新了关于古罗马的记忆”,并且提到了迦太基(以及特洛伊)的沦陷,还将比萨人与《旧约》中的英雄人物相提并论,比如基甸[2]和马加比家族[3]。[12]这首诗被保存在一部标注日期为1119年的引人入胜的杂记《圭多记》中,该书由

1 曾为克里特国王米诺斯建造迷宫,即希腊神话中吃人的牛头人身怪的巢穴。

2 率领犹太人击败米甸人的士师。

3 亦译作“玛加伯”“玛喀比”等,活跃在公元前2—前1世纪巴勒斯坦地区的犹太祭司家族,也是当时率领犹太人反抗侵略和迫害的政治宗教领袖。

某位比萨的圭多编纂,而作者在接下来的十年之中成了一位枢机主教。《圭多记》证明了一种对古罗马的真正的执迷,杂记剩下的部分大多也与此有关,比如:古典的特洛伊(被看作罗马原型)历史,执事保罗(Paul the Deacon)的《罗马史》(*Historia Romana*),以及关于那座永恒之城残存的经典建筑的最早描述之一。在这里,罗马隐喻的是1110年代自信而"好战"的比萨。[13]这种执迷将在1155年达到顶峰,当时比萨人决定创编他们自己的罗马法法典,《基本法》和《基本惯例》(*Constitutum legis* and *usus*)双管齐下,任务被托付给了立法者(constitutores)或智者们,也就是当地的法律专家,按照一个精心制定的五年计划来进行。1161年1月1日两部法典中的第一部生效,而另一部也在不久之后诞生。《基本惯例》自豪地声称:比萨人"长久以来"都生活在罗马法的统治之下。就像更早的文献资料所表明的,这则声明纯属捏造,却是12世纪拉丁欧洲最全面接受古典罗马法的一种准备。比萨对罗马法的吸收既迅速又复杂,这对他们的日常事务并不总是明显有用;这必定是比萨文献一直以来反复强调的罗马化的一部分,而且是最坚定不移的一部分——在其他城市的复古潮流中也有类似的情况,但比萨人的自满足以将其贯彻到底。[14]

然而,"市民的自豪"也是相当模糊的措辞。它在具体的——也许是制度的,肯定是政治的——条件中的意味,是另外一回事;而且比萨人口中的这个词,在12世纪的含义并不必然与11世纪的相同。例如,最早到1070年代中期,托斯卡纳侯爵对比萨的统治才告终,而该城的自治权尚未得到确定。比萨人的确是为了自己的利益而劫掠其他地方,但也常常受到鼓励这么做,或许有时是应他人要求:教皇和强大的托斯卡纳女侯爵玛蒂尔达要他们远征马赫迪耶,早先巴勒莫的远征可能就已经是教皇和侯爵授意的;教皇和大主教无疑是第一次十字军东征的发起人(比萨的第一位大主教达伊贝尔托,曾于1098年率领比萨和热那亚联合远征,此人后来成为耶路撒冷的第一位拉丁主教);十五年后,大主教随同比萨人远征巴利阿里,尽管那次远征肯定是由比萨发动的,教皇仍送来了他的使节和一面旗帜,而一位执政官被指定为这面旗帜的旗手。[15]我们所掌握的资料,一直反复强调战利品被用来建造大教堂,也证实了这次劫掠行动的宗教倾向,尽管宗教圣战的形象并不像历史学家们通常主张的那样,遍布于这些文本中。[16]到1090年代,大教堂的建造活动制度性地整合到其自有的组织中,即大教堂工程(Opera),其世俗管理者,即司工(operarii),处于大主教的控制之下,在12世纪早期的一些文献中,地位与执政官一样显赫;[17]事实上,比萨的主教/大主教在我们掌握的许多资料中同样显赫。

有鉴于这一切,比萨在海外的军队并不必然就是迈向世俗和市民独立的标志。确实,就像中世纪早期所有颂扬城市的文本,11世纪的文本简单地将这座阿尔诺河畔的城市赞扬为一座城邦(civitas),但这并不表明比萨是作为一个自治体行动的。最多只能说,从1050年代开始的二十五年中,为了能够组织起规模巨大的海外远征,比萨人必定已经能够作为一个高效而紧密的集体来运作,无论他们是为了谁行动。大教堂昂贵的建筑也是如此,就像我们刚刚在上文提到的,被托付给了世俗的司工。当比萨人真的像米兰一样用一种无计划的方式发展起自己的城市自治时,这就极为重要了。我们无法断言比萨人的劫掠预示了城市公社的出现,也无法断定公社一定就是“船东和海洋商人的私人组织”(这是焦阿基诺·沃尔佩的比萨史一开头的著名措辞)[18]发展的自然结果;无论如何,当比萨的领导层恍若梦游一般进入公社时代时,他们发现,这在很大程度上是水到渠成的事。

为了了解公社是如何发展起来的,我们需要查看我们所关注的这个世纪的比萨城的政治史。我们在这里将这一历史阶段缩短为大约 1060 年到 1130 年,因为自那之后,比萨的公社就毫无疑问地稳定下来。幸运的是,这段历史得到了许多不同寻常的文献的阐释,其不同寻常的方式一如比萨的战争诗;于是,就像研究米兰时一样,我们将会密切审视比萨的执政官们是何许人——如果我们能够看清城市领袖们的背景,也就能够更深入了解他们对自己所作所为的理解。不幸的是,我们没有比萨执政官们自己写下的书面文件,至少在担任次级官员和地方法官的贝尔纳多·马拉戈内从 1150 年代开始撰写比萨城的《年鉴》之前;[19]但是,对于家族谱系的追踪本身就很有启发性,正如我希望能够展现的。

＊＊＊＊＊＊＊＊＊＊

比萨在 11 世纪六七十年代先后处于托斯卡纳侯爵戈特弗雷多(1069 年去世),他的遗孀比阿特丽斯(拥有女大公、女伯爵、边境女伯爵头衔),以及他们的女儿玛蒂尔达的稳固统治之下。托斯卡纳是意大利王国的一部分,在 11 世纪,它的政治结构最为牢固,形式也最为传统(这方面远超米兰),政治生活受到侯爵扈从的支配;而且从我们掌握的证据来看,在 1070 年代的大部分地方,审判大会这一公开集会十分显眼。保存下来的六份诉状展现了这一系统在比萨的运行情况,而比萨通常是这个时期侯爵们的基地;这些司法集会属于常规活动,比萨的城市精英成员会广泛出席。[20]那么,这也就成了我们的起点;并且它从未受到比萨人任何明显的反对。比萨没有类似于米兰的那种城市起义的传统。实际上,即便是 11 世纪八九十年代的内战,也只给比萨带来一段短暂的紧张,仅限于 1080 年代后期。至少在后来六十年甚至长达一百年内,比萨都没有再发生重大的内乱;[21]而且社会各阶层之间的张力并不明显,这与米兰常见的情形不同。1076 年,在母亲比阿特丽斯过世之后,三十岁的玛蒂尔达继承了托斯卡纳侯爵领。统治初期,她的力量较弱。例如,从未有人看到她来到比萨城的城墙之内,而在 1077 年唯一为她召开的比萨审判大会上,她与她手下的比萨子爵乌戈二世分享了司法权力。[22]但是,她也展现了作为比萨教会热心赞助者的形象,并在同一年赠予这座大教堂一大片地产,条件是大教堂的教士继续保持谨遵教规的生活——这是当时教会"改革"措施中的一个标准元素,而玛蒂尔达是这场改革的坚定支持者。[23]

1080 年,皇帝亨利四世和教皇格列高利七世之间的战争爆发。1081 年,亨利废黜玛蒂尔达,并进入卢卡和比萨,赋予两座城市重要的特权,于是比萨人转而加入支持他的阵营。但是当亨利于 1084 年离开意大利中部地区后,他们再次倒戈,投入玛蒂尔达一方,到 1087 年时他们肯定已经同玛蒂尔达和她所支持的教皇们结成了联盟。[24]就这样,侯爵的权力并未因亨利四世的所作所为而终结,但必定遭到了相当大的打击——亨利没有重新指派一位侯爵,而玛蒂尔达尽管在意大利北部依然非常强大和活跃,却有十五年再未现身于托斯卡纳。无论如何,战争对比萨的直接影响要小于对其他许多城市。卢卡一度有两位主教,而在 1080 年代,比萨那位支持格列高利七世的主教杰拉尔多的地位却似乎没有受到威胁。比萨的确有不止一个子爵家族,而支持帝国的那个家族在 1080 年代更加显赫,不过时至 1087 年,玛蒂尔达的子爵家族已经回归(乌戈二世在远征马赫迪耶时以颇具浪漫色彩的方式被杀),在我们的资料中,这两个家族在后来的几十年中没有发生明显对抗。[25]比萨人确保亨利特地礼赠的财产随后也得到玛蒂尔达的认可,其中就有帕皮亚纳城堡,这是侯爵领的重要核心,亨利在 1089 年他的最后一次比萨行动中将其赠送给了大教堂,而玛蒂尔达也在 1103 年再次赠予;在其他方面,比萨人则置身于战争之外。[26]

亨利四世在 1081 年颁给比萨人的特许令,一直被历史学家们看作为公社运动奠基的宪章,而比萨人肯定从它的条款中获益良多,尤其是在贸易特权方面。特许令表示,比萨人对未来任何的侯爵人选都有否决权,比萨人的十二位代表是在"讨论会"(colloquium)上选举产生的,而此种大会通过敲钟来召开。上述文句已经普遍被认为是后人对文本的篡改(原文仅有 1130 年代的副本留存下来),这也就排除了它作为公社宪章的可能。反过来,这份文献仍然提到了市民的"共同意见"(communis consensus),任何想推倒城中房屋的人都需要获得这个共同意见;并且提到了比萨的"海洋习惯法"(consuetudines de mari),这是得到皇帝承认的;还提到了新近合法化的地方对公地的控制权,对坐落在阿尔诺河沼地上的比萨来说,这些周边地区在经济上非常重要(尤其是为了获得建造舰船所用的木材)。于是,比萨城作为一个集合体而存在,此集合体由得到亨利特许令的"虔诚市民"组成,不区分其所属的社会群体。[27]

对于现代研究比萨的历史学家而言,这相当符合第一次提及意大利城市执政官的文件中的表述。该文件产生于 1080—1085 年间(很可能是 1080—1081 年间),文中撒丁岛的统治者之一、托雷斯的审判官（iudice）或者说国王马里亚诺一世免除了他的比萨“朋友们”（ammicos，这是一种称呼；这份文件是用撒丁岛的语言写成）的贸易通行费，并且赋予他们司法上的特权，“为了杰拉尔多主教、乌戈子爵，以及比萨所有执政官的荣誉”。接着还将“朋友们”一一列举，他们来自在侯爵领审判大会上出现的主要家族，他们的继承人也常常成为比萨公社的执政官。面对宣称其系伪造的企图，这份文件成功地经受住了考验，但它也不像人们常常声称的那样，清晰地属于“迈向公社”的一部分。它绝对没有表明执政官当时已经成为比萨的正式统治者，也并未表明“执政官”一词是表示任何官方职位；它似乎只是意指比萨城的精英成员而已，并且在这个语境下，等于“朋友们”的同义词。[28]关于马赫迪耶远征的诗歌也是这种情况，诗中出现了两位被称为“主要执政官”（principales consules）的比萨人，以及两位被称为“贵族市民”（cives nobiles）的人士，他们一同作为军事领袖：这些人全都或者大多来自同一组重要的家族，并且我们无法区分执政官和贵族。确实，我们无法追踪1080年代比萨城的任何正式世俗领袖；即便是子爵们，在我们的文献中也没有显著到使我们能够确定他们担当了主导性角色（乌戈二世在1087年被杀，但没有明显的迹象表明是他指挥了比萨的军队）。[29]我们感觉到了一批采取集体行动的显赫市民，但也仅限于此。

杰拉尔多主教于1085年去世，这个职位自此空缺了四年（对比萨人而言，主教职位空缺无疑比敌对的主教好），而且乌戈子爵的死可能也留下了权力真空，因为他的儿子乌戈三世还是个孩子。很可能就是在这个时期，当克莱芒三世和（自1088年起）乌尔班二世两位教皇之间的内战在意大利打得如火如荼时，比萨城中的政治关系遭遇了最艰难的时刻。比萨那些报喜不报忧的叙述没有修辞空间来说明这一点(它们对热那亚人和卢卡人恶言相向,对比萨人却不是这样),因此我们无法从中捕捉到紧张的氛围,但是1090—1092年间的两份以原件留存的文献向我们透露了更多信息。1089年,达伊贝尔托被选为主教。这是一个聪明的选择,因为他是在德意志地区被一位支持皇帝的主教授以神父圣职的,但随后又倒向了格列高利七世这一边,此时则正受到教皇乌尔班的热情支持。[30]1090年左右(肯定是在1092年之前,因为这时达伊贝尔托还没有成为大主教),他作为一个重要的市政议题(比萨城塔楼的高度)的仲裁者,出现在其中一部文献之中。

在11世纪后期的意大利城市中,城市精英家族的塔楼是一项新的发展,被看作各地市民潜在着不和与不安的象征。因为这种建筑肯定是防御性的(那个时代建造的塔楼中,有一些保存至今,因此我们得以目睹),它们的顶端对于投石器和类似的武器而言是绝佳的地点。达伊贝尔托主教在这部文献中称:“傲慢犹如古老的瘟疫”引发了嗜血杀戮、背信弃义、悖乱伦常以及家族的毁灭——这种说法太过泛泛而谈,无法向我们透露多少当时的实际情况,但至少表现了时局的混乱,而主教被唤来仲裁这样的事项,其本身就是当时危局的一种体现。达伊贝尔托立下规矩:未来塔楼的高度都不应超过三十六臂(相当于二十一米),这个数字直接来自亨利四世1081年的特许令;他还提出将一些塔楼,作为未来塔楼高度上限的标志物,其中两座在阿尔诺河的北岸,一座在南岸(这些塔楼中有两座属于未来的巴尔多维纳斯齐家族和西斯蒙迪家族)。只有两座属于世俗人士的高塔(分别属于侯爵麾下的子爵乌戈三世——其家族在他父亲死后获得了比萨城的正式保护;以及未来的卡萨皮耶里家族的彼得罗·迪阿尔比佐）和一座教堂的钟塔，虽然高度超过规定，但已经建成，所以得以保留。除此，在任何情况下，将来任何人都不得兴建超过高度限制的塔楼。[31]

文中点出的重要市民的名字很有趣，并且再次与其他资料中的城市领袖的名字相符。但这个文本最有趣的，是它提到以及没有提到的比萨城的决策方式。一方面，由达伊贝尔托而不是其他世俗人物担任仲裁者不足为奇，因为当时世俗精英之间存在着紧张。但是，他却表示自己得到了“活跃而明智的伙伴”（sociis viris strenuis et sapientibus）的建议，这些伙伴的名字也都一一列举了出来，他们的确来自世俗精英阶层，包括达伊贝尔托提到的那些塔楼的拥有者，以及来自帝国子爵家族的彼得罗子爵。这暗示，紧张的气氛部分是因为支持皇帝和反对皇帝的双方之间的争执。然而，达伊贝尔托并没有说他们是执政官，而执政官们也未出现在这份文献中。另一方面，“城邦共同讨论会”（commune colloquium civitatis）却数次出现，任何人都可以向其投诉非法的塔楼建造活动；如果它们是为了“城市的共同用益”，这个大会可以通过“共同讨论”（commune consilium）为其破例，否则民众就会采取行动反对违法行为。这里还出现了维护达伊贝尔托仲裁的正式誓言，城中及城郊每个超过十五岁的人（我们推断这里指男性）都必须发这个誓，未来所有人在长到十五岁时也必须这么做。这个仲裁足够重要，以至于后来的执政官们都发誓维护，由此便成为比萨城基本法律和惯例的组成部分，正如我们从1160年代的这类誓言文本中看到的；尽管如此，它却不是一部执政官文献。[32]相反，这是由一位主教及其智者确立的以誓言为基础的协议——这是该文件的明确含义——它是应“共同大会”及其领袖们的要求而作出的，并且在未来要依靠这个大会来执行。较之十年前的1081年的情况,这个大会此刻扮演起了更加正式的角色,成了一个地方性的核心会议,尽管它不得不将主教搬出来,以应对紧张的局面。

第二份文件是关于乡村的,日期可追溯至1091年末或1092年初。文件记述了比萨城以北约五英里、位于三角洲的瓦尔迪塞基奥发生的恶行,肇事者是一群领主,被称为“比萨的伦巴第人”(longubardi Pisani)——“伦巴第人”是托斯卡纳地区的一种术语,指小军事贵族,多少与北方的领主(capitaneus)有些类似,不过要更加罕见。他们引入了“邪恶的习俗”(malae consuetudines),包括强行要求守卫城堡、用金钱换取伐木权、在公地上放牧,并且攫取谷物和亚麻织品等。换言之,这是典型的领主权利,是私人领地上标志性的压榨(亦称“邪恶的习俗”),遍布欧洲各地。但是,这么做不仅对当地人不利,而且触犯了“一些比萨市民”的利益,因此他们会面,试图解决问题。他们选举出五或六位“比萨人的执政官”(consules de Pisanis)以及若干名来自瓦尔迪塞基奥的“贤人”(boni homines),以解决这个问题,而领主权利大都被立刻废止了。当时,这个结果也获得了“比萨的伦巴第人”的认同,他们的姓名都一一记录在案。随后,比萨的民众“通过共同协议”加以确认,主教达伊贝尔托也用革除教籍的方式强烈谴责此等恶行,以示对这个结果的支持。

这些领主权利无疑确实非常新。在此前的托斯卡纳地区,几乎从未有证据证明它们的存在,并且十年之后还有一份类似的文献向比萨发出了同样的抱怨。向大教堂、执政官们以及比萨的全体民众提出申诉的是小村庄卡夏沃拉的居民们,针对的是圣卡夏诺家族(属于比萨的伦巴第人家族)的领主们,并给出了领主权利实行的日期。这份文献明确表示，女侯爵比阿特丽斯曾在一份司法判决中禁止领主这么做，但是后来“所有的权力都丧失了其力量，公正在我们的土地上凋亡”，而且圣卡夏诺家族的行径之恶劣堪称史无前例。由此可见，11 世纪八九十年代是一段混乱而不公正的时期。在这里，就像在瓦尔迪塞基奥案中，重要的是接下来说的这一点，即比萨人终结了这种领主式的掠夺行径，因为此后，比萨附近的领主权利几乎消失无踪。比萨无意允许他方争夺自己的管辖权，而且在这个方面，行动远比（例如）米兰更加果决。不过在瓦尔迪塞基奥一案中，这个任务相对容易一些，因为伦巴第人实际上都出身于城中各家族，其中许多是我们在其他文本中看到的同姓氏的精英家族，比如（仅举一例）彼得罗子爵；这里提及的反对这些恶行的比萨执政官们（同样包括彼得罗子爵），在某些情况下，也可以确定是同一批人，也就是说，他们自己作出了反对自己的判决。作为执政官和城市的居民，作出不利于自己积累乡村权力的判决，显然符合他们的利益；作为城市精英中的稳定成员来统治乡村地区，要好于作为当地领主来统治该地。尤其当单个伦巴第人家族显然无法仅靠自己就在瓦尔迪塞基奥获得领主权利时，就更是如此。在一个土地被许多有影响力的人士所拥有的地方，他们必须以某种集体形式来行动，这种形式可不是实行领主式高压统治的坚实基础。而若想那么做，城市是一个好得多的地点。[33]

时至于此，我们看到了更多的执政官。在标注日期为 1100 年左右的卡夏沃拉一案中，那些未曾具名的执政官在某种程度上似乎是比萨的世俗领袖，而在一组始于 1109 年的文本中，他们的身影将会更加清晰。瓦尔迪塞基奥一案中没这么清晰。在某种程度上，那份文本一直保持着模糊的状态：与会者“选举出比萨人的执政官们”的时候，是在遴选专门裁断这项具体争议的、被称为“执政官”的代表，还是在从已然作为城市统治者的执政官之中选人？在这一点上，有人可能认为，比萨是在1100/1109年才有“真正”的执政官，还是在1092年就已经有了（这样就显然比其他城市都要早——更不要说那份撒丁岛文献中出现的1080—1081年间），最终算不上至关重要的历史学问题。对此我表示部分同意，不过着眼点不同。事实上，这里有三个彼此关联的点。第一，“执政官”一词的含义是什么；第二，比萨作为一个城市，实际上是怎样组织的；第三，谁在执掌它，以及这些人如何看待自己的行为。以上三点全都比针对单一文献的争论更加有趣，尽管我们需要对几份单独的文献进行相对细致的阐释，以便了解问题所在。下面，让我们对它们逐一审视。

在1080年代或1090年代，使用“执政官”这个词意味着什么？当比萨人在1080年左右首次使用该词时（而且毫无疑问，他们是意大利王国中率先这么做的），我们肯定不能就此推断说它意指一座完全自治的城市的统治者；到1150年的时候，在任何地方这个词都是此意，但是在毫无自治权的时候，比萨人不可能如此表达。并且，如果提及“执政官们”（consolos）一词的撒丁岛文献的日期被提早至1081年，那么这个词就可以追溯到玛蒂尔达的权力尚未被战争困扰的时候。在那个时期，“执政官”这个词必定曾经指代古罗马每年一换的城市领袖，但在整个欧洲的文字记载中，它最常用来喻指任何一种形式的非国王统治者——公爵或伯爵们（比如1066年成为英王之前的诺曼底的威廉）颇为频繁地被称为“执政官”（consules）。[34]在当时的意大利，最一贯地使用这个词的城市是罗马，在10世纪，该词意指罗马传统贵族阶层的任何成员，在11世纪，则尤指托斯科拉尼家族的成员，该家族直到1040年代一直是这座城市的统治者，此后则是重要的商人。[35]

1050年之后的一个世纪里，比萨与罗马城关系密切。这体现在，例如，比萨的许多司法机构都习惯自称为“罗马拉特兰宫的法官”，这种做法贯穿于我们所研究的这个时期；我认为，这座阿尔诺河畔的城市后来对罗马法的奉行，很大程度上也借鉴了罗马12世纪的司法实践。[36]对于借用“执政官”这个词，我也持相同的论调：它是用于指代意大利那座最显赫且很可能依然是最大的城市的领袖，这对于比萨人而言已经足够，我们已充分看到他们是如何一心想要成为“罗马人”（至少是古罗马人）。所以，比萨人首先相当广义地使用这个同时代的罗马术语来代指领袖，正如在撒丁岛的文献和马赫迪耶的诗（如果它有那么早的话）中，而且时至1092年，他们已经乐于用它来指代任何活跃于公共事务中的显赫人物，而这是这个术语在瓦尔迪塞基奥文献中的最起码的意义。其他城市很快从他们那里学到了这种用法，就像我们前面看到的从1097年起出现在文献中的米兰的执政官会议（consulatus）。那时，“执政官”这个词已经出现在人们的词汇表之中，正等待着改变意义，以成为称呼城市所选出的统治者们的专业术语——一旦有这样的统治者出现的话。在1098年热那亚的一份文献中，这一点首次表露无遗，这份文件提到了“当时担任该城执政官的”阿米科・布鲁斯科，他在一次非正式纠纷中给予鉴定意见；这种将“执政官”用作头衔的方式，强烈暗示了城市的领导层中存在某种轮替制。[37]因此，如果能接受我对这个术语从罗马到比萨的谱系梳理，那么对于比萨来说，这很可能也是一个“最迟时间节点”（terminus ante quem）；这座阿尔诺河畔的城市的执政官们，可能于1090年代中期成了某种意义上的城市统治者,这也符合卡夏沃拉一案中对他们的描述。但是,我们无法获得任何更早的资料;并且总体而言,我们根本无法断定,每当在11世纪(甚至在12世纪早期的其他城市)看到"执政官"这个术语时,我们面前真的有任何业已建立的公社体制。在这里我完全同意毛罗·龙扎尼的说法,在目前的学者之中,他最有力地主张比萨这时还没有公社;的确,就像前文提到的,卢卡和阿雷佐,以及托斯卡纳地区的各个城市,有着更早地提到执政官们的记录,它们标注的日期大大地早于任何形式的城市公社。因此,我们必须做的是试着追踪这个术语究竟是什么时候改变了含义,并且清晰地意指——重复我在第一章提出的理想型公社的公式——一群定期轮替的地方长官,他们由一个有自觉的市民集体遴选或者至少是批准,践行着该城及其地方长官事实上的行动自治,包括战争和司法行为,并且最终还包括征税和立法活动。想要确切地追踪这个转变发生的时刻,非常困难,甚至不可能,[38]但至少我们可以说,这些元素中几乎没有几个(只有集体和战争)出现在1100年之前的比萨。

1090年的比萨是如何组织的,从达伊贝尔托关于塔楼的仲裁中就可以足够清晰地看出。它由一个集体会议来运行,虽然称为colloquium,却与意大利北部的concio或arengo如出一辙,并且concio这个词确实偶尔也在比萨出现。[39]于是,它就像出现在同一年代末期的米兰的consulatus或conventus或concio,但比米兰早期的集会更加明显。这是民众或者说市民们的集会:在比萨,没有任何迹象表明这种市民集体被划分为贵族和其他人,这一点与米兰不同;而且它也确实还没有任何正式化的领袖。毫无疑问,在实践中,它受到同一组家族(十到十五个)的主导。这些家族出现在我们所掌握的这整整一个世纪的文献中（也包括达伊贝尔托的仲裁），既是作为比萨城的领导者，也在军事层面上，作为广义的骑马民兵。就像让-克劳德·梅尔·维古厄对意大利中北部所有地方的描述，对于所有社会阶层都参与海战的比萨人而言，骑兵和步兵类似，但骑兵在诗意的记述中被描述为尤其显赫的人，比如执政官兰贝托·迪乌贝托在1113—1115年的巴利阿里战争期间被封为“骑兵指挥官”（dux equitum）。[40]不过这些占据统治地位的群体尚未确立其存在。即便在1092年，执政官们已是城市“真正”的领袖，但他们肯定没有控制瓦尔迪塞基奥一案勾勒出的争端解决程序，这些程序被描述为很不正式的；即使轮换的领导在1098年热那亚人的例子之前就已发展起来，但他们到底是怎么做的，却在接下来的十年甚至更长时间中依然模糊不清。也很难确定这种集会是1090年左右比萨获得真正自治的必要标志，而非仅仅是将一个向来存在的、处理地方事务（以及组织作战）的特设机构日益正式化——就像亨利四世的特许令中提到的集体协议所显示的。最好是这样来看待它：它只是为了获得凝聚力，以填补一个特定的权力真空。这甚至影响到了内战中的比萨，就像我之前提到的，玛蒂尔达在1081—1096年间没有出现在托斯卡纳地区，而在1080年代，比萨有四年时间没有主教。权力的真空还发生在1098年达伊贝尔托前往东方与1105年他去世这段时间（其继任者彼得罗在1106年才首次出现[41]）。因此，“讨论会”（colloquium）在1090年左右地位突显，因为它必须使自己正式化，以应对玛蒂尔达和主教二者的缺席；就像在米兰一样，这是对传统等级制缺席的一种防御性反应。

这种在权力真空期将城市民众集会正式化的情况，是既定论调的一部分，即：城市公社本身是对意大利内战时期的防御性反应。的确,从这时开始,可以发现这样的集会盛行于意大利中北部的大多数地区。[42]但是,民众集会与公社不同。尤其是,人们可以发展出一个活跃的市民大会,却依然在原则上忠于传统的统治者,就像我们已在前文中看到的米兰早期民众集会和大主教之间的关系。在比萨,大主教远不如米兰的大主教那样具有支配性,但玛蒂尔达依然是托斯卡纳地区潜在的强大势力;最终她于 1100 年回到比萨地区,并在 1115 年去世前,向大教堂和其他教堂(以及一位世俗人士,即未来的奥兰迪家族祖先,他是比萨的伦巴第人家族的一员)颁发了若干份特许状。[43]这会对比萨造成影响吗?可以说,玛蒂尔达 12 世纪时在托斯卡纳地区的出现,阻止了卢卡在她死前向城市公社化方向发展。卢卡的首批执政官到 1119 年才有文献记载,并且于 1120 年首次代表这座城市行动。[44]然而,在比萨,我们无法这么断言。因为在玛蒂尔达人生的最后几年中,我们可以看到公社以一种更加有组织的形式出现。下面让我们来看一看它的种种迹象。

比萨的执政官们于 1109 年首次作为真正的城市代表出现在一组文献中。文中有一个领主家族,是比萨 10 世纪时的伯爵们的后代,向比萨城(以大主教彼得罗和四位比萨执政官的形式呈现,显然他们在这里是为了城市而共同行动)出售他们的两座城堡。接下来是 1110 年的几份类似的文献,记载了里帕弗拉塔的领主们将他们城堡的控制权割让给了比萨城。这是一个尤其重要的举动,因为,尽管这个家族到此时为止一直与比萨有联系,但他们的城堡是卢卡主教区里的一个战略中心,而比萨人刚刚与卢卡作战并赢得了胜利。这座城堡被正式交给了大主教,但为其提供政治保证的是大主教、大教堂的司工以及比萨的执政官们,而后者是首次（的确，在意大利境内很可能只是第二次）代表“比萨城的公社”（commune Pisane civitatis）。注意，“比萨城的公社”是一个名词而不是形容词。[45]这些执政官与城市民众集会有关联，并且在某种意义上要对它负责，正如我们掌握的1111年的资料中已明确显示的；[46]无论如何，他们到这时已经作为城市的领导者实行自治，而且日益成为统治者。

这般混杂的主要人物在接下来的几年经常现身。其中一个例子发生在1114年，巴塞罗那伯爵在巴利阿里战争中正式与比萨民众或者说军队（exercitus）结盟，代表比萨的是十二位执政官。而且结盟的文件是由“比萨执政官们的书记官（cancellarius）”起草的，大主教的地位则不那么核心，尽管文件显示教皇帕斯卡尔二世已将他封为军队的首领，但他也是副署签名。另一个例子是1116年，当新任（且软弱得多）的托斯卡纳侯爵拉波多，向大主教彼得罗以及法律专家兼司工伊尔代布兰多保证献出比恩蒂纳城堡时，有四位执政官见证了这份文件。还有一个例子是1120年，同样是这位伊尔代布兰多，现在不仅是司工，还成了执政官，他将玛蒂尔达在1103年赠给大教堂工程（Opera）的里窝那城堡卖给大主教时，也得到了其他执政官的见证。在这种政治上的错落混杂之中，大主教、司工以及执政官们全都以城市的名义行动，城市核心结构变得越来越执政官化——执政官自1109年一出现，就突然变得处处可见。早在1111年，拜占庭皇帝阿历克塞·科穆宁就已经与比萨人达成一项贸易协议，这是已知留存下来的最早文献，协议中比萨人的代表是执政官，而不是大主教。执政官们在1114年有了一位书记官这一事实，则是另一个标志［到1126年，比萨共和国（republica）还有了一位抄写员］；同样标志性的事实还有，执政官们出现在向大教堂转让城堡的场合,以批准这类在那些年特别常见的转让行为。[47]而最重要的是1112年1月1日的另外一份文献,执政官们设立法庭,审理了一桩关于被非法侵占的大教堂的土地案件,迫使占有者将其退还给大主教。这不仅几乎是全意大利最早的由城市执政官独立审判案件的文献(只有几篇热那亚的文献比它更早),还是所有城市中唯一记录执政官采用审判大会形式的文本。显然,这一案件展现了对过去的公共传统的主张:就在这个"比萨城的论坛,所谓侯爵的法庭上",执政官们和民众开会探讨案情,经共同商定后作出他们的"裁定"(decree)。执政官权威到这时所获得的稳固,及其与城市民众集会的联系,得到一份前一天的文献的进一步强调,这份由许多人见证的文献提到一位执政官在另一场与大主教的争议中让步,而这一事件就发生在同一个侯爵法庭上,在比萨的"讨论会"上,"在比萨社团(societas)的执政官会议上"。[48]

这样的模式,在1112年确立之后,就一直延续。公社政体日益成为中心,这明确地体现在1126年的一份文献中,大主教鲁杰罗将帕皮亚纳城堡(前文提到,这是玛蒂尔达对教会的另一项让与)出售给了大教堂的教士们。这又是一次完全属于教会的财政交易,不仅是为了大教堂的利益,鲁杰罗表示自己此举也是"为了广大比萨民众的和平与安宁"。同时,这是在"比萨城的执政官和智者们——两者都是法律专家和法学家——以及全体比萨民众的建议下"[49]做出的。时至1138年,公社法官们"被执政官和全体民众赋予了解决公私争端和争议"的任务。此时,尚不是所有的比萨土地争议都会交给执政官们裁断。在我们掌握的文献中,私人仲裁在数量上超过了执政官裁决,这种情况一直延续到1150年代。事实上,比萨的制度化进程,要到1150年代末两部基本法产生,才得以完成。无论如何，这些架构仍然是为了像1153年大会这样的情况而设立的，执政官们“在公共大会”[亦称为“议会”(parlamentum)]上，代表“我们必须带着博爱去衷心热爱且小心维护其荣誉统治的城市公社”行事，他们废除了残存的子爵权利，将阿尔贝托子爵(乌戈三世之子)及其家族驱逐出比萨，并且剥夺了其支持者十年内担任“公职”的权利。[50]到此时为止，这个体制已经存在四十年了。

在米兰的例子中，我曾论称，最早的城市执政官们本质上是大主教的扈从和权力架构的一部分，直到执政官们不再常常是贵族，更多的是司法专家，并且在1130年代摆脱了大主教主导的政治格局，公社才开始获得制度性的自治。在比萨，大主教同样是执政官早期几十年活动的中心人物；但情况有所不同，执政官们似乎从一开始就独立于大主教。一系列文献显示，在1110年代和之后的时段里，大主教积累的城堡足以使他最终成为比萨主教区最大的地主，也是唯一在乡村地区拥有非常重要的一系列领主权利的领主。按照沃尔佩的看法，当执政官们和公社没有合法身份时，大主教是公社的头面人物，这种情况一直持续到1162年腓特烈·巴巴罗萨承认该城政府；但是，这种观点与大主教实际的所作所为颇有出入。这些城堡一直稳固地掌握在大主教手中，它们并不是被让渡给公社的。沃尔佩认为公社没有或未曾主张过法定身份或公共角色的看法也是错的，1112年的执政官审判大会已经清楚表明情况并非如此。[51]相反，比萨的大主教，无论是否作为公众人物，在塔楼仲裁案之后就未曾作为民事争议的裁断者出现；在1120年代早期的一场乡村争议中，他还乐于向一位前执政官寻求仲裁。[52]

当执政官们出现在大主教的事务中时，确实可以将他们看作大主教的扈从，以及各种行为的审批人，就像我们在米兰见到的。

毕竟，执政官家族中的许多成员都被文献记载为大主教的忠仆兼/或封建附庸。作为法律专家兼司工的伊尔代布兰多，还在1118—1121年间担任了“此时蒙神恩典的比萨城执政官”，他也很可能是被他的恩主、显然颇具影响力的大主教彼得罗介绍给执政府的。从1135年开始，当公社形成自己标准化的司法制度时，在保存下来的关于它的最早文献中，地方法官们被称为“比萨人的大主教乌贝托、执政官们以及全体民众所选举的法官”，这明确展现了大主教的主角地位——尽管我们看到在1138年发生的第二个此类案件以及后来的类似案件中，被提及的只有执政官和民众。[53]大主教此后依然在比萨扮演着活跃的角色。但他们不再以任何制度化的方式作为执政官的恩主；各执政官家族的繁荣兴盛基本上与大主教的土地租约无关；[54]而且到1150年，大主教的巨大土地财富很大程度上是在公社建立之后而不是之前获得的。事实是，与意大利北部的许多城市相比，教会的权力在托斯卡纳地区从来都不是非常强大。一直到1080年左右，托斯卡纳侯爵牢牢地掌控着这个地区的政治结构，无论在城市还是乡村，几乎都比北部任何世俗掌权者的控制要牢固得多。例如，与比萨主教相比，卢卡主教在850年拥有的土地要大得多。在接下来的一个世纪里，他遵循当时主教们的通常做法，将大部分财产和什一税征收权租给了卢卡城的各个重要家族，后来却发现其中的大多数难以收回，租让变成了转让；他已经没有足够的政治实力去实现他的财产权。[55]在托斯卡纳地区的“所有权力失去力量”（如1080年代卡夏沃拉的人们所言）之后，主教们有了重新攫取中心地位的机会；并且我们看到，比萨的大主教们竭尽所能地利用了这个机会（而后来卢卡的一些主教也是这么做的）。但是主教必须与世俗市民从同一起点出发，需要相当多的世俗支持者和世俗认可，才能去主导正在定型的城市政治结构。与米兰不同，比萨的大主教们通常不是出身于城市的大家族，所以无法依靠既存的精英网络去支持他们的主张。[56]他们是公社的盟友，而不是保护人，并且肯定也不是先驱（像某种程度上的米兰那样）。

这种情况实际上在《马略卡战记》中就已经一清二楚。尽管我们可能期待着身为教士的作者用文字颂扬大主教在巴利阿里远征中扮演的角色，而事实上，大主教很少出现。教皇任命他为总司令的事，在这份文献中几乎无从得见；我们看到他所做的不过是偶尔布道和鼓舞军队的士气，并且他绝非唯一这么做的人。始终站在最前沿的是执政官们，"著名的天生战士"多东内・迪泰珀托，子爵乌戈三世，还有作为旗帜的普通市民彼得罗・迪阿尔比佐（他比乌戈更常出现），他"以正直的形象为比萨的市民增光添彩"。[57]就像在本章开头提到的，《马略卡战记》旨在创造一个比萨人的集体形象，这个集体基本由世俗人士组成，由十二位参加了整个远征的执政官领导，其中大多数的名字在文中曾数次提及。同时，几乎无需说明，与比萨其他领导人物一样，这些执政官都出身于那几个家族。

就这样，到 1110 年代，比萨的公社全面掌控了这座城市，其执政官经手的事情包括城堡的政治让渡（到 1110 年）、与拜占庭帝国的条约（到 1111 年）、司法（到 1112 年）、战争（到 1113 年）。这一权力触及的广阔范围，可使我们得出这样的结论：执政官政体早已建立起来。这多少支持了我关于"1090 年代中期出现占统治地位的执政官"的审慎主张，但是反过来，我们需要记住，类似的一系列文献中没有任何迹象表明在 1109 年之前已经存在这样活跃的政体,执政官的各项权力必定只能是一点一点确立起来的。再一次应当认识到,我们永远无法知晓这种新面貌出现的确切时间。我之后将会回过头来探讨这个问题。然而,不必不可靠地将完全自治且组织有序的比萨城市公社所有要素的确立推回到1090年代,以便使它成为先驱者;米兰的公社直到1130年代都没有展现出类似的组织水平,除了热那亚,其他各城也都没有,热那亚早期公社的迈进步伐几乎与比萨的相同。[58]有必要说明的是,1135年在比萨出现的更加常规化的公社司法长官,并没有那么早熟;到1130年代,如前文所述,许多城市都已经形成了执政官掌控司法的做法,而热那亚,作为这方面的先驱,最迟在1110年就已经走上了这样一条道路。也就是说,1130年代是大多数早期公社制度化的关键时期。但这仅仅意味着其他城市很快赶上来了,比萨依然是先驱。我没有选择首先探讨比萨,是因为米兰的发展对意大利史学更具核心意义,所以从米兰谈起很有帮助,而且米兰作为其所在地区的主导势力,也不太可能受到一座遥远而迥然不同的城市经历的影响,除了在术语方面。比萨则根本没有以任何方式受到其他任何城市的影响;无论它做什么,也就是说,无论其领导者认为他们在做什么,都是自出心裁。

我们可以相当清楚地看到比萨发生了什么,至少在1090年前后以及1109年之后,我不是唯一指出这一过程的人,就像我的注释所清晰展示的。但是,解释为什么,则是另一回事,我想要用这一章的剩余部分专门思考这个问题。对于许多分析比萨早期公社的人而言,包括今天的一些正在著书立说的学者,以下说法不存在问题:这座城市的公社,是有待于发展出来的,甚至是内含于其自身的完全确定的发展;既然最终的结果已经如此明显,再大费周章地拆解它不确定的路径，是在浪费时间。但是，当我们面对抛弃传统的等级制，由民众选举或选择[拉丁文中的“选”（electio）这个词包含这两种意味]城市统治者这种可能是转折点的发展时，我们是在面对一项绝非自动的变化。而且可以合理地认为：例如1075年，在比萨，绝对没有任何一个人能够料到这个城市的政府到四十年后的1115年时会变成什么样——那时（最迟至玛蒂尔达去世）托斯卡纳侯爵领的稳定和相对和平实际上也消失了，这些迅速变化的城市政府因此不得不面对长期的局部战争（不仅是海洋上的战争）。比萨人在1080—1110年之间每个十年的所思所想，以及他们是否意识到发生了任何变化，都应当在没有后见之明的情况下来审视。根据保留下来的证据（其中大多我已列明），我们无法详细地回答这个问题；但是，如果审视城市领袖们的家族实际是些什么人以及他们有着何种资源，我们就能够稍稍更进一步，因为那将会帮助我们理解他们的政治选择。

＊＊＊＊＊＊＊＊＊

我们可以从一开始就清理掉某些一般的主题。第一个基本要点已经提过：比萨的军事经历没什么坏处。到11世纪中晚期，比萨已经习惯于策动战争，并且规模比其他多数城市大得多，直到1120年代以后单个城市间的战争变得相当残酷。还必须加上一点作为第二个要点，即，位于阿尔诺河三角洲的大量不宜农耕的土地有着十分重大的经济意义，而且尽管其中很多属于世俗家族或教堂（他们无疑主要是从侯爵手中获得的），但仍存在大面积的公地，由城市负责管理，就像我们从12世纪晚期被赋予此项任务的公社官员那里看到的；公地和集体组织相辅相成，一如研究乡村公社的历史学家们所知晓的，而比萨很可能比意大利的其他主要城市拥有更多的公地，那些地处波河河口的城市除外。[59]由于以上两个原因，一些集体决策方式在比萨城内早已成为常态，且没有争议（有别于米兰的市民起义，虽然在 11 世纪中叶变得更加系统化，但一般来说，总是有争议的）；尤其是，战争在比萨是一项很可能从一开始就受到广泛支持的集体行动，并且也有着相当集体性的结果（大教堂的建造）。

然而，第三个要点却在于：尽管我强调了比萨城民众集会的正式化是对 1080 年代传统政府危机的防御性反应，而我刚才提到的那种集体经验无疑使这种正式化变得更容易，不过从民众集会迈向基于民众集会所选择或批准的统治者的城市政府，并不必然是同一个过程的产物，就像我们在米兰看到的。再重复一遍，我们实际上并不确知常规的执政官何时产生，何时至少部分持有我们可以在 1110 年代看到的归于其名下的民事权力；就像我之前提出的，可能是在 1090 年代中期；但我们能够断定是在 1090—1109 年间。我们还可以断言，比萨的发展很可能比米兰更快，米兰第一份关于执政官会议的文献出现于 1097 年，这也是包括所谓执政官的民众集会的第一份文献，似乎比这些执政官的继任者获得自治权力至少要早三十年；这可能表明，较之米兰，比萨经历的过程更加顺遂，更少受到强势人物的反对。龙扎尼倾向于寻找较晚一些的危急时刻（这样做很符合逻辑）来解释早期掌权的执政官们，故而他提出的时间点比我提出的稍晚；或许这些执政官出现在比萨主教之位空缺的 1098—1106 年间；或许他们的权力得以扩张，是因为玛蒂尔达晚年的相对弱势——的确，或许他们权力的扩张本身就是这种弱势的体现。[60]至少，毫无疑问的是，比萨执政官权力的定型是在没有涉及玛蒂尔达的情况下发生的。例如，《马略卡战记》甚至根本没有提及玛蒂尔达。托斯卡纳侯爵领也干脆没有出现。另一个事实是，玛蒂尔达于1100—1103年间的重要转让中，清算了自己在城内及周边的土地所有权，而且再未作为比萨的重要角色出现，这与她在（举例而言）佛罗伦萨附近的状况大相径庭。[61]但这也有可能是比萨人将她排除在政治之外的结果，而不仅仅是对她缺席的反应；我们无法推断，一个对政治危机的直接反应能够解释有关执政官权力定型的一切。[62]

从另一方面来说，这个时期至少有一个元素是真正清晰的，那就是比萨统治精英的稳定性。在1109—1150年间，有文献记载的一百四十四位执政官之中，有八十九位——将近三分之二——来自十六个家族。这些家族中，有十二个曾出席1063—1077年间侯爵的审判大会。[63]这种延续性值得关注。它表明，无论面对何种体制，比萨精英的统治都十分成功；比萨的政治权力完全没有遭遇过像米兰那样的抵抗。这不是对"妥协"这一被看作公社起源之关键所在的延续；这里不需要妥协，即便这些精英在1080年代大致分为亲亨利派和亲玛蒂尔达派，但时至1090年，两边再次融合，不需要在除塔楼高度之外的任何方面妥协。但是，这些精英究竟是何许人也？幸运的是，在大学一些重要历史学家的引导下，比萨一代学者的本科论文都致力于这一主题，重构了各个执政官家族，因此我们才能够回答这个问题。

这里首先要说的是：在比萨，就像在米兰，有六个重要家族对执政官的职位不是特别感兴趣。他们全都是拥有城堡的家族，而且直到我们研究的这个时期结束，我们可以将他们看作某种程度上自认为对公社太过重要的家族。情况更可能是这样：他们中的大多数在大部分时间里似乎都住在城内；与米兰不同，纯粹的乡村领主在这里几乎不存在。他们中有两个家族（达卡普罗纳家族和埃布里亚齐家族）同时也属于比萨的伦巴第人家族，由此与其他城市的领袖们关系密切。[64]但他们对该城远非漠不关心：的确，这个群组还包括一些原本不是比萨人的家族——达里帕弗拉塔家族，以及最重要的，盖拉尔代斯奇家族，他们是托斯卡纳内陆乡村地区极有权势的伯爵，其中的一支于1110年代选择迁居比萨城，并且在12世纪越来越多地参与城市事务，证实了城市对于他们的吸引力；实际上，在接下来的那个世纪，盖拉尔代斯奇家族最终成为公社中的重要角色。无论如何，这组家族并不包含反对公社以及反对城市权力凌驾于城郊（contado）的重要人物。[65]

第二组显赫家族对我们而言更加重要，因为他们自始至终都对执政官的职位很感兴趣。其中包括维斯孔蒂家族，以及其他伦巴第人家族，如瓜兰迪家族、奥兰迪家族以及圣卡夏诺/兰弗兰基家族；同样显赫的还有西斯蒙迪家族、多迪/加埃塔尼家族以及卡萨皮耶里家族。（两个世纪之后，但丁的《神曲·地狱篇》使得瓜兰迪家族、西斯蒙迪家族以及兰弗兰基家族成为比萨各个家族的永恒象征。）[66]就像我早前暗示的，就地位而言，我们可以将1092年的各个伦巴第人家族看作米兰贵族领主的比萨版本，并且在12世纪晚期，他们似乎也是一起行动的，[67]不过，需要立刻指出的是，与米兰的情况不同，他们在别的方面与其他主要城市的领导人完全没有区别，而“伦巴第人”这个词再没有出现在任何文本中以指代他们。接着我们可以用以上所有这些与第三组家族形成对比，这些家族更加间歇性地出现在领导职位上，如卡萨莱家族、埃里齐家族或马里尼亚尼家族，或者在后来获得了显赫的地位和执政官职位，如德库尔特家族、安福西家族或费代里奇家族。[68]我们将会简单地看一下五个来自执政官群体的样本家族（其中四个来自第二组，一个来自第三组），以了解他们的资源和活动；不过我们需要从一开始就认识到，就像在米兰一样，比萨的主要家族在经济方面不存在任何同质性，尽管自1060年代起，甚至在此之前，他们大多数时候都是一同行动。他们的差异性显示出该城集体政治行动的力量，但是，这也使得这个集体更需要解释。

首先，是维斯孔蒂家族。一段时期以来，这个家族，或者说三个同姓家族，似乎对这两种路数都有涉及，而执政官在三个分支中都很常见（有时还会出现两人同时担任执政官的状况，在巴利阿里战争期间，则同时有三位执政官在位，再加上乌戈三世子爵作为一位孤立的傀儡），但是，家族的每一位男性成员都在文献中自称为“子爵”（vicecomes）；乌戈三世的家族（三个分支中出任执政官最少的一支）有一位家族成员被称为“大子爵”（vicecomes maior），我们可以将其看作“真正”的子爵，直到1153年这个分支被戏剧性地逐出公职领域，而所有其他的“子爵”也失去了他们残余的公共权力。这三个家族全都是颇有一些土地的地主，特别是在城北的瓦尔迪塞基奥以及城内，尽管他们没有城堡（就整体而言这在比萨的执政官家族中是典型现象），在1092年的仲裁之后也失去了领主权利，而且他们持有的土地非常零碎（参见地图5）。他们租了大主教的一些土地，并且是大主教的忠仆，但这些租约远远没有他们自己完全拥有的土地那么突出。直到13世纪，征服撒丁岛后，维斯孔蒂家族才成为那里的乡村大领主；即便在那时，他们也只是利用那些土地，以支持与盖拉尔代斯奇家族为争夺该城统治权而进行的长达一个世纪的斗争。[69]

西斯蒙迪家族有着某些类似的特征,但也有一些相反之处。在 11 世纪早期,他们既是法律专家,也是地主,并且拥有一位名叫潘多尔福·康图里诺的侯爵领地总管(castaldio);他们理所当然地出现在审判大会上。1090 年左右,他们也非常引人瞩目;在马赫迪耶的诗歌中,西斯蒙多·迪康图里诺是一位军事领袖,被称为“执政官”,而他的兄弟圭尼佐的塔楼就是 1090 年达伊贝尔托仲裁中提到的塔楼之一。恩里科·迪圭尼佐是巴利阿里战争期间的执政官之一,并且在《马略卡战记》中大受颂扬,被称为“奇尼索尼亚德斯”(Cinithoniades)和“锡吉芒迪亚德斯”(Sigimundiades),这些伪古典式绰号其实是源自他父亲和叔伯的名字;此后,他和他的亲属常常出任执政官。也就是说,他们直接从侯爵领的重要人物,变成了执政府的主要人物。就像维斯孔蒂家族一样,他们在城市和乡村都有资产,尤其是在该城以东的瓦尔达诺的法夏诺。但他们不是单纯的城市收租人。他们对比萨的各个城堡有着超乎寻常的兴趣。11 世纪中期,他们曾短暂地部分控制过努戈拉的一座城堡(就像同时代的其他司法家族一样)。1146 年,他们从大主教的佃户处购买了里窝那(离努戈拉不远)具有战略地位的重要城堡的部分租约。这不会使他们成为重要的乡村领主(里窝那就在比萨的主要港口旁边,在该城的稍微偏南面,一直是政治上被牢牢把控的咽喉要地),但是这桩买卖无疑显示出西斯蒙迪家族占据土地的野心。然而,即便基于更加隐晦的证据,同样不难论证出他们从事了商业活动,因为他们在城市的商业核心区——在该城南部的城郊钦济卡,沿着河流两岸,以及在比萨最古老的桥梁周围(参见地图 4)——拥有大量土地,而且到 1184 年,他们还向公社放债。如果我们将西斯蒙迪家族看作比萨最富有的两三个地主家族之一，与维斯孔蒂家族以及很可能还有瓜兰迪家族并列，应该不会错到哪里去；而且比起这两个家族，西斯蒙迪家族的利益可以从许多方面追踪到。[70]

多迪家族也扮演着类似的公共角色：他们在审判大会上现身；从 1109 年起常常有家族成员担任执政官；在 12 世纪初同样与大主教关系密切；多东内・迪泰珀托（或称泰珀蒂亚德斯）在《马略卡战记》中是所有执政官中最显赫的一位。这个世纪的晚些时候，他们常常出任公社的大使，在撒丁岛为公共行为作证，并在 1190 年代热情支持比萨参与亨利四世的西西里远征。但是，与前面提到的两个家族不同，他们并不是引人瞩目的大地主。他们唯一大量持有的土地位于城市以西，在比萨和大海之间，是一系列自北向南排列的沼泽地，他们在 1050 年代开始通过租赁的方式逐步积累，并在不久之后完全掌握（参见地图 5）。他们还是一座重要的修道院——位于该城西边的圣维托修道院——的赞助人。

另一方面，拥有土地本身就具有重要意义。比萨的军事力量在于舰队，市民需要木料来建造它们。《马略卡战记》有一个夸张的段落，声称为了建造巴利阿里战争所需的战舰，比萨人砍光了整个科西嘉、托斯卡纳西北山区的卢尼贾纳、佛罗伦萨以北的穆杰罗河谷以及卢卡沿海的全部森林。比萨海岸边长满树木的沙丘则被心怀妒意的大教堂教士们守卫，他们从当时需要木材建造船只的加莱船造船匠（galeioti）那里榨取租金，后来还得到凶暴的护林员（silvani）的支援，1155 年的一桩法庭讼案向我们讲述了这个故事。于是，我们无需多少臆测就可以推断，多迪家族那些位于沙丘后面

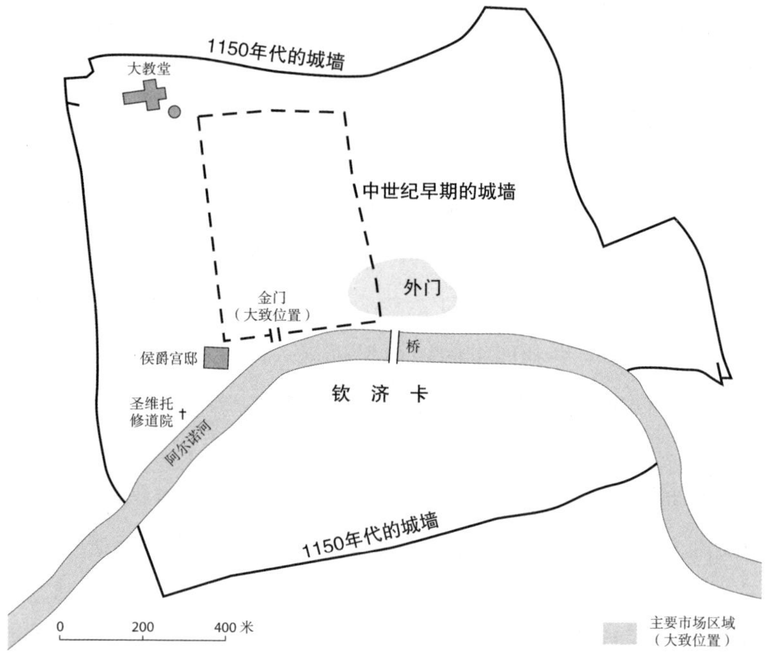

地图 4　公元 1100 年左右的比萨

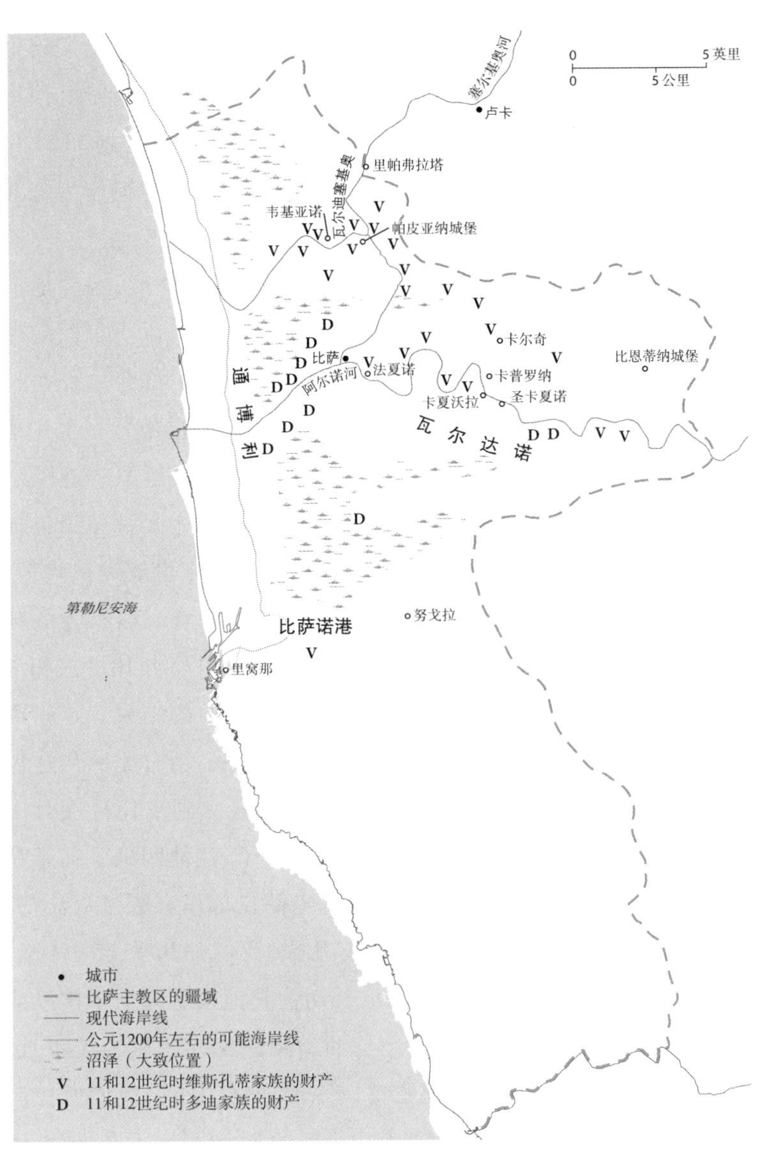

0
5 英里
0
5 公里
塞尔基奥河
卢卡
里帕弗拉塔
瓦尔迪塞基奥
韦基亚诺
帕皮亚纳城堡
卡尔奇
比萨
法夏诺
阿尔诺河
卡普罗纳
比恩蒂纳城堡
卡夏沃拉
圣卡夏诺
通博利
瓦尔达诺
第勒尼安海
努戈拉
比萨诺港
里窝那
城市
比萨主教区的疆域
现代海岸线
公元1200年左右的可能海岸线
沼泽（大致位置）
V　11和12世纪时维斯孔蒂家族的财产
D　11和12世纪时多迪家族的财产

地图 5　比萨的疆域

的土地，也有类似的机遇；在比萨所有的重要家族中，多迪家族可以说尤其与船舶相关。造船以及/或者与之伴随的商业活动，使得多迪家族即便在没有很多土地的情况下也依然富有。到1160年代，他们已经频繁向公社放债，有时数目非常巨大。他们作为公共角色的长期稳定性，也就变得更容易解释。[71]

第四个重要的家族，即卡萨皮耶里家族，更是如此，因为他们在这个时期拥有的城外土地很少（其最重要的地产位于东面的外门附近，1150年代城墙扩建之后，这里成为城内的一部分），但是长期以来一直地位显赫。彼得罗·迪阿尔比佐的塔楼是另一个在达伊贝尔托的仲裁中被提到的例子，而第二位名叫彼得罗·迪阿尔比佐的人（很可能是他的侄子），在《马略卡战记》中是一位出类拔萃的勇士，尽管他当时不是执政官——不过他后来也成为执政官，总共出任四次，而他的许多亲戚都是如此。诗中有一段有趣的咏叹，表示彼得罗不仅作战十分英勇，还是1114—1115年比萨人和马略卡国王之间的重要斡旋者，并最终促成了战争的结束。这里面的因缘还要追溯到1015—1016年的撒丁岛之战，当时比萨与这位国王的先祖交战，而彼得罗的先祖伊尔代贝托·阿尔比佐在其中调停，使得皇帝亨利二世释放了被俘虏的王子，让他回到了父亲身边。自此之后，马略卡的历任国王都与卡萨皮耶里家族过从甚密。对于下面这项记述，无论其真实性有几成，我们都几乎无法怀疑：时至1110年代，卡萨皮耶里家族已长期被其他人认为惯于横渡或派船横渡西地中海。他们的土地与西斯蒙迪家族的相当类似，也是沿着河流分布，一直延伸到主桥以东的河畔一座被他们所控制的修道院；到1180年代，他们拥有市场区的几个商铺，不久之后，还拥有了同一地区的一座仓库（fondaco）；他们甚至更加明确地与我们之前研究过的那些家族的商业活动联系在了一起，并且在13世纪控制了比萨的丝绸贸易。他们像多迪家族一样出任大使（包括肩负重大使命的驻马略卡大使）；1180年他们的一艘船被俘并被带到了突尼斯。商业活动显然是卡萨皮耶里家族财富的最主要来源，并且足以将他们推上跟维斯孔蒂家族和其他家族相当或非常接近的公共地位。[72]

马里尼亚尼家族没有上面讨论过的这几个家族显赫。阿佐·迪马里尼亚诺在1110年代至少三次出任执政官，随后这个家族出现了一段断档期，直到在1150年代再度出现，但不是作为执政官，而是作为城市公社法庭的法官（在一些年份也作为公社的书记官）。与米兰不同，比萨的公社法官自1130年代之后，不被称为执政官，而且地位没那么崇高；因此马里尼亚尼成了司法家族而不是执政官家族，其家族成员中频繁出现辩护人（causidici）和公证人。事实上，马里尼亚尼家族早就是司法家族了。11世纪中期，他们是侯爵们的法律专家和公证人，并且出了另一位侯爵领总管。其中，马里尼亚诺·迪莱昂内是1092年瓦尔迪塞基奥一案的仲裁人之一，而他担任执政官的儿子阿佐在1121年为大主教作仲裁。因此，他的后代成为司法专家，并不足为奇。可能更令人惊讶的是，他们竟然曾担任执政官。我认为，我们在这里看到的是比萨法律专家的社会地位缓慢变迁的结果。米兰和（我们下一章将会看到的）罗马，以及许多其他城市都有类似的现象。11世纪，法律专家常常来自富裕且有权势的家族，比如西斯蒙迪家族，但是，有些家族虽然在持有的土地、社会地位方面较逊一筹，却能够获得（通常是通过接受公证员训练）司法专业知识，进而在审判大会上获得显赫的政治地位，米兰的情形肯定是如此。马里尼亚尼家族既在城中，也在城市以东的法夏诺拥有土地,法夏诺显然是他们的发源地,尽管那里的土地肯定是与其他家族共有的,比如西斯蒙迪家族,有人曾提出该家族与他们有亲属关系,但近期的著作颇有说服力地质疑了这一点。然而,我们不能认为这片土地有多大面积;并且与(比如)卡萨皮耶里家族不同,我们没有掌握任何表明他们在海洋事务或商业活动上十分活跃的迹象。我推测真实的情况是,11 世纪中期,随着公社的形成,该家族在司法界的显赫地位,以及可能还有他们实打实的政治能力,推动他们在又一代人中担任起城市的领导职位;但在 1110 年代之后,他们没有资源继续维持其作为城市领导者的地位。到那时,受过司法训练的家族普遍来自财富和权势稍逊的社会阶层,这更加符合马里尼亚尼家族的经济地位;无论情愿与否,他们变成了司法家族中最富有的层级,而不是执政官家族中较贫穷的层级。尽管如此,在公社定型的时候,他们的法律经验无疑会帮助他们保持核心地位;在巴利阿里战争期间,阿佐肯定是最有影响力的执政官之一(例如,他曾与巴塞罗那的伯爵们就条约进行磋商),尽管他的继承者们后来未能保住这个职位。[73]

此时,我们正在审视的是执政官中较不富有的层级,对此我们常常只有较少的数据,因此我将一笔带过。卡萨莱家族似乎就处于这个层级,他们虽然出席了 11 世纪的审判大会,却直到 1130 年代才成为执政官,此后则常常担任公社法官。他们是又一个只有一处真正的乡村基地的城市家族,该基地在紧邻比萨东面的奥蒂卡亚。就像卡萨皮耶里家族一样,他们被认为在商业方面异常活跃,因为他们出现在了撒丁岛的好几份公共文献之中,他们与他人共同占有第勒尼安海上的一座属于大主教的岛屿,他们的先祖莱昂内・德巴比罗尼亚为自己或父亲选取的绰号,是比萨人语言中通常用来指代埃及开罗的词。但是他们似乎没有卡萨皮耶里家族那样富有,肯定也不像后者那么显赫。[74]与此非常类似的是安福西家族,他们首先是法学家和公社法官,只有两代人做过执政官(尽管阿尔彻里奥·迪安福索在12世纪后期的比萨政府中绝对是非常引人注目的人物);在同时期对热那亚的战争中,他们也是活跃的船东。[75]我们还可以加上德库尔特家族,自从巴利阿里战争之后,他们曾几度出任执政官职位,直到在1170年代获得更加显赫的地位。他们的财产部分在城中,最重要的部分在城市以西的沼泽地;因此他们的资源基础与控制林地的多迪家族类似,但规模要更小。重要的是,大教堂教士们在沿海沙丘组成的凶暴的树木守护者队伍中,也包括这个家族的显赫成员——布鲁诺,他在别的地方也是大教堂的树木守护者。他们的强硬也许说明了他们相对不高的社会地位,尽管如此,布鲁诺的儿子乌戈·帕内波罗还是在1170年代成为执政官。[76]

所有这些家族的传记告诉了我们什么?有一点很明显:我们对比萨商业活动的了解甚于对米兰。在米兰,必须对文献进行密切搜索,才能找到商业活动和城市产业的蛛丝马迹,尽管这些事务必定已然十分重要;而在比萨,即便文献绝大多数是关于土地的,我们却获得了数量惊人的关于商业和海洋活动的信息,并且推测出了更多的情况。这有助于填充我们的认知图景,让我们对这些家族的财富来源有更加全面的了解。我们可以得知,在比萨,显赫的家族可以拥有任何种类的资源基础,只要够多就行;不靠大量乡村土地而获得财富和影响力(就像彼得罗·迪阿尔比佐那样),即便在那个时期的意大利,也是少见的(尽管在罗马会看到一些这样的例子)。我们也可以看到对后续的发生很重要的一点,即比萨的执政官精英的财富规模并不庞大，哪怕是用米兰那相对适度的标准来衡量。各大家族无一长期保持了对城堡的完全控制。达圣卡夏诺家族确实在圣卡夏诺修建了一座城堡，但在它第二次被毁之后，他们在 1180 年之前都没有试图重建；[77] 西斯蒙迪家族拥有的只是别人城堡的份额；作为在传统侯爵等级制中具有地位的家族，维斯孔蒂家族十分醒目，因为他们根本没有控制任何一座城堡。以上三个家族加在一起，在城里至多是“同等地位者中居首”（primus inter pares），这清楚地回答了为何他们单靠自身从未成为比萨统治者的实际候选人，至少在这个时期是这样。换言之，在米兰，我们能够看到一个拥有城堡和领主权利的贵族层级，以及一个由富有市民（加上一些封臣）组成的没有城堡和领主权利的第二层级，他们有时相互对立（就像在 11 世纪中期那样），但此后大都互相合作，包括在公社内部；第一层级中有些人游离于执政府之外，但其他人在其中非常活跃。然而，在比萨的公社政治中，我们只看到这第二层级，而没有看到第一层级的身影，因为与米兰第一层级相对应的一小群领主家族，数量相对较少，在 12 世纪初没有将重点放在城市政治上。

我们从这些传记中获得的另一点很重要的，是关于司法专业知识的信息。从 1140 年代开始，米兰的公社很大程度上由法律专家来运行，其中不仅包括奥贝托・达洛尔托，还有他的许多同行，他们没有很多土地，却接受了大量的且不断增长的法律训练。我将他们界定为“中等精英”、第三层级的地主。尽管如此，在米兰的公社中，他们还是被视为显赫之人。在比萨，则没有这回事，至少在以阿佐・迪马里尼亚尼为核心的短暂时期之后（法律专家兼司工伊尔代布兰多也是在这一时期担任的执政官，他是我们所研究的时期中唯一没有发现地主痕迹的重要执政官)。如我们看到的,继阿佐之后,直到1150年,第三层级的人物只是偶尔成为执政官。1130年代以及之后的显赫的法官,从1135年开始执掌公社法庭的人,1150年代研究和撰写比萨《基本法》的人——比如12世纪四五十年代的卡尔皮诺和内尔博托,还有将罗马法经典《学说汇纂》的希腊文章节译成拉丁文的勃艮第奥(1136—1193)——他们全都像伊尔代布兰多一样,很难被证明是土地所有者,而且到此时为止,都没有担任过执政官。这些法官甚至都不能说来自"中等精英",至少从他们手中的土地资源来看是这样;他们的显赫地位完全归功于他们的司法专业知识。如果他们的继承者,如阿尔彻里奥·迪安福索,能够既是法学家,又曾在这个世纪晚期多次担任执政官,那么,这恐怕是因为他来自第三层级的船东家族;相反,业务同样娴熟的法米利亚蒂家族只担任过一次执政官,虽然该家族出过班迪诺·法米利亚蒂这位在博洛尼亚地位显赫的法学家,且经常出任公社的法官或较小的官职,但是其拥有的资源无疑比较有限。[78]显而易见,从比萨人采用的所有罗马法来看,他们极为尊敬(且需要)受过专业训练的律师和司法专业知识。这些司法专家显然也非常热衷于城市公社,这赋予了他们单靠自己无法获得的社会地位和事业框架;实际上,就像所有组织中的中层管理人员一样,正是这些人在城市的日常活动中最清楚地代表了公社。但是,与米兰不同,这并不意味着这些人属于城市的领导层。

由此可见,在比萨,一个人要想成为城市领导者,靠的不是专业知识,而是财富所带来的显赫地位。财富既可以来自土地,也可以来自商业行为;但是,想要成为城市统治精英中的活跃成员的话,必须有财富才行,而且一个人拥有的财富越多,就越能充分地成为统治精英的一员。这或许是因为与其他内陆城市不同,要想获得比萨的精英成员资格,得积极参与海外军事和商业活动,这就需要有足够的金钱来运营船舶;连那些在我们研究的这个时期在商业方面并不活跃的地主家族(比如维斯孔蒂家族),也至少投资了他人的船舶。然而,这未必就一定是理由所在。同样可能的是,比萨各领导家族的长期稳定性,远超他们在城中所操控的更广泛的政治制度的稳固性,而这导致了一种推论:志存高远的新成员必须是有影响力的重要人物,用那些只有财富方能实现的方式,才会被允许加入其中,而相对缺乏财富最终会导致从最高的精英等级中彻底滑落(例如马里尼亚尼家族的情况)。这只是猜测;但我们至少必须认识到:在比萨,财富和权力是紧密相连的,甚至比在米兰更甚,而且根据我们掌握的 11 世纪或 12 世纪的资料,这种联系没有(或者说尚未)引起任何形式的争议,1182 年那场真正堪称危机的暴行,也只发生在类似的精英家族之间,而不是对他们的反抗。即便当作为公社的比萨被十二到十五个几乎只来自第二层级、数量远比骑马民兵家族少得多的精英家族统治时,情况也是如此。“人民”(popolo)并没有在比萨早早出现,在 1220 年代之前都未见其活动。[79]

于是,我们需要探讨的是比萨的一群有凝聚力、依据经济状况来定义的城市精英,根据比萨的标准,他们是富有的,但是其财富不足以与乡村领主在拥有城堡方面竞争,而就是这群精英,首先不得不面对 11 世纪末及之后的种种问题。在 1080 年代的内战时期,这群精英分裂为两个部分,并且由此可能暂时削弱了该群体的主角地位;使它正式化以应对权力真空的,是该城的民众集会,其中精英成员,作为军事领袖、智者和执政官,扮演着相对非正式的领导角色。这就是达伊贝尔托主教在1089年就职时面对的局面,并且他在随后不久的塔楼仲裁中将其记录下来。我怀疑达伊贝尔托会认为,以牢固的方式重树主教/大主教的中心地位是一件易事;他在本地没有根基,此时的大教堂也不像日后成为地主时那般重要——如果塔楼案的文献没有保存下来,我们对于他在比萨的活动简直一无所知。[80]但是无论如何,他也在1098年参加了第一次十字军东征,并使得主教的角色在比萨的政治轨道中消失了若干年。

然而,在(大约)1090年代末,此时很可能再度团结的比萨各领导家族,必定明白这座城市依然需要管理。大主教还在,但是该城在政治方面从未真正将重点放在主教和他的教廷上,并且他很快就要前往巴勒斯坦了。几个世纪里,侯爵的宫廷一直是比萨的核心,为传统的城市等级所仰从;不过,此时的玛蒂尔达虽然偶尔会回到托斯卡纳地区,但肯定不是经常停留,而且她在比萨的重要战略土地以及城墙边的宫邸(palatium),正是在这些年里让渡给了大教堂。[81]在这样的情况下,必须随机应变;表现之一就是1104—1110年的比萨-卢卡战争期间,比萨和普拉托的阿尔贝蒂家族的伯爵们缔结了一个联盟,后者来自托斯卡纳一个此前并未进入比萨人政治视野的地区,并且与一个在1107年与玛蒂尔达交过战的家族有关联。比萨人这么做,是应对侯爵的缺位,还是选择断绝对侯爵的忠诚,在这种背景下都变得不那么重要了;无论哪一种情况,他们都是在应对这样一个尽管主要内战已经结束,但构形已迥异于过去的世界。新皇帝亨利五世在1110年代的出现,只是令不断复杂化的政局雪上加霜,且迅速演变为地方化的暴力;他与玛蒂尔达一样,对比萨的影响力不如对卢卡或佛罗伦萨那么强。[82]

现在权力不再处于真空，但是传统等级制肯定失去了其自动的吸引力。为了应对这种状况和此前的内战，整个托斯卡纳地区的乡村领主们转而为自己构建传统的等级制，将地方领主的地位建立在新划定的领土基础上，尽管在托斯卡纳的大部分地区（除了人口稀疏的南部和东部山区），这样的领主地位十分薄弱。他们中有少量是比萨过去的伯爵们。[83]但是，与比萨城最息息相关的精英却没有足够的土地来做同样的事，1092 年之前伦巴第人家族在城北集体领地半心半意的尝试可以表明这一点。因此，城市本身必定是他们的政治焦点；而在城市之内，唯一获得了结构性的身份、正式化的身份的团体，是城市民众集会或者说讨论会（colloquium）。各个主要家族发现他们联系最紧密的就是这个团体，而且他们也认识到，从此之后必须与它打交道。必定是在这样的情境下，或许是在 1090 年代，为了让他们对民众集会的主宰变得常规，明确的统治职位开始出现，到 1110 年代末则开始轮替，任期时短时长，这样做无疑是为了充分容纳这些家族的成员。担任这个官职的人被称为执政官。这只是反映了比萨城市领袖们当时所用的标准术语。这种民众集会的非精英成员可能没有感觉到什么实质性的改变，因为这同一批领导者或者他们的祖先，都已经是最有权力的市民了，曾长期在民众的认同和支持下组织战争活动；尽管如此，这依然是一个变化，一个重大的变化。新近常规化的执政官们或许将他们的角色看作临时的，只会延续到固有的等级制重建之时。热那亚肯定存在某些这样的迹象，而这座城市的政治轨道与比萨的相似，就像我们将在第五章看到的。但传统等级制再也未能恢复，到 1110 年代，执政官们已经在处理一系列事务了，比如司法、战争、外交，他们不太可能愿意松手。

正如前文所述,研究皮亚琴察的皮埃尔·拉辛将最早期的公社称为“集体领地”(collective signoria)。[84]这种说法在意大利并不盛行,因为它似乎表明(拉辛的论述确实表明)城市权力和乡村权力之间并无区别,对此意大利人很快就予以了恰当的反驳。但是,这种说法也有其价值,因为它再现了1100年及之后意大利部分地区对权力问题的反应;比萨的执政官们(尽管1100年他们尚未在其他大多数城市出现,对此我们必须牢记)的确正在构建他们自己的权力,就像乡村领主们一样,自行对其进行界定,并开始将其常规化,以积极地而不再是防御性地应对传统等级制的衰败。这种执政官权力尚未完全正式化,并且将需要几十年才能做到这一点。尤其是在比萨,尽管执政官们在1112年就极力主张争端的解决权,但在整个12世纪前半叶,争端的解决更多是基于协议仲裁和磋商,基于特别的惯例,而不是基于执政官的司法行为,包括后者在1130年代变得更加常规的时候。[85]非正式的公社,必定会被看作一种暂时的权宜之计。但是它在与市民整体(而非任何赋予其合法性的外在力量)的结合中逐步定型。它的权力基础发生了转移,执政官们发现他们在比萨的梦游,就像不久之后在米兰,将他们领入了一个合法性来自下面而非上面的世界。

在米兰,民众集会及其执政官领袖最初非常乐于接近依然存在的、以强大的大主教为核心的传统贵族等级制。突破直到1130年代才出现,当时一群新的执政官领袖与大主教联系较少,将公社带往一个新的方向。在比萨则没有这样明显的中断:民众集会及其领袖必须对付的等级制变弱了,他们的领袖地位受到的争议也越来越少。我的论点是:1130年代之后,米兰的执政官们,即便来自司法家族的,依然活在该城封建贵族的思想世界里,而这有助于解释为何他们没有充分认识到自己所作所为的意义，以及为何贵族没有抵制这种新的政治形构。在比萨，情况则不同，因为贵族的世界变得越来越衰弱和遥远；例如，在比萨诺地区有几处采邑，上文已经提到过，但是它们没有米兰的那些那么规模庞大。比萨1160年代之前施行的两部基本法的最早版本超过一百章，其中只有一章是关于采邑的（尽管这一章篇幅很长），很显然，这些法典的立法者没有奥贝托·达洛尔托那样的兴趣，为采邑持有者“着想”。[86]确实，比萨的各个统治家族之所以选择城市权力，至少部分是因为乡村权力是他们无法染指的；相反，在城市之内，如果他们再也无法作为上至君王和侯爵的垂直等级制的一部分而统治一个更广泛的集体，那么，他们至少可以通过横向的以及最终是自下而上的联系，凭借成员的认可来进行统治——这不像在米兰那么困难。[87]

如我所言，这是一个重大的变化，尽管部分正是因为不够困难，它的全部意义需要时间才能昭显。比萨迈向公社的过程不够清晰，还存在其他的原因。《马略卡战记》的确向我们表明，比萨人没有看出任何重大变化，至少在1110年代是这样。比萨的执政官们在这首诗中是军事英雄，就像《罗兰之歌》中的传统贵族领袖，与他们来自朗格多克和加泰罗尼亚的高度贵族化的盟友也没有多少显著的区别。不仅仅是执政官们，“好战的比萨城”本身事实上在这里也相当于一位集体领主，以一种根植于遥远过去的、军事上具有正当性的形象出现。蒙彼利埃和巴塞罗那的统治者们可能看出了一点不同，但比萨人没有。每一次旗开得胜的远征，或许还有每一次成功的贸易旅程，加强了自豪的光芒，进一步帮助各种重大变革悄无声息地发生。以下重要的事实又进一步强化了这一点：连比萨的编年史家贝尔纳多·马拉戈内——活跃于仅次于执政官的那个阶层——在其事业于1150年代起步之前的半个世纪重述比萨历史的时候，也将其描述为“比萨人”或者说“比萨民众”的成就之一，而不是其执政官们的成功，他们要到1156年才在文献中出现。[88]到那时，执政官们以及笼统意义上的比萨人，已经完全明白自己正在标新立异。从1150年代开始制定的《基本法》的雄心也展现了这一点。但这是一个缓慢的过程，并且意识在很长的时间里都落后于实践。

米兰和比萨都不能被称为典型，因为没有哪个城市堪称典型；但是毫无疑问，它们至少呈现了两种摆脱意大利王国失灵的重要路径，二者有所不同，但也有许多共同之处。我的第三个例子罗马，会让我们进一步地了解这个问题；尽管它从未成为王国的一部分，在发展中也有着许多独特的元素，但它可以用与前面两座北方城市类似的方式来描述和分析。

第四章　罗马

让我们再度从1110年代出发，这一次是从1118年开始。我们已经看到，对于意大利王国的政局而言，1110年代的光景并不好；罗马不属于王国，但日子也不好过。帕斯卡尔二世是当时罗马的主教，也就是教皇。在那个十年中的大多数时候，他都在面对1111年和1116年的两次耻辱的挫败。第一次是皇帝加冕礼出了可怕的差错，罗马人在圣彼得广场揭竿而起，结果这位教皇被皇帝亨利五世绑架了两个月；第二次，罗马人再度揭竿而起，这次反抗的是帕斯卡尔二世本人，因为他试图阻止来自显赫的科尔西家族的城市长官彼得罗"一世"之子继承父业，但未遂，于是不得不彻底离开罗马，直到1118年1月去世前不久。新任教皇杰拉修斯二世——原名加埃塔的乔瓦尼，曾作为教皇的国务卿成功地进行改革，但在新职位上，将成为卑怯的失败者——当选时，罗马的重要家族弗兰吉帕内家族，对这个教皇人选大为光火，并将其绑架。我们不知道弗兰吉帕内家族为什么要这么做，但这显然出乎所有人的预料，因为枢机们已经决定要在该家族直接掌控的该城某区域内举行这次选举。然而，报应立刻就来了。罗马的一大群"群众"，包括该城十二个城区和特拉斯特韦尔、台伯岛的代表，在新任城市长官彼得罗

“二世”以及大多数（除了弗兰吉帕内）罗马主要家族成员的带领下，在卡比托利欧山汇合，要求释放教皇，弗兰吉帕内家族让步了。不久之后，这一幕再度上演。3月，亨利五世带着杰拉修斯的对手、教皇格列高利八世再度出现。杰拉修斯暂时离开了罗马；在他返回后，弗兰吉帕内家族于7月乘杰拉修斯正在圣普拉塞德教堂做弥撒时包围了他，这座教堂也在该家族的势力范围之内。虽然他们被教皇的支持者打退，但不久之后，教皇还是逃离了罗马，并且一去不返。[1]

在意大利早期城市公社的历史中，罗马并不突出。它似乎太过“教皇化”，其1050—1150年间（亦即我们关注的这个时期）的宏大历史叙事，首先聚焦于教皇的“改革”这条故事线；罗马作为一座城市，则仅仅被看作一个背景板，对教皇的努力毫无同情且任性叛逆。[2]这个世纪中，罗马最显赫的城市精英实际上根本不敌视教皇的“改革”，尽管他们有时对哪个对立的教皇最能体现改革存在相当大的分歧；他们首先需要做的是搞清楚如何应对城市政府日益加重的危机，如何以最佳的方式驾驭越发充满不确定性的政治洪流。就像更北的城市的精英们，他们对危机作出了防御性的反应。1118年的种种事件相当清晰地展现出：面对谁来担任主教的问题，罗马的各个贵族家族各有偏袒，并且将城市的“群众”卷入进来，以支持自己的立场；所谓的群众绝非一群乌合之众，而是可以被视为是根据城市的区域来划分的。在这里，就像我们在比萨和米兰看到的，事实上同样是以精英为主角，同样调用了更广泛的城市社群。就我们所见，有别于其他两座城市的情况，1118年的“群众”（multitudo）不是一个有组织的，更不是固定性的民众集会；这肯定是一项差异。但是，罗马确实发展出了一个城市公社，而且是一个非常有趣的公社。此外,罗马政治实践的许多构成模块也与其他城市的大致相同,而且该城的特殊性不是被教皇的故事线所束缚的人所预期的那种。在这里,我将会概括出一种在我看来最能反映罗马现实的政治叙事。[3]然后,我们将更仔细地审视那些模块,以便更好地看清罗马政治社会的结构性要素(其中一些与我们在米兰和比萨看到的极为相似)如何在城市公社方面产生了截然不同的结果。

我们可以从 1012—1044 年托斯科拉尼家族出身的教皇们着手,这个时期,来自罗马最有权势家族的两兄弟和他们的侄子接连坐上圣座,以教皇身份统治该城。这是罗马政府相对稳定的一个时期,事实上,也是接下来的一百五十年中罗马最长的一段稳定期,直到教皇克莱芒三世(第二位用这个名字的教皇)最终于 1188 年与罗马人达成和解。罗马的官僚系统在拉丁欧洲是最复杂的,远超 11 世纪意大利北部任何一座实际上由一小撮法律专家管理的城市。从 8 世纪到 11 世纪初,罗马的传统贵族用国家的官职作为谋取权力和威望的基本要素,直到在托斯科拉尼家族的统治下,大部分"旧贵族"离开了这座城市。从此,他们专注于掌握罗马在拉齐奥的广大领土上的城堡,尽管他们依旧效忠于教皇。尽管在意大利的皇/王权之外实行自治,罗马还是从加洛林王朝及其继承者的政治实践中习得了某些基本要素,而其中重要的就有审判大会,会上有教皇的官员出席(他们由此像在意大利北部一样,越来越多地扮演司法性角色),有大贵族在场,以及大量相对不太显赫的人作为听众。[4]因此罗马的政府体制与意大利王国的基本相同,尽管其官僚等级远远更为复杂。

打乱这个政治结构的是两个事件。第一个事件是 1044 年罗马本地人反抗教皇本笃九世的暴乱，后者是他所在家族中最无能的一个。这场暴乱很可能是由一个新兴的精英阶层领导的，他们在这个世纪前半期的文献中越发引人注目，而且与同时期领导反对米兰大主教阿里贝托的市民有相似之处。[5]第二个事件是 1046 年皇帝亨利三世在苏特里宗教会议上发动政变，强行从罗马之外安插教皇人选。至少到 1870 年为止，这是最系统性的一次从外部改变罗马统治者的尝试。新的领导精英很快被界定为“新贵族”，在 1050—1150 年间大约有十五个家族日益从其他占据领导地位的罗马人中分立出来，到 11 世纪末时，他们常常被称为 nobiles，以区别于其他精英市民。[6]这个贵族阶层似乎并未反对德意志人的干涉，并且直到 1100 年，其中的一些成员仍然忠诚于德意志背景的教皇们。不过，当罗马教廷发生分裂时，它也必定分裂；这一分裂起自 1059 年，与托斯卡纳的侯爵们有联系的教皇开始摆脱皇帝的影响而当选。该阶层的许多成员都十分忠于执事长希尔德布兰，这位来自托斯卡纳地区的“改革派”职业生涯大部分时间都在罗马度过。1059 年之后的接连两位教皇任期内，都是他在管理这座城市。1073 年，他当选为教皇，史称格列高利七世，得到了资料中所谓民众的广泛支持。在二十五年的时间里，希尔德布兰/格列高利七世在几乎毫无争议的情况下控制了罗马，而且在 1062—1064 年受帝国支持的教皇洪诺留二世失败之后，除了格外执拗的皇帝死忠派琴乔·迪斯特凡诺，几乎无人反对他。[7]他以城市长官的司法职能，加上已知的罗马最后一系列审判大会为基础，对城市进行相当传统的统治；在这个意义上，希尔德布兰/格列高利七世是加洛林王朝和后加洛林时代教皇制这一旧制度的最后传承者，而它最晚近的代表是托斯科拉尼家族。[8]

这个时期，已经存在不稳定的因素，尤其是将罗马人排挤出教会等级制中的领导职位（这种等级制有着不逊于世俗官僚机构的复杂性），再加上这套等级制（尤其是枢机团）日益增长的重要性，导致城市公共社群的凝聚力被削弱。但是，最终真正的危机来自外界，源于亨利四世与格列高利七世决裂之后，在1081—1084年间对罗马不断发动的攻击。亨利用礼物收买了城中越来越多的人的支持，于1084年得以册立自己这一派的教皇，第一位史称克莱芒三世的教皇，在圣彼得大教堂加冕。格列高利则被围困在几乎固若金汤的圣天使堡，派人送信向意大利南部的诺曼统治者求助。他们解救了格列高利，但也焚毁了该城的北部和南部边缘地区。[9]这是压垮罗马人的最后一根稻草，于是他们几乎全体倒向了亨利和克莱芒一方，只剩下一小撮人死忠于格列高利，比如弗兰吉帕内家族的大多数成员，他们很可能是“新贵族”中最富有的地主；以及后来被称为皮耶莱奥尼的家族，他们是商人和金融家，自从1050年代起就与希尔德布兰过从甚密。[10]克莱芒三世统治了罗马十年，击退了来自格列高利传统的对立教皇们的攻击；尽管他在1094年之后慢慢丧失了地位，他一直是罗马认可的主要的教皇，直到其去世前一年，也即1099年，新当选的教皇帕斯卡尔二世，成功夺取了这座城市。[11]不过克莱芒执掌的政府正在迅速失去凝聚力。就像在意大利北部，审判大会停止了，争议越来越多地依靠非正式方式，由传统的司法官员、贵族以及依然扮演核心角色的城市长官组成的特别小组来处理。在帕斯卡尔以及紧随其后的继承者们统治的时期，司法体系还处于起步阶段，尽管就像同时期米兰的大主教们一样，它越来越倾向于将重心放在罗马教廷。[12]

问题之一在于，作为罗马教廷的统治者，无论来自哪个派系，到这时为止，首先考虑的是他们在国际上的角色，而且他们的主要扈从多数来自德意志地区（帝国支持的教皇们）、法国（格列高利派的教皇们）或是意大利北部，他们都对治理罗马没什么兴趣。但罗马也需要治理。这是罗马主教的历史任务之一，格列高利七世从未忘记这项使命；不过对于这件事，他的后任们——同样是来自两方的教皇——都显得力有不逮。依然由罗马人（从此几乎被科尔西家族包揽）担任的城市长官，对于罗马政府而言，变得越来越关键；但是帕斯卡尔，如我们已经看到的，与之不和。[13]作为我的论述起点的1110年代是帕斯卡尔作为唯一教皇的时期，但是他没有展现出多少处理罗马具体问题的能力。他的继任者杰拉修斯更是如此。

就这样，罗马与北方各城市面对同一种危机。罗马的权力真空相对不那么严重，因为该城通常有一位在任期间大都待在城墙之内的统治者，尽管他的权威有时（就像在11世纪八九十年代以及随后的1130年代）遭到来自外部的反对。这一点，加上城市长官这一角色的连续性，也许可以解释为何罗马与这一时期的许多北方城市不同，没有发展出正式的城市民众集会来管理某些城市事务。但是，就像大主教依旧是核心人物的米兰，罗马也存在问题；至少很清楚的是，即便在罗马，从1080年代开始，教皇们也不再能够染指由审判大会所代表的公共权力架构。这就将一个问题摆在了罗马各精英家族，即所谓的“新贵族”面前：既然有能力管理城市是各地城市精英的特点所在，那么现在要怎么做。

与意大利的其他地方一样，罗马有两种回答：仰赖残余的传统等级制，或者指望城市领导层与该城其他人之间的联系。在12世纪的头几十年，罗马与米兰的城市领袖们双管齐下。首先，他们无疑与教皇们关系密切。弗兰吉帕内、科尔西和皮耶莱奥尼家族，再加上其他十几个贵族家族，比如诺尔曼尼家族、圣欧斯塔基奥家族以及琴乔·迪斯特凡诺的家族，以不断变换组合的方式，充当教皇的顾问和盟友，以及教皇不在城中时的代理人。科尔西家族和诺尔曼尼家族反对帕斯卡尔二世，但与杰拉修斯二世交往密切；弗兰吉帕内家族与帕斯卡尔过从甚密，但反对杰拉修斯；皮耶莱奥尼家族则与两位教皇都关系密切。[14]随着1119—1120年间新教皇加里斯都二世上台，所有的主要家族再度团结起来，这无疑是受到加里斯都二世聚敛和分配钱财的能力，以及他的超凡魅力的吸引，而这两者都是他的政治交易才能的组成部分。[15]但是，弗兰吉帕内家族获得的利益，似乎不如皮耶莱奥尼家族和科尔西家族那么多。很可能正是这一点，促使他们决定必须比1118年时更有效地掌控下一届教皇的人选。1124年，加里斯都二世死后，弗兰吉帕内家族打断枢机们的秘密选举会议，强行推举了自己的候选人——第二位洪诺留二世，并用乡村土地作为馈赠，买通了科尔西家族和皮耶莱奥尼家族。[16]1130年，在洪诺留弥留之际，弗兰吉帕内家族的对手们更加警觉，他们焦急地举行磋商，讨论如何让枢机们作出一致的选择。然而，这套安排却在教皇真的过世时遭到了破坏：一组自选的人（包括与弗兰吉帕内家族关系非常密切的教廷国务卿艾默里科）秘密开会，选举了出身于特拉斯特韦尔地区的英诺森二世；而其他枢机则于同一天匆匆开会，选举了来自皮耶莱奥尼家族的阿纳克莱图斯二世。1130年罗马教廷的分裂，被许多教会史学家解释为一场意识形态上的战争，交战双方是“改革”的两翼，其中更加传统的“格列高利派”支持阿纳克莱图斯，而更新的、更“属灵的”一翼则声援英诺森（他的主要非罗马籍支持者之一是克莱尔沃的伯尔纳铎),但是这样的分歧却未显见于我们掌握的数据中。另一方面,罗马各家族的情况很容易看到;支持英诺森的除了弗兰吉帕内家族,这一次还有科尔西家族;其他家族则支持阿纳克莱图斯。英诺森逃离了罗马,只在1137—1138年间阿纳克莱图斯去世时短暂地回来过,虽然实际上是英诺森迅速获得了欧洲各大势力的承认,包括皇帝洛塔尔三世。[17]

1118年、1124年和1130年的教皇选举被普遍看作一系列可耻的事件,暴露出罗马贵族阶层最恶劣的一面(相反,加里斯都二世在1119年的当选相对容易,因为这次选举是在法国举行的)。需要强调的是,罗马在这方面的经历,较之那些同时拥有强势的主教与强大的贵族家族的城市,根本没什么不同。例如,米兰在大主教选举期间经历了十分近似的情况,却没有历史学家对其进行非常道德化的审视。而且与罗马的情况相比,米兰的大主教职位更多地与那同样的几个家族联系在一起。(阿纳克莱图斯在这里是个例外;要不是他,来自罗马既定的贵族阶层的教皇要直到该世纪末的塞莱斯廷三世和英诺森三世才再度出现。)不过同样清楚的是,对于这个时期的世俗城市领袖而言,教皇的人选异常重要。这一现象的原因对我们来说更需要被研究。

这种情况与11世纪末罗马传统政府的败落直接相关,在那之前,传统政府都是由大量的贵族家族组成。在12世纪早期,这个政府的主要官职,比如总理(primicerius)和财务官(arcarius),确实依然存在,但是职权变小了——大部分到此时是司法性的和礼仪性的——并且就像在米兰和比萨一样,越来越多地落到了司法专家手中,而不再归于该城最富有的精英。[18]到这时,事实上只有一个世俗职位拥有真正的权力,即城市长官(urban prefect),并且这个职位越来越被单一家族所掌控。因此，主要的贵族家族不能指望从教皇那里获得职位。然而，他们也不能太多指望获得土地的馈赠，因为这个时期恰恰也是教皇们以及整个罗马对其临近乡村和直接腹地控制最弱的时期。他们能指望的，只有金钱和财产上的馈赠，因为教皇拥有来自半个欧洲的修道院和一些君王的大量捐税，还常常获得巨额献礼（我们倒是想用贿赂这个词，但这样的措辞不合时宜）作为对教皇作出的有利裁断和在欧洲别处让步的回报——就像刚才提到的，加里斯都二世对这套政治把戏尤其娴熟，于是他在罗马当地取得了成功。[19]因此，谁来当教皇的确极为重要，既然教皇们能够操控金钱馈赠的开关。这种结构性的情况在12世纪初最为突出，而这也解释了这一时期在教皇选举问题上异乎寻常的紧张气氛。

此外，罗马作为一座城市，太大也太复杂，很难轻松地治理。审判大会创造了某种程度的集体性，至少在罗马精英之中，这种做法曾有效地运作了很长一段时间；但此时已消失。而罗马城依旧需要以某种方式将自己组织成一个整体，尤其是在与外界的关系方面——随着意大利王国的解体以及诺曼人对意大利南部的蚕食，当时的态势对罗马而言十分险恶。罗马已不能再被简单地置于罗马教廷之下，而且这一时期，教廷对该城的事务并不是很主动。在这样的背景下，我们发现越来越多的记载提到了一系列广泛的集体行动，依然是由罗马的各个主要家族来推动，与教皇的关联却少得多。1088年提及的执政官们，可能是这种情况的先驱。当时，有一群城市贵族自称为“牛群的执政官”（consuls of the community of the oxen），毫无疑问这是一个非正式群体，他们与城市长官一起，审理了一桩与乡村修道院有关的争议。对一个非正式群体来说,这是一个引人注目的公开行动。[20]正如前文所述,“执政官”这个词在罗马是对“贵族”的传统称谓,但是七十五年来,只有托斯科拉尼家族的人使用过,而它的重新得到偏爱至少表明,这时的罗马人对后者的传统领导地位缺乏兴趣。它从此变得越来越常用,但也越来越不为贵族这个整体所使用,而是被用于一些有名有姓的个人,他们的确被称为“罗马人的执政官”(Romanorum consul),这显然是一种荣衔。弗兰吉帕内家族的成员在1084—1086年间以及1139年拥有此头衔,皮耶莱奥尼家族成员则于11世纪初期以及随后的1127年再次拥有此头衔,圣欧斯塔基奥家族在1141年拥有此头衔,帕帕雷斯基家族(这是一个新兴家族,因其主要成员英诺森二世在1137—1138年返回罗马后的荫庇而强大起来)在1148年拥有此头衔。直到1150年左右该职位的含义发生变化,在五十多年的时间里,我们没有看到很多援引这个术语的情况,前面列举的就构成了其中的半数;但从1120年代开始,这类援引开始变多。它们首先突然出现在司法语境中,所谓“罗马人的执政官”很可能是一种准司法头衔;但它无疑在相当大程度上是归属于贵族。显然,这个头衔也把其持有者与全体罗马人联系在一起,而不是与教皇相联系。[21]

这一时期的罗马没有创造出自己的议会,至少资料中不见记载。但同样真确的是,我们发现,罗马人的非正式聚集最起码在12世纪早期越发频繁地出现。1116年因城市长官人选而发生的反对帕斯卡尔二世的起义就是这样一个事件,枢机主教潘多尔福称之为“平民的”(populi plebisque)骚乱,这位帕斯卡尔传记的作者明显认为此事于法不合;另一次是1118年罗马的“群众”(multitude),他们是按地区划分的(又是潘多尔福的记载,这一次他支持他们);

第三次是 1127 年的特许状，规定卡西诺山修道院的船舶可以自由通行，这是由罗马人的执政官莱昂内·皮耶莱奥尼、三位弗兰吉帕内家族成员和另外两位贵族，连同“六位元老院议员和全体罗马人民一起”授予的；第四次是 1130 年一封写给皇帝洛塔尔三世的信，这封表示支持阿纳克莱图斯二世的信，以下列诸人的名义寄出：城市长官、来自其他五个家族的有名有姓的贵族、其他权贵（potentes）、法官们、“执政官们”以及“全体罗马平民”（plebs）。其中最后两项，明确提到一个独立于教皇自主行动的城市集体，的确，1127 年，该集体正在授予之前由教皇授予的特权。[22]

在此我们清晰地看到了之前在米兰和比萨看到的情形，一种混杂的、非正式的，却又具有集体性的群体，开始在这座城市定型。米兰和比萨在一代人之前或者更早的时候就经历了这样的发展，但罗马的形式也非常类似，尤其是在以下方面：它基于这样一个城市社群，其领导层既关联着更广泛的城市，也关联着教会的等级制，这一等级制尽管面临罗马政府结构的危机，却依然存在。我们可以推断：这个城市集体可能会变得更加正式，成为一个“讨论会”（colloquium）或“市民大会”（concio）；与此同时或者晚一点，“罗马人的执政官”可能会很快成为一个每年一任的官职。于是，他们可能开始从教皇手中夺走对罗马城的持续管理权，而这一时期正是教皇们最无法完全掌控城市政治的时期，就像我们在帕斯卡尔和杰拉修斯身上看到的——洪诺留也没有给人留下多么深刻的印象，而阿纳克莱图斯则可能是因为四面受敌而难有作为。因此，罗马的贵族领导层将再一次迈向公社化的方向：毫无疑问，又是在无意中，在梦游中，因为在罗马，很难不被教皇长期以来的魅力迷倒。

然而，没有发生这样的情况。事实正好相反。1138 年，阿纳克莱图斯去世后，英诺森二世在没有真正对手的情况下接管了这座城市，得到了国际上完全的支持。他一直怀着复仇的想法，而如果他想要发挥影响力，就更加没有时间可供浪费，因为他当时肯定已经六十多岁了（距离死亡还有五年半的时间）。英诺森废黜了阿纳克莱图斯手下的所有枢机主教，并宣布其所有行为无效。他摧毁了阿纳克莱图斯曾担任枢机主教的圣母大教堂（这座教堂位于罗马的特拉斯特韦尔，事实上英诺森本人正是来自该区），然后在教堂原有的地基上进行重建，大兴土木，在抹杀前任的同时树立起自己的财富和权威形象（他的马赛克拼贴肖像在拱顶上留存至今）。他还用其他方式在城中彰显自己，其中最招摇的，可能莫过于从圣天使堡的哈德良陵寝中取走相传属于这位罗马皇帝的石棺用作己用，而且在自己还活着的时候，就将石棺放在教皇官邸拉特兰宫前面的广场上，这个位置显著的广场也是举行市民庆典活动的地方。他还在很短的时间内，几乎是肆无忌惮地为他的家族聚敛财富和地位。[23]英诺森进一步地为罗马恢复了有组织的司法体系，其基础是越来越多受过训练的司法专家，英诺森给予他们年俸，将其笼络在教廷周围。他和紧随的继任者的统治，在几十年的时间里首次展现了一套有组织的法庭程序，在很多案件中都可以看到对这套程序的具有专业水准的贯彻。[24]出于报复心理，英诺森还做了一些更加出人意表的事：他不仅将长期以来支持他的贵族，比如弗兰吉帕内家族和科尔西家族安插在教廷中，并给予丰厚的回报，还罗致了阿纳克莱图斯的扈从中的主要成员，其中最重要的是皮耶莱奥尼家族。他显然断定，无论自己对这帮人有何个人意见，罗马领导层的分裂都具有结构上的破坏性，而将他们全都笼络在自己的身边和教廷之中，是安全得多的做法。他们欣然前来，“头发带卷且身披丝绸”——一位于1141年拜访拉特兰宫的佛兰德斯人如此写道。[25]比起前任来,英诺森对拉齐奥的其他地方有着更多的控制,这样他可以通过赠送土地(而不只是金钱)给他的贵族扈从们,使得这种控制更具吸引力,也更加稳固。结果,这些人中的大多数在这个世纪剩下的时间里都与教皇们保持了密切的关系。君主制教皇就这样在罗马重建,其影响达到了自格列高利七世以来的最高峰。英诺森于1142—1143年间将罗马拖入了与老对头蒂沃利的战争,并在经历了起初的挫败之后,于1143年7月大获全胜。然而,这一次,英诺森刻意树立的主角形象遭到反写:罗马民众在8月或9月揭竿而起反抗他(英诺森当时正处在弥留之际,并于9月去世),建立起了一个号称罗马“元老院”(senate)的公社,既反对英诺森也反对支持他的贵族。他们将公社设在卡比托利欧山,这里是这座生机勃勃的城市的政治心脏(参见地图6)。[26]在这里,绝对不存在什么梦游,这个公社完全是经过深思熟虑之后的创举。

之所以冠以罗马元老院这个名字,无疑是想突出该城特殊的历史地位:其他城市可以有执政官,但只有罗马过去有元老院议员,而且现在只有罗马会这么做。(比萨对罗马的类似举动总是十分敏感,他们后来在1160年也借用这个术语来称呼执政官的顾问。)“元老院”这个词,作为泛指该城领导层集体的专有名词,在罗马有着较长的历史。[27]不过,元老院的信心才是其最显著的特征。根据我们手头的资料(然而,这是些粗略且负面的材料,而且不是由罗马人所著),它的建立原本是为了“以共和国的功利为借口”,“重振”罗马的高贵尊严,这种模糊的措辞没给我们提供多少信息;它还出现在对教皇英诺森的敌对反应中,英诺森提供给落败的蒂沃利相当慷慨的条件,可能确实成了骚乱的导火线。一年之后的

1144 年,英诺森的第二位继任者卢修斯二世试图强迫元老院议员们离开卡比托利欧山,但遭到罗马民众的抵制。有一份资料称,1145 年卢修斯被一位元老院守护者扔出的石头砸死。[28]无论这是真是假,卢修斯肯定是失败了,而且他的行动实际上进一步加剧了公社的激进化。元老院的文件于 1148 年开始出现的时候,是用"神圣元老院的革新时代"标注日期的,这种对公社的自我意识在意大利显得独树一帜;这个时代始于 1144 年 8 月或 9 月而不是骚乱爆发的 1143 年,这无疑表明,卢修斯的干涉后来被看作发生在元老院首次完全建立起来的时候。[29]那时,或者在接下来的一年,元老院与拒绝承认它的新教皇犹金三世展开斗争,夺取了教皇在城中的统治权(regalia),废除了城市长官的职位,并任命自己的贵族(patricius)担任领导者,这个人就是阿纳克莱图斯二世的兄弟焦尔达诺·皮耶莱奥尼——然而,他几乎是唯一有据可查的曾在早期公社中任职的贵族,而他的兄弟们明确反对他这么做。时至于此,元老院议员们还摧毁了一些支持教皇的贵族(包括弗兰吉帕内家族和科尔西家族)的宅邸,并且夺取了别的一些家族(包括皮耶莱奥尼家族中的其他人)的房产。不久之后,元老院也开始兴建自己的公社总部,这座位于卡比托利欧山的宫邸的最早证据显示是在 1151 年,它不仅迅速拔地而起,而且比意大利其他公社的宫殿都更早建成;它如今依然是罗马市政厅建筑群的一部分,在它的前方是卡比托利欧广场上出自米开朗琪罗手笔的不朽的建筑立面。[30]

犹金三世于 1145 年底承认了元老院,作为恢复城市长官和废除贵族(patricius)职位的回报(不过,焦尔达诺依旧留了下来——这时他被称为公社的"旗手"),但是不久之后,双方又起争执。直到 1149 年,教皇和元老院之间才达成长久的和平。在那一年,四位来自各个城区的宣誓者，代表罗马宣誓效忠教皇，并且恢复教皇的统治权，由此获得五百镑的回报。与此同时，据记载是 1148 年，元老院启用了自己的司法法庭。就像从英诺森二世以来的教皇们的法庭一样，它们十分有组织性，并且依靠同一批司法专家来运作，其中就有教皇的财务官格雷戈里奥。格雷戈里奥来自一个职业的教廷法官家族，甚至有证据表明他在 1151 年成为元老院议员。[31]元老院议员们还开始直接向德意志国王康拉德三世示好。1149 年，在与教皇达成和解之前，他们给这位君王写信，请他前来与他们一起重新恢复罗马帝国，还吹嘘说他们已经占领了国王的敌人——罗马贵族们——的府邸。这封信及随后的往来回复，是最早向我们透露元老院自身表达的种种观点的文献，里面到处是引经据典，这令现代读者兴奋不已，他们渴望在元老院的行动中看到对罗马往昔的有意识的复兴，一种与“12 世纪文艺复兴”相关的复兴。我本人并不接受这一说法。复兴（renovatio）的措辞，点缀在过去三个世纪的全部罗马历史之中，可追溯到查理大帝的时代，而且经常是以非常约定俗成的方式来使用。[32]但是，元老院无疑一如既往地自视甚高，并且对自己的身份有明确的认识，而这种认识在 1149 年只有比萨和热那亚的公社才有，因为在那里，这些进程早在几十年前就已经开始。元老院快速的制度化也得到了持续；它从此开始管理罗马，并且其统治在 1159—1188 年没有受到任何外部势力的反对，因为在这三十年间，教皇们几乎都不在罗马。这种情况要到后来的克莱芒三世才改变，这位本身就是罗马人的教皇，在 1188 年与元老院达成最终和解，并在欢庆仪式中回归，从而揭开了一段长达五十年的、由出身于罗马并以该市为基地的强大教皇们统治的时期。[33]

这就是罗马的例外性:罗马人在建立他们的公社时,确切地知道自己在做什么,这在意大利几乎独一无二;并且,他们的公社不同寻常地不是由主要的精英家族领导或部分领导,事实上恰恰是反对这些人。不过,在探究到底是谁领导了罗马公社之前,我希望能退后一步,阐明该城其他的一些特殊之处,以便更清楚地解释为何会造成这种例外的结果。考虑到我对米兰和比萨,实际上也是对意大利几乎所有其他城市公社的看法,这些发展肯定是需要解释的。

****

罗马是一座大城市。1050 年左右,它依然是拉丁欧洲人口最多的城市,可能有三万居民[34]——尽管我自己猜测,米兰可能在 1100 年左右超过了它。它还覆盖了巨大的地域范围,即古典的罗马城,在帝国早期已有一百万居民。相较之下,罗马的心脏地带委实较小,但面积还是比米兰大得多,它的各个人口密集点散布在不朽的古典建筑的废墟上,而这些废墟根本没有被全部占用——更不要说该城的七座山丘了,其中一些着实陡峭,最值得注意的是中央的卡比托利欧山,位于城市中心市场与该城东南边的古罗马广场(Forum)之间,早在元老院建立前,这里就是一个政治焦点。[35]这种地理上的分散意味着罗马有一种区域性的结构,这在我们的文献资料中也非常明显:十一二世纪的土地和住房的租售,大都发生在罗马的城区(regiones),就我们研究的这个时代而言,这些城区达三十个左右(参见地图 6)。它们并不古老;罗马传统的地区划分可追溯至古典时代,有十二个到十四个。因此,它们印证了一系列颇具凝聚力的地方认同的存在,这种认同很可能主要是在 11 世纪于人类居住区内部建立的,并延续了下来。[36] 例如,1177 年,一份来自罗马文献最完备的城区(位于古罗马广场和古罗马竞技场之间,被称为古罗马竞技场区,或者因其大教堂而被称为新圣母教堂区)的文本表明:这个城区(regio)作为一个集体,在当地领袖们的带领下行动,并且控制着它自己的金融资源。在米兰也可以找到一些类似的文献,米兰是根据城门(比如科马奇纳门或韦尔切利纳门)来划分城区的,其中一些以集体方式控制着城门外的公地;但是罗马的城区更加明显,而且似乎是所有地方政治活动的焦点。12 世纪,三十多个城区经过整合回归到了十二个"超级城区"(加上特拉斯特韦尔作为第十三个),它们似乎成了罗马公社的基本构

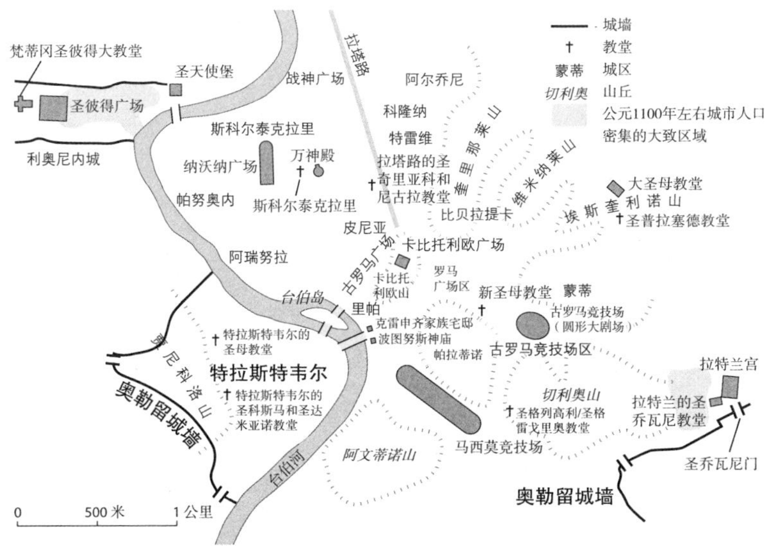

地图 6　公元 1100 年左右的罗马

建模块;但是地方认同被绑定在了更小的单位上,较大的单元则被冠以"蒙蒂、比贝拉提卡和古罗马竞技场区"之类的名称,充分表明它们是某种人为合并的产物。[37]

罗马也是一座富裕的城市。北方城市"天然的"政治活动区域都限于它们所处的主教区(任何超越这个范围的行动都需要进行一番斗争来争取),而罗马与之不同,它处在广袤领土的中央,这片领土基本上相当于现代的拉齐奥大区,面积是米兰的五倍,罗马对之拥有主权。到 11 世纪末,就像在别处一样,由于当地领主以难以遏制的势头发展,这片领土大多不在城市的实际控制之内,但是在每一段时期,至少有一部分会听命于罗马城。在 12 世纪中晚期,这些残余的忠实可以让教皇们再次重建更广泛的权力(战争只是在面对真正的敌对势力时才有必要,比如蒂沃利,以及后来的图斯科洛),并且在很多情况下将其归还给他们的贵族附庸。[38]这给了罗马一个走向潜在繁荣的起点。但是,在经济上更加重要的是这一事实:罗马的整个腹地,从城墙向外延伸可达十五英里——面积相当于意大利的某些主教区——完全由城里人拥有,除非走到城外很远的地方,否则根本没有乡村地主。这在意大利的城市中是独一无二的。这意味着这片广域的所有农业剩余产品全都直接流向了罗马城墙之内,而且是免费的,以作为城外土地的地租,而不像其他城市,周边区域的农民将谷物和葡萄酒带入城中是为了进入市场。罗马的地主全都是教会中人;在我们研究的这个时期,几乎没有任何证据表明存在世俗人士拥有土地的现象。罗马各大教堂也拥有自治的土地,不受教皇的控制,而正如文献中的账目结余所展现的(必须说明的是,这一时期的教皇档案几乎全部散佚),教皇仅仅持有一块土地,很显然就是从拉特兰宫旁边的圣乔瓦尼门向东延伸的那一块。[39]就这样，罗马各教堂控制了这片包括城内土地在内的广大区域。然而，它们将其中大部分租给了罗马的世俗人士，只要他们能够负担低廉的租金以及通常高得多的签约价格。当然其中最重要的是教堂的那些附庸，即它们在政治上可以依靠的支持者，这些人以政治支持来换取划算的租约。从 10 世纪保存下来的多数租约显示，这些土地都租给了罗马的“旧贵族”，但是从 11 世纪开始，它们越来越多地倾向于租给“新贵族”，同时也租给城中不那么显赫的人们。在 12 世纪可以看到，文件保存最完善的各个教堂将土地租给了本城区的重要人物，就像我在前两章所称作的“中等精英”，这类家族在城市的某一地区地位显赫，比如在古罗马竞技场区或特拉斯特韦尔，但是无法企及贵族（例如弗兰吉帕内这类家族）的土地财富和政治地位。一般而言，大片开阔的谷物种植地是租给贵族们的，而“中等精英”则经常持有城区的租约，以及呈带状分布的葡萄园和城墙附近果园的租约。这些租约是罗马所有社会和政治角色发达的基础。[40]

谷物和葡萄（以及盐，来自罗马沿海盐田，在今菲乌米奇诺机场附近）定期流入罗马城，喂养着它的居民，也哺育着一个由工匠和商人组成的庞大而复杂的网络。11 世纪的罗马工匠得到了比欧洲其他城市的工匠都更加完备的记载。这里有几十个行当，全都是中世纪末期一座城市应有的行当：纺织工、皮匠、铁匠、铜匠、木匠、陶匠以及其他许多职业，有时按照产品划分，例如锁匠、盾工、磨坊工人、猪倌，以及贩卖各种食物的人，尤其集中在但不限于圣天使堡和梵蒂冈之间那庞大的朝圣者区。除了其他地点，他们全都在罗马的中央市场上出售产品，这个市场从卡比托利欧广场向北面和西面延伸。[41]他们的活动让城市的地产极大地增值，且加强了作为地产拥有者的罗马各城区教堂的重要性。要想参与罗马的繁荣，就需要在城中租赁，而要想成功租赁，就需要与各城区的教堂和修道院保持密切联系。因为，尽管偶尔存在某些修道院的社会关系网扩展到单一城区之外的情况，比如坐落在皮尼亚区、位于卡比托利欧山以北三百码处、由阿尔贝里科亲王于10世纪中期创建的拉塔路的圣奇里亚科和圣尼古拉女修道院，就极为富有，其附庸者来自罗马城的各个地区，但多数教堂还是立足于单一城区以及城门外的邻近地区，其附庸者以本区教民为主。[42]

贵族们当然也住在罗马的城区，而且我们通常都知道他们住在哪。比如，弗兰吉帕内家族住在新圣母教堂/古罗马竞技场区，相对不那么显赫的阿斯塔尔迪家族也住在那；科尔西家族住在卡比托利欧山上，以及山下台伯河边名为里帕的河港区，紧邻诺尔曼尼家族，很有可能还有巴伦齐家族；皮耶莱奥尼家族住在里帕区北端以及台伯岛上；圣欧斯塔基奥家族住在万神殿附近；一群或许稍微不那么显赫的家族住在特拉斯特韦尔区。[43]当他们生活在自己的区域内时，毫无疑问，他们也成了那些相对不那么富有和强大的邻居的参照；尤其是弗兰吉帕内家族，他们实际上掌控了新圣母教堂区。但是，他们同样生活在教堂的土地上，也是当地教堂的附庸。弗兰吉帕内家族和新圣母教堂以及附近的圣格雷戈里奥修道院都息息相关。[44]贵族们与教皇的关系很密切，如我们之前已经看到的，至少时常如此；但是他们与所在区域的教堂的关系也是长久的。

与之形成对比的是，“中等精英”家族首先与所在城区的教堂有关联。他们可能还会与住在那里的贵族家族打交道，如果有的话，但是大多数情况下没有，因为这些贵族家族大多聚居于罗马的特定区域，而且罗马的城区太多，无法每个城区都拥有一个贵族家族。如果本地区没有贵族家族，甚至有一个时，地区日常政治事务中的领导人物就无可避免地来自“中等精英”，他们在当地政治中的角色，也就比在其他任何城市看到的都更加重要（至少在我们看来是如此，因为其他地方大多没有得到相应的研究），而且他们大多数时候与教皇没有联系——或许有一些司法界人士除外。因此，对于大多数人（包括相对富有和显赫的人）而言，城区比教皇更加重要，尤其是在与审判大会相关的政治集体终结之后。这必定就是为什么罗马人临时集会（就像在 1118 年）都是按照地区组织的，而元老院极有可能也是这样。当然，地区认同并不是罗马人的全部。作为城市的一分子，以及由此而生的自豪感，在这里就像在米兰和比萨一样重要；与蒂沃利的斗争对罗马人造成的影响，就像与科莫和克雷莫纳的斗争之于米兰、洗劫巴勒莫和巴利阿里之于比萨。的确，为了这场斗争而进行的军事组织活动，必然有效地将各个地区紧紧凝聚在一起。各城区并没有因此弱化城市的身份认同和政治实践。但是，它们也完全没有强化教皇们对这座城市的影响力。

由于“中等精英”主要涉足地区政治而非教廷政治，让我们暂停一下，再度审视某些家族：我们将会观察三个贵族家族和三个“中等精英”家族。一旦了解了罗马领导层的类型，我们将回过头来重新审视该城市公社，也就是早期的罗马元老院，看一看我们对元老院议员们有多少了解。

弗兰吉帕内是我们可以追溯到最远的“新贵族”家族；他们是彼得罗·因佩廖拉的后代，此人曾于 963 年作为世俗参与者出现在废黜教皇约翰十二的宗教会议上，并且是会上唯一被称为“来自平民”（de plebe）的人。他的直系后代中有工匠和商人，不过到

1010年代,这个家族已是教皇的扈从,此后该家族的成员中再也没有工匠了。我们已经见识了该家族在12世纪初扮演的政治角色的分量,而这至少可以追溯到11世纪八九十年代,当时琴乔·弗兰吉帕内和乔瓦尼·弗兰吉帕内是格列高利七世派教皇们的积极支持者。他们的基地,就像我们已经看到的,在新圣母教堂/古罗马竞技场区,1094年他们便是将乌尔班二世安置在这里的"一个非常坚固的堡垒";他们还控制着部分的古罗马竞技场区,很可能是租自教皇之手,并且持有城市和市郊的许多地产的租约。对于这个时期他们租赁城市直接腹地的情况,我们所知较少,但可以推断这些土地规模相当大,因为这个家族很快出现在了拉齐奥的其他地方。1120年代,他们曾短暂地担任过切卡诺伯爵。1140年代,肯定也是来自教皇转让的结果,他们开始在该城东南方向的滨海地区发展出稳定的权力基础,掌握了那里的若干城堡,并且控制了泰拉奇纳城(参见地图7)。通过从罗马各教堂包括从教皇那里租赁土地,这个家族在11世纪成为城中的富人,后来甚至变得更加富有。[45]

皮耶莱奥尼家族在政治上地位显赫,但是所有迹象表明他们并非那么富有。这个原本信仰犹太教的家族应该是在11世纪初就已经皈依了罗马天主教;家族领袖莱昂内·迪贝内代托·克里斯蒂亚诺是一位商人,1050年代与时任执事长的希尔德布兰过从甚密,后来有证据表明他的儿子们获得了一份有利可图的租约,租到了一座位于其台伯岛基地的城市磨坊。凭借与教皇的关系,他们获得了许多金钱,而这种关系在帕斯卡尔二世接掌罗马后再度重要起来。他们还与诺曼人的首领罗杰一世和罗杰二世有来往,这两位也慷慨地给了他们许多回报。但是,他们作为土地承租人

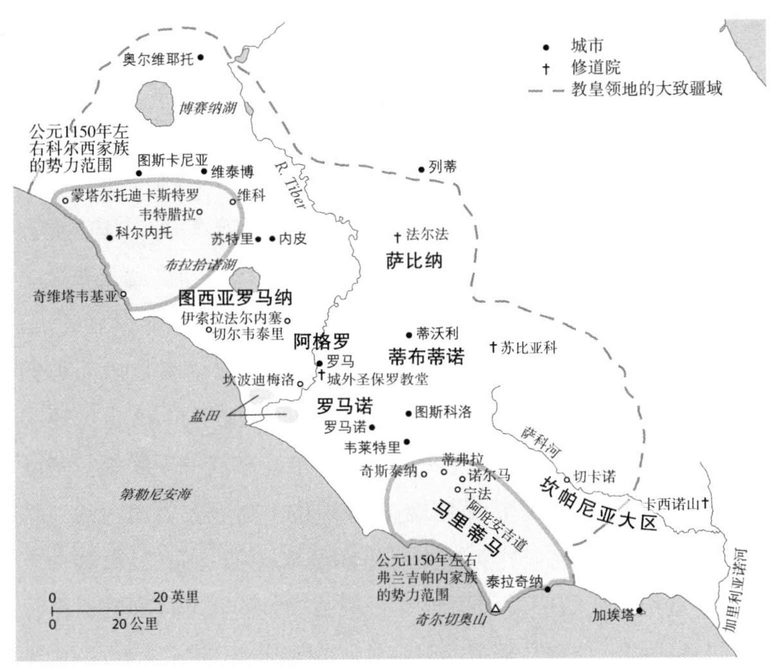

地图 7　拉齐奥地区

的证据很少。这部分是因为他们在台伯岛和里帕区的基地的文件没有保存下来;不过,弗兰吉帕内家族的痕迹在城中的其他地方也处处可见,而皮耶莱奥尼家族却不是这样。他们掌握了一座城堡,即位于该城以北的伊索拉-法尔内塞,是 1107 年前不久从特拉斯特韦尔的圣科斯马和圣达米亚诺修道院那里租来的,而这是他们在乡村仅有的重大财产。他们可能依然主要是一个商人家族。这足够为他们在政治上赢得相当显赫的地位——就像比萨城的卡萨皮耶里家族,首先是一个商业家族——但是,弗兰吉帕内家族的财富规模肯定超过了他们。[46]

巴伦齐家族从 1060 年代到 1110 年代都站在受皇帝支持的教

皇这边;在这一时期的记叙中,他们就是以这样的身份出现的。他们可能在1148年也出过一位元老院议员,不过即便这样,在1190年之前,他们在贵族中间仍然称得上独一无二。在我们的文献中,他们的地主形象甚至比皮耶莱奥尼家族的还要不显眼,而有一点可能很重要:11世纪末,巴伦齐家族出了一位司法专家,一位“辩护人”(causidicus),因为其他贵族家族没有将自己与司法专业联系起来。较之前面两个家族,巴伦齐家族的社会地位远非那么显赫,但是他们作为政治人物有着足够的可见度,这足以清晰地表明他们在罗马被严肃地当作政治活动的参与者,而且他们在12世纪还与另一个第二层级的贵族家族——阿斯塔尔迪家族——联姻。实际上,1131年,这两个家族一同控制着城外位于阿庇安古道边的一处乡村地产,似乎是将其作为一个有组织的农业项目而发展,这种方式在中世纪晚期的罗马周边较为普遍;这种企业式的特质值得注意,如果他们不是比文献中的只言片语留给我们的印象更富有,恐怕很难做到。[47]巴伦齐家族可能在其他方面也颇有雄心,因为他们是“克雷申齐宅邸”(Casa dei Crescenzi)最有可能的建造者,这座建于12世纪中期的塔楼精巧得令人叹为观止,重复使用的三角楣饰和一组砖砌壁柱营造出一种古代神庙的感觉(这无疑是为了呼应就坐落在路对面的留存至今的波图努斯神庙);从措辞浮夸的铭文来看,其前窗似乎有建造者尼古拉·迪琴乔的一尊胸像,大门上方还有另一篇很长的铭文,赞颂尼古拉“超凡卓绝的建筑”使“古罗马式的装饰得到复兴”。这座建筑在今天的罗马(以及欧洲的其他任何地方)是独一无二的,但是那时候,它可能没有那么不同寻常;无论是谁建造了它,它都是一个贵族家族大张旗鼓的自我宣传留下的证据。于是,令人震惊的是,我们从记载中得知,在波图努斯神庙的两边分立着两座塔楼,属于两个更重要的家族——诺尔曼尼家族和科尔西家族。尼古拉·迪琴乔实际上是在用他的建筑和铭文公然挑战这两者。塔楼的这种用处,比防御性功能更加重要。尽管巴伦齐家族在实权和财富方面无法匹敌这两个家族,但他们至少在修辞上不弱下风。[48]

实际上,种种迹象表明,罗马的贵族分为两个层级。较富有的,以弗兰吉帕内家族和科尔西家族为代表,他们掌握了城市长官的职位,在乡村地产上也有利益,而且在拉齐奥西北角的沿海和内陆地区,包括奇维塔韦基亚城拥有城堡。我们还可以加上诺尔曼尼家族,这个新兴家族崛起于 1100 年左右但很快成为显赫的政治角色,他们曾与弗兰吉帕内家族联姻,最迟到 1190 年代(很可能在此之前),就在罗马城以西拥有城堡,并且将在下一个世纪拥有男爵头衔;圣欧斯塔基奥家族,持有萨比纳城外的法尔法修道院的土地,在 1200 年之后也将会获得男爵爵位;以及格列高利七世的敌人琴乔·迪斯特凡诺的后代,1110 年代他们从城外圣保罗大教堂那里租赁了城北的六座城堡,圣保罗大教堂发现很难对其维持控制。[49]所有这些家族都占据了相当规模的乡村土地,通常是在城外方圆十五英里之内,通过教会的转让获得的——尽管有必要说明:在 1100 年之前他们的城堡并非牢牢地掌握在自己手中,而且直到我们研究的这个时期结束,他们就像弗兰吉帕内家族一样,并没有在土地方面变得真正富有。这一组家族拥有的资源,与米兰城的主要领主的资源大体相当,并且在一些情况下(1100 年之后的科尔西家族和琴乔·迪斯特凡诺的家族,以及 1140 年之后的弗兰吉帕内家族)比米兰任何立基于城市的家族都拥有更多的城堡;较之任何一个比萨的执政官家族,他们全都在土地方面富有得多,在城堡方面肯定也是如此。与这个较高层级形成反差的,则是那些不仅在持有土地方面不太活跃,而且似乎在任何方面都不拥有顶级家族的那些资源的家族,皮耶莱奥尼家族正是这个较低层级中最显赫和最富有的一个,而巴伦齐家族和阿斯塔尔迪家族也属于这一类。在这里,我们还可以加上来自特拉斯特韦尔的一组家族:值得注意的是乔瓦尼·提格诺索和他的儿子琴乔的家族,他们曾在希尔德布兰/格列高利七世时期担任城市长官,直到 1077 年;他们在城市周边有一系列主要通过租赁得来的土地,面积相当大却绝不算巨大;他们还有相当大数额的金钱和动产,其中一些被出借以谋取利息,这至少表明他们多少参与了商业活动。[50]在我研究的其他城市中,与这个层级最接近的是比萨的主要执政官家族,以及米兰的主要非贵族市民。

关于罗马"新贵族"的两个层级之间的区别,有两点需要强调。第一点,它并不对应于城市政治中的显赫程度的差异;皮耶莱奥尼家族与弗兰吉帕内家族一起出现的频繁程度足以清楚地表明这一点,而巴伦齐家族、圣欧斯塔基奥家族和琴乔·迪斯特凡诺的家族一样,积极地支持帝国。我们可以轻易地假定,第二个层级的家族在商业方面更加活跃(皮耶莱奥尼家族和乔瓦尼·提格诺索的家族在这一点上是确定无疑的),但就像在比萨一样,这对他们不构成任何妨碍。相反,不太富裕的家族后劲不足。这个层级中的家族,没有一个在我们研究的时期结束之后还能被追踪到,除了皮耶莱奥尼家族,但即便是该家族,在 13 世纪也没有成为超级富有的男爵家族,不像第一层级中的许多家族。[51]乔瓦尼·提格诺索的家族在 1100 年之后特拉斯特韦尔的文献中出现时,则似乎滑落到了纯粹是区域性的"中等精英"家族,虽然是在那个层级的顶端。即便如此,除了不见记载的家族,他们全都比其他我们能追踪到细节的"中等精英"家族更富有。现在,让我们看一看中等精英家族在12世纪稍后时期的情况,用一些可靠的文献来说明这个论点。

一个例子是法律专家加尔加诺,1138—1151年间,他是总理(primicerius),高级宫廷法官之一。1169年,他的两个儿子分割了继承的土地,并且全部列出清单;大多数是城市土地,四幢半的房子和两小块建筑用地,外加海滨的一些盐田和一小笔钱。这向我们展示了司法专家们所拥有的土地的规模,并且也符合其他一些人的情况,比如贝内代托·迪莱昂内。这是一位精通优士丁尼法、极富司法经验的法律专家,出现在1150年代的法庭案件中,祖父辈来自罗马郊区小镇阿尔巴诺,有着同样类型的一片土地:生活得足够体面,但是无论如何不足以与我们在前面看到的掌握大片土地的家族相提并论。[52]法学家们也出现在他们居住的城区之外(以加尔加诺为例,他住在斯科尔泰克拉里城区,位于纳沃纳广场和万神殿之间),并且与教廷有联系,但这只是因为他们的法学训练,而不是因为他们的家族财富。因此,时至12世纪,罗马的司法专家是"中等精英"的典型成员,就像在米兰和比萨一样。这两人都未被证明在1143年之后成为元老院议员,但是我们的元老院名单残缺不全、满是漏洞,他们完全可能在没有文献记录的年份里成为元老院议员,就像他们在司法界的同代人财务官格雷戈里奥。

第二个案例,是新圣母教堂城区的曼奇尼家族,其活动贯穿于整个12世纪。他们在该教堂的周围有土地,且常常作为见证人出现在教堂的文件中——作为教会附庸者的典型,他们不仅持有圣母教堂在城区的土地,还持有其在城外的一座葡萄园。他们至少有四座房屋,因为这些房屋在1192年教皇的赔偿清单中曾被提及,当时从拉特兰宫到梵蒂冈的教皇路线需要架设临时拱门，而这条路线要路过新圣母教堂。他们还有一座乔瓦尼·曼奇诺于1160年为获得五英镑贷款而抵押的房屋，这个数额与该家族在其他文献中交易的金钱数额差不多。曼奇尼家族在居住区域之外的活动，完全不见于文献记载，但是他们很可能轻易地当上了元老院议员，因为在1177年古罗马竞技场城区的领导人名单中，乔瓦尼·曼奇诺名列第三，因此，他在本城区肯定地位显赫，而这份名单中的头两位必定也进入了元老院。[53]

特拉斯特韦尔的格里索蒂家族是一个更进一步的例子。格里索托·迪因吉泽洛第一次出现是在1130年代，作为拉塔路的圣奇里亚科和圣尼古拉修道院的一名债主，持有修道院位于城市西南六英里处、台伯河岸边的坎波迪梅洛的谷物种植地，这是作为一笔较大的金额（二十六英镑）的抵押担保。该家族还在城外同一方向的更远处作为佃户出现，而且必定在特拉斯特韦尔也持有土地，但是坎波迪梅洛是他们的活动被记载得最清晰的地方。1140年，这块种植地已经被修道院赎回，格里索托却拿出了其中一部分地块的租约。1148年，修道院在法庭上成功地主张了自己的权利：这份租约是伪造的，为的是防止教皇英诺森二世——他当时“看上了”这片土地——强迫修道院将这片土地租给他的帕帕雷斯基家族的侄子们，而教皇的侄子们确实租了修道院在坎波迪梅洛的其他土地。次年，格里索托去世后，他的儿子还是通过真的租约获得了这片土地。在接下来的几年中，这片土地被显然已经交恶的格里索蒂家族和帕帕雷斯基家族轮占。1184年，格里索托的孙子彼得罗成了元老院议员，并且利用职权非法攫取了这座修道院的一些土地；当他在元老院的同僚们宣布此举无效时，他毁坏了这片土地。

格里索蒂家族输掉了随之而来的官司，但修道院也是花费了大量金钱才赢得这场胜利，而且该家族在坎波迪梅洛还有其他土地。1190 年代，他们曾拒绝支付租金；直到 1209 年，他们才失去永久占有权。这绝对是一个恶行昭彰的家族，但他们依然保持着中等精英的规模（尽管拥有更多具有流动性的白银），就像我们刚刚探讨过的那些家族。至于元老院议员的职位，这一次，可以证实他们担任过。[54]

这就是我们在描述罗马的“中等精英”时所面对的规模。我们已经在米兰看到类似的家族，在类似的规模下运作，因为这就是 1140 年代及之后该城执掌司法的执政官的级别，比如维梅尔卡泰的斯特法纳尔多和吉拉尔多·卡加皮斯托。在比萨，司法专家们并不一定能进入执政府，我们考察过马里尼亚尼家族，但没有这个层级中其他家族的详细信息——因为比萨的执政官大多数时候相当于罗马贵族的第二层级。然而，在罗马，关于元老院议员的证据稀缺，只限于一小撮活动规模比我们上面讨论的三个家族更大的人。罗马的元老院议员名单远远没有米兰或比萨的那么完整，在 1143—1180 年的将近四十年里，我们只掌握了七年的相对完整的名单。另外，就人数而言，罗马的元老院议员远远多于北方各城的执政官，每年五十人到六十人，这样到 1180 年为止，我们知道姓名的元老院议员有九十人左右。除了上文提到有两位可能是贵族，这些名单中所有身份可识别的人都属于“中等精英”：司法专家、公证员、来自新圣母教堂区的城市领袖、城市中的放债人。在较早的几年中，我们还可以加上两位工匠：1148 年的画师本特韦尼亚，以及 1151 年的裁缝乔治。[55]尽管裁缝乔治可能属于工匠中的精英，但这样的履历，从整体来看，与米兰或比萨的迥然不同。

反过来说,在我们所看到的罗马的背景下,这实在是我们意料之中的。在一座特意为了反对教皇和城市贵族而设立的元老院之中,可以预计是那些最富有的非贵族人士在执掌它,而这也正是我们所看到的事实。但有趣的是,元老院议员名单中有将近四分之三的人的名字从未出现在别处,哪怕是偶然被提及。在文献的密度上,罗马可能不如米兰这座规模相当的城市,但实际上,该城有着更多的记载自身的文本;然而,在米兰——比萨这座稍小的城市更是如此——我们可以轻易地追踪到执政官中的大多数,并且在相当大程度上对他们的情况了若指掌。在罗马则不是这样。罗马的证据更加具有地区性,而且其中一些地区几乎没有留下任何文献。因此,我们无法识别的元老院议员中,有一些想必就是住在这些无据可查的城区;但即便如此,我们也对太多人知之甚少。我认为很可能罗马的元老院议员——就像我所说的,每年人数众多——不仅包括一个“中等精英”领导层,还囊括了更加不显赫的人,至少在某些情况下是这样:小收租人,生意不那么兴隆的工匠,后来几个世纪在意大利被称为“市井小民”(popolo minuto)的人。这是一种臆断,但在我看来合乎逻辑,也呼应了罗马元老院早期一件令人关注的事情:反教权传教士布雷西亚的阿纳尔多约 1148 年在元老院的出现,直到其 1155 年被处决。这位纯粹主义者在元老院的影响被一些历史学家夸大了,但是,从残存的两封写给德意志国王康拉德三世和腓特烈一世的莽撞无礼的信件中,元老院激进派的面貌可见一斑。此外还有一封于 1152 年写给教皇犹金三世的歇斯底里的书信,声称阿纳尔多挑动了“一群乡巴佬式的暴民而没有贵族或显赫人物”去选举他们自己的元老院和皇帝。[56]我们不需要将最后一封信看得太过认真,将其当作阿纳尔多活动的证据

（“乡巴佬”一词已然揭示了这必定是修辞上的花招，试图使一场纯粹的城市运动失去合法性），但是它无疑显示，教皇会听取，或者认为人们会相信，关于元老院至少是其中某一派的激进行动的传闻。这样的一派，更可能是由不属于任何精英阶层的人们组成的。而我们在其他的意大利城市公社中，都再未遇到与此类似的派别。

1143 年之后罗马发生的事情，我认为是双重的。第一，城市贵族在 1138 年英诺森二世取得胜利之前的二十年间，正稳步成为罗马民众的领袖，而在那之后则完全被英诺森的教廷吸引，放弃了城市领导地位。英诺森比他的大多数前任都更加胆大妄为，而且几乎可以肯定拥有更多的资源，因此可以提供贵族所需要的物质赞助。在财政金融方面，罗马的贵族家族活跃在一个异常宽广的舞台上；皮耶莱奥尼是诺曼人朝廷中的交易商，这点前面已讲过，而弗兰吉帕内家族则在 12 世纪的罗马之外，由教皇做媒，缔结了几桩相当有利的婚姻，其中最引人注目的是 1170 年，与拜占庭皇帝曼努埃尔一世侄女的联姻。贵族家族还在罗马大撒金钱以炫耀他们的地位，如装修克雷申齐宅邸之类的塔楼。英诺森时代的弗兰吉帕内家族还买过一只豹子，而我们之所以知道这一点，是因为他们府上有一位不幸的妇女被它“扼死”。[57] 结果，他们需要教皇的赞助，如果能够得到的话。有时他们无法获得，因为教皇们对大量可转移财产的控制力较弱，也不太善于与罗马的附庸者打交道，这时贵族就会转向城市，但如果教皇能够满足这些需求，教皇就是更有吸引力的选择。

第二，我们必须从罗马民众的立场去看待同样的事件。“民众”（populus）这个词有许多含义，从罗马极为考究的传统游行的广泛参与者到范围较窄的政治领导层，但它通常必定包括我所界定的“中等精英”。我们同样可以说:它也对应了梅尔·维古厄所界定的意大利骑马民兵,这种民兵在罗马和其他地方都存在;的确,罗马的骑士阶层(equites)可能与“中等精英”颇为吻合。[58]就像其他地方一样,他们很可能期待在贵族的领导下,为这个缓慢发展的城市集体作出贡献;“中等精英”的价值观似乎与贵族的没有实质区别,例如,我们已经在米兰和比萨看到军事热情和古典意象以不同的方式杂糅,而这在罗马同样显著,可见之于贵族风格的克雷申齐宅邸、反贵族的元老院写给德意志国王们的信函,以及与蒂沃利的一系列战争,这些无疑都既涉及贵族,也涉及“中等精英”。但是贵族抛弃他们,回到了教皇的怀抱。“中等精英”于是用审慎的暴力作出回应:他们占领并且后来还守卫了卡比托利欧山,自己创造了一个城市政府。因此,米兰和比萨的第一批执政官都来自该城的顶层精英,并且连接和统治着一个以民众集会为基础的城市集体,来代表相对不那么显赫的社会层级、司法专家和公证人家族、商人和富有的工匠等——即我所界定的“中等精英”;而罗马则一开始是由“中等精英”扮演领导角色,没有贵族,除了偶尔的挂名者,比如焦尔达诺·皮耶莱奥尼。在这样的情况下,他们需要作为后盾的城市集体,仍然是不那么显赫的、不属于任何精英阶层的人。这种需要尤其是因为较之其他公社,罗马元老院的敌人更加顽拗且(最初)酷烈:领导者得集聚最广泛的支持,才能对抗英诺森二世这种教皇的力量。

12 世纪初的罗马,正如我所言,与北方诸城不同,没有发展出民众集会,但发展出了元老院。它在制度上迅速稳定下来,为商议大会(contio)留出了空间,就像米兰和比萨的那种,尽管它在公社之后而不是之前:显然,元老院的领导层感到需要它,无论是为了协商，还是为了正式的立法，或是两者兼顾。并非不重要的是，据说布雷西亚的阿纳尔多（尽管这则信息的提供者是后世一位充满敌意的观察家，即索尔兹伯里的约翰）曾经在“公共商议大会”（public contiones）上十分活跃。如果就像我所论述的，罗马的元老院职位向非精英人士开放，那么商议大会必定是一个可望找到他们的地方。同样引人注目的是，在其司法程序中，元老院的行动带有一定程度的集体性，这在意大利的其他地方极为罕见。整个元老院，多达六十人，聆听起诉者的陈述，然后他们中的大部分被要求考虑判决的不同部分，于是有很多人直接参与其中。尽管这是一个比商议大会更加有限的组合，但它展现了一种集体性，较之1150年在意大利其他地方依旧存在的司法架构（这种架构在任何地方都大可寿终正寝，罗马人却能将其改造翻新），它与审判大会这种结构性的司法集会更加类似。[59]这也是开放给一个更加广泛的集体的机会，这个集体无疑是被一群中等的元老院精英自上而下地控制，但朝向更多的人。就这样，罗马的公社独一无二地拥有了自我意识，并且独一无二地开放给广大民众参与。这种意识必定受到了这一事实的鼓舞：时至1143年，意大利有很多例子证明本地的领导人可以成功地管理城市，而不必仰赖传统等级制；但这也是一种对实权（这一次不是对权力真空）的反应，也即英诺森二世新型的君主教皇制。这足以使罗马走上独特的道路，将近五十年都是由非贵族人物来充当主角：事实上，直到1188年与教廷达成和议，贵族家族才首次获得加入元老院的空间，然后在不到十年之后，接掌了元老院。这个过程并非顺利无碍；“中等精英”进行了反击；但是，到1216年英诺森三世去世时，罗马的公社就像其他城市的公社一样，被贵族主导，程度甚至比某些城市的还要深。[60]然而，这不在我的讨论范围之内;1150 年的情况与此相距甚远,这个非贵族人士执掌的城市公社在一段时间内并没有弱化。

＊＊＊＊＊＊＊＊＊

让我们就此离开对罗马的聚焦,回顾一下相似点:首先是三个城市个案的类似性,这样我们就可以复述它们之间的异与同;然后在下一章,我们将快速浏览意大利其他城市,对它们恰当地定位,并进行总结。我在这里尤其要归纳三个城市精英层级在政治活动方面的差异:第一个层级是在城中和乡村都有土地以及城堡的城市贵族;第二个层级持有少一些但依然相当大量的乡村土地和更多的城市(包括商业)财富,在米兰大多数时候不被视为贵族,但在罗马却是;第三个层级即“中等精英”,我已在前文总结了其米兰版本的特点,并且更加详尽地解读了其罗马版本,他们有足够的土地出租并坐收租金,但除此别无其他。在比萨的这三个层级中,最高的层级人数很少,在公社中不太活跃。担任执政官的精英主要来自第二层级。它不能被界定为贵族化的,并未明确地与城市中的其他人割裂开来;其成员(哪怕是维斯孔蒂家族)拥有的乡村财富以及对领地的涉足,都无法与米兰的任何领主相提并论;即是说,他们恐怕连小规模的乡村领主都算不上,如果想要统治任何事务的话,必须专注于城市权力。但是,他们反而在 11 世纪完全掌控了比萨,而且当他们的集会政治在 1110 年左右朝着公社的方向定型时(确实很早熟),传统的城市精英依然牢牢掌握着它;他们从未放弃这种支配地位,而看起来不那么显赫的精英层级对此几乎没什么反应。作为“中等精英”的司法专家以及第三层级的其他成员有时会担任执政官,但鲜少成为城市的最高领袖,而手中土地较少的法学家们则根本不会担任执政官。于是,处于比萨内部等级制顶端的家族没有其他两座城市中的那么显赫,但是,他们在当地的支配地位无可撼动。这种情况很可能因其他有影响的势力的缺席而被助长;比萨的大主教与米兰或罗马的相比,支配力没那么强,在12世纪通过与公社合作方才首次树立了他的权威。公社的定型,在这里没有被视为一种真正的突破,部分是因为比萨人是最早这么做的,没有任何范例可循,部分是因为实际治理比萨的人并没有改变,部分是因为比萨人对城市的胜利有一种荣耀感,使得他们似乎超脱于实际是谁在治理城市这样的细节。

然而,在米兰,贵族和其他精英之间的对比更加明显。尽管米兰的贵族没有大量乡村土地或是超过每个家族两座城堡的水平,但他们在封建和领地方面的利益必定超过比萨。他们与第二层级的城市精英不同,后者没有这样的渴求(处于领导地位的市民家族,以及很可能还有一些封臣,对应于比萨的执政官精英),也有别于第三层级相对不那么富有的“中等精英”(再次包括司法专家)。这种对比可能要追溯到从1040年代到1070年代的城市起义,并且肯定存在于1140年代及之后贵族执政官和司法执政官的对比中。我们称之为公社的领导层在城市民众集会之外的缓慢定型,很大程度上发生在大主教的扈从内部,并且显然是在贵族的背景之下:它从1110年代末开始变成焦点,但直到1130年代才充分地结构自身。然而这时,城市中的平衡发生了变动,且不只是向处于领导地位的市民阶层转移;在这里,直到我们研究的这个时期结束,无论是在执政官行为还是在执政府的政策制定上,作为“中等精英”的司法执政官们的角色很快变得非常显著——尤其是在与腓特烈·

巴巴罗萨至关重要的交涉中。然而,公社的自我意识增长得很慢,这一点与比萨类似。这或许是因为,正如我所论,甚至米兰的司法执政官,比如我们看到的奥贝托·达洛尔托,都异乎寻常地对贵族的习惯感兴趣。这可能也有助于解释,一个经常麻烦缠身的城市,为何没遇到什么麻烦,便迅速地转向以“中等精英”的司法层级为中心。(尤其是鉴于罗马发生的情况)我们可能会想象,如果大主教想要在米兰直接行使权力,那么与主教保持密切关系的诱惑力是否会使第一贵族层级全部游离于公社之外? 毕竟,一些贵族确实与由司法主导的公社保持了距离。但情况可能是:大主教的权力基础不如罗马教皇们的那么稳固;只是因为城市的支持崩溃,米兰的两位大主教分别于 1111 年和 1135 年遭到废黜,这一事实本身就表明了这一点。第一级的家族(像达罗家族)得出了他们自己的结论,继续与奥贝托、吉拉尔多·卡加皮斯托及其身为“中等精英”的执政官同侪保持联系。

罗马的贵族和其他市民之间也有着类似的反差,但是在这里,分化存在于前两个经济层级之间,两者都被冠以贵族(nobiles)之类的称呼,作为第三层级的“中等精英”则财富资源有限,就像其他各地的对应者的情况。在这里,可以想象那种在比萨发生的情节,即罗马贵族中没那么富有的第二层级与最富有的层级(譬如弗兰吉帕内家族)会分离开来,但事实上,两者一直作为单一群组行动,都是当地主教(即教皇)的扈从,并且在 12 世纪二三十年代,当扈从变成了不太有用和吸引人的身份时,他们一同转向了更加广泛却依旧非正式的城市集合体。然而,1140 年左右,教皇成功地重新树立了其教廷的核心地位,两个贵族层级双双攀附于它。“中等精英”失去了与上面两个精英层级的集体性联系,于是在 1143 年为反对后者转而建立起了他们的罗马公社,其中的自我意识和暴力成分在米兰和比萨都未曾出现。

这一点展现了集体行动在此时的意大利城市中的重要性,同时也表明,公社的建立不一定都是无意识的,不一定都是妥协的结果或者连续性的范例。在米兰,我们可以看到妥协的迹象,但是司法执政官的崛起标示着一种明显的非连续性;在比萨,则更无需妥协,却颇具连续性;在罗马,有一个陡然发生的断裂,而根本不存在真正意义上的妥协,直到开始实行公社制度的五十年之后——并且罗马人明白此时此刻究竟在发生着什么,这是另外两座城市没有的。然而,这些相当显著的区别是各城中类似的三个社会层级之间不同的辩证对立的结果。就像我强调过的,这几个层级全都是由梅尔·维古厄笔下的城市骑马民兵组成,但此时应当清楚的是,这种共同的军事身份只能解释早期公社的部分现实;各个社会精英层级在每座城市如何以不同的方式互动,对于每座公社产生的方式,有着巨大的影响。梅尔·维古厄无疑展示出,公社领导层的社会组成存在细节差异,[61]但在我看来,我方才强调的对比有着更加广泛的解释力:这样我们可以进一步理解意大利整个中北部地区每一个公社为何彼此不同。

为了充分说明这一点,在总结章,我会快速地考察一下更多的意大利城市公社,以便明晰我所研究的三个主要个案能在多大程度上作为总体代表。从我在这里选定的方向来看,其他公社往往没有得到过全面的研究,但是它们至少使我们能够看出应当如何理解公社的类型学。然后,我们就能够回到"城市领袖们在迈向崭新的公社时代时认为自己正在做什么"这个问题上,不过那时是基于更加广泛的案例。

第五章　意大利

当我们将视野拓展到整个意大利，或者至少是意大利的中部和北部，也就是城市公社的土地时，我们得改变分析方式。其他城市，没有像前面三座城市那般混杂的数据，尤其（热那亚是部分的例外）没有关于 1050—1150 年间的厚实的记载，因此它们向我们展示的是社会方面而非文化上的类似性。对于其他城市的研究，在质量上也参差不齐；只有几座城市对最早的公社有真正可靠的记录。[1]因此，本章较之其他各章更加结构分明；在某些个案中，也将更加带有推测的色彩。我想要展示的是一系列的城市经历，聚焦于大约十五座城市；每个个案必将更加简明，但在可能的情况下，不过于概略，因为我们必须始终认识到每一个案例的独特性。我将会按照地区对各城市进行分组，依次审视皮埃蒙特、伦巴第和艾米利亚、罗马涅和威尼托，以及托斯卡纳地区，不过我的探讨将从仅有的另外两座似乎同比萨发展得一样早的公社开始，那就是热那亚，或许还有阿斯蒂。这种按地区所作的划分与按最近似所作的划分并不完全一致，但有一些是一致的；无论如何，这是一种解决问题的现实主义做法，因为，如果就像一般推断的——而且我肯定这推断是合情合理的——各城市常常互相借鉴最佳做法，那么它们最有可能向最近的邻城学习。此前将不同的公社现实作为一个集群进行探讨的最成功的尝试,出自雷纳托·博尔多内和让-克劳德·梅尔·维古厄,事实上便选择了非常类似的方针。[2]接着,我们将会进行最广泛的概括,并且在结尾处回到我所研究的三座主要城市。

卡斯基费洛内的卡法罗的《年鉴》是最早专门记录意大利公社的历史著作,对热那亚公社有细致的描写,一开场便炫耀性地宣称:“就在远征凯撒利亚的前夕,在热那亚人的城市中,一个任期三年、由六位执政官组成的集团(compagna)出现了。”他指的是热那亚人参与了第一次十字军东征,而且他后来的日期标注清楚地表明这是指1099年。compagna这个词在热那亚后来的文献中是公社(commune)的同义词,那么这似乎非常准确地给出了一个公社建立的时间。卡法罗在二十岁出头时参与了这次东征,就像他在另一部历史著作《东方城市解放记》中所写的,这让上述说法看起来更加权威。再加上,从1122年任期一年的执政府直到1140年代末,卡法罗曾数次出任执政官,1120年他已经成为一位备受信任的特使(1154—1158年,七十多岁的他还曾被派驻巴巴罗萨身边,就像奥贝托·达洛尔托一样);1111年,他甚至还是已知最早由公社法庭审理的一起案件的诉讼当事人(败诉方)。[3]因此,他深度参与了最早期的公社,可以推断他应当知道自己在谈论什么。但他似乎是从几十年后的1140年代开始撰写《年鉴》的(1152年他将之正式呈给公社,以获准继续将它当作一部官方记录来写作),而且这部作品绝非幼稚之作。如我们所见,《年鉴》从1099年的执政官集团开始,这个日子对作者而言肯定具有象征意义,但是在《东方城市解放记》中,他却不经意地表示:那实际上是一次恢复,因为1099

年的内部斗争意味着热那亚人“已经在一年半的时间里生活在没有执政官会议或者和谐的环境中”。就我们所见，第一位已知的热那亚执政官阿米科·布鲁斯科，显然已经执掌了一个定期轮替的官职，他在1098年的一份文件中作为见证人出现过。因此，我们无法确定热那亚最早的公社建立的日期，就像我们不能确定大多数公社的年代。但我们也可以怀疑，在现实中，较之我们在同一年代的米兰和比萨看到的那种不完善的公社，热那亚公社在最早的几年是否更加组织有序。卡法罗为我们提供了从1099年起到他的著作完结的1163年间每一年的所有执政官的名单，并告诉我们，他们“全都是公社的和审判大会的执政官”，直到1130年两个序列的执政官才首次划分开来（卡法罗就是首批掌管司法事务的审判大会执政官之一），但是在这里，他必定将后来的术语用在最早的时期。在记载第一次十字军东征时，他提到古列尔莫·卡普特马利担任了“热那亚军队的执政官”，而此人显然是单纯的军事领导。卡法罗明确地将执政府与和谐相提并论，而他的整部著作都是关于和谐的宣言，因为它是通过制度化的组织而建立起来的。1163年他甚至干脆搁笔，此时离他死于八十六岁还有三年，据他的续作者书记官（cancellarius）奥贝托猜测，这是因为他无法应付那个时代日益增长的内部动荡。然而，这一意识形态的归因，意味着我们无法断言，公社真的生来就像他后来所声称的那般制度化。[4]

关于热那亚最早的执政官们的文献并不多。两个最早的记载中的一则，是1104—1105年间向耶路撒冷国王发誓提供军事援助，这很可能是军事领袖们发下的誓言，而不是城市的统治者。相反，1107—1109年间，从撒丁岛到普罗旺斯——亦即地中海西部，而且不是在战争背景下——的类似的早期文献，提到了热那亚的市民或民众，而不是它的执政官们，尽管其中一部文献有一位执政官的签名作证。另一个方面，执政官们在城里的正式举动也在1104—1105年间出现了，就在已知最早的执政官判决之中；之后，类似的文献（根据同样的、相当简明的公证书格式撰写）出现在1109年、1110年、1111年、1116年、1117年、1123年、1127年（两次），并且在1130年代之后常常出现。[5]其中最早的一些文献表明执政官们是在许多人面前作出判决的，即在城市民众集会上，这常常被称作“在议会”（in parlamento，事实上据我所知，1117年文献第一个提到这个意指“议会”的词）或“在（执政官）集团”（in compagna），尽管后来执政官的判决似乎不是在任何集体面前作出的。从这时起，我们还获得了更广泛的文献，展现出一个日益制度化的城市政府：1120年执政官和市民们（consules et civitas）划拨给卡法罗和另一位特使巨款，以交付给罗马教廷，让比萨教会停止对科西嘉的控制；更引人瞩目的是，1130年、1133—1134年以及1139—1140年热那亚执政官立法活动的开始，这是意大利现存最早的，还有令状（breve），这也是意大利已知最早的，其中列举了自1143年起执政官向公社或执政官集团宣誓履行的义务。[6]

卡法罗希望我们认为热那亚的公社在1099年就已经组织起来了，而且有一些前身；不过这些文献使我们能够得出结论：它直到1105年左右才开始正式化为制度——虽然也没有迟多久，但是五年时间依然不可小视。对于一座意大利城市而言，这其实依然算是非常早了。同样重要的是，这一日期与比萨的非常接近，后者的首批“执政官们”可追溯至更早的1080年代，但有组织的公社首次见于记载是在1109—1113年间，比热那亚晚了四年。热那亚在其他方面也与比萨类似，其执政官精英似乎长期而稳固，并且来自城市而非领地——卡法罗的家族(可能)仅拥有一座城堡,就算是最有领主气息的家族了。尽管整个12世纪,有成员出任执政官的家族数量稳步增长,但事实上,热那亚的执政官极有可能主要来自前文所界定的第二层级的精英;第一层级的家族极少,比如多里亚家族和斯皮诺拉家族,且并不占据主导。[7]根据我们的执政官名单来判断,整个12世纪,热那亚的领导层确实没有太大变化(我们没有足够的文献来确知11世纪的情况),实际上到1150年代,热那亚独特的早期公证记录非常清楚地显示,该城各主要家族几乎全都参与了商业活动。[8]热那亚还承认了其主教虽然显赫但并非支配性的地位;执政官们常常是主教的封臣,但这对他们的政治行为并无多大影响。所有这一切都几乎与比萨一模一样。一个重大的差异是热那亚的执政官们自己审理法庭案件,就像在米兰和罗马的情况;然而,这似乎没有促成法律专家层级突出的地位,从保存下来的案例来看,可能是因为热那亚的法律实践尚不复杂。而且与其他城市相比,热那亚有更多证据显示公社可能不是永久性的。[9]尽管如此,热那亚司法体系的常规化却比比萨早了二十年,因为其早期执政官法庭案件的数量要大得多,其最早的执政官立法也更早(一个是在1130年代,一个是在1140年代)。直到接下来的几十年,比萨才在这方面迎头赶上,因为比萨在1150年代有了实质性的法典,而且其司法体系的罗马化远远早于热那亚。[10]

比萨和热那亚,无论在陆地还是海洋上,每走一步都是对手和敌人,我们可以相当肯定,两者因此有了最早的有组织的城市公社。它们的精英有着相当类似的社会结构,它们对军事和海洋商业一样十分热衷,而且其领导人的活动日期也能彼此印证,这使我们能够认为,两者在1105—1110年间都至少有初级水平的制度化,此后也以大致类似的步调发展，尽管热那亚的司法体系比比萨的更早地常规化。使它们不再并行的主要情况是 1160 年代以及 1180 年代到 1190 年代热那亚主要家族之间的惨烈内战，比萨从未有过类似的事情。[11]不过这两座城市为公社的类型学提供了一个分组，因为它们之间的相似胜过它们与其他任何有文献记载的城市。

另一座有早期执政官活跃的意大利城市阿斯蒂，则问题更大。阿斯蒂掩藏在皮埃蒙特地区蒙费拉托的山谷中，是从阿尔卑斯山西麓进入意大利其他地区的通道，相当早就发展出了强大的商业和金融业。它的统治者是都灵侯爵们，直到他们于 1091 年绝迹，还有阿斯蒂的主教们，其在城中势力十分强大，又与侯爵们过从甚密；根据当时一部简短的文献记载（不过该城也没有什么细致的早期记载），阿斯蒂人曾在 1066 年和 1091 年两次发动暴乱。因此，阿斯蒂作为一个积极主动的团体有着一定的凝聚力，接下来几十年的文献显示：它不仅建立了一个主教（他掌控了该城的司法和商业活动）的势力范围，还将其权力扩展到乡村地区。1095 年，在一份有一群主教封臣作证的文本中，主教将圣职财产中的安诺内城堡授予阿斯蒂的执政官们，“既让他们，也让阿斯蒂的所有市民”持有，以为“这些市民的共同用益（utilitas）”；1098 年，阿斯蒂的执政官们“与封臣们一起，为了共同的用益，为了圣母教堂［大教堂］的利益以及阿斯蒂市民的共同荣誉”，提出与莫里耶讷伯爵翁贝托二世就通向今法国的阿尔卑斯山路径缔结一份军事条约，内容包括而不限于：如果受到“时任（pro tempore）执政官们的一致”请求，翁贝托要出手帮助阿斯蒂，并且答应如果没有执政官们的同意，他在意大利停留的时间不得超过八天。[12]

从这些显著的迹象可以肯定早期存在一个城市集体，而且其似乎有一个既定的、由定期轮替的执政官组成的领导层。它们也为如下事实证实：随着1108年起乡村领主们的转让，执政官们成功地进入乡村地区，以及1103年主教、执政官同西面一个乡村领主家族达成一份协议，以担保阿斯蒂商旅可以自由通行于后者的领地。到1123年，可以看到该公社作为一个团体（body）拥有了财产，当时执政官将其中一些卖给了大教堂的教士们。此外，执政官从一开始就在概念上独立于主教的封臣，并且（尽管未有详细的传记出版）在这个世纪接下来的时间里基本上摆脱了对主教的附庸。那么，这个公社似乎获得了某种与其传统统治者相对立的政治凝聚力（或许部分是宗教的原因；市民们，或者他们中的一些人，是亲巴塔里亚派，而女侯爵阿德莱德和她的主教则支持皇帝），并且很重要的是，它从此与传统统治者保持距离。它也很早就有了一个明确的执政府，早到可以成为证实执政官们真正掌管和代表一个自治城市集体行动的最早个案——在这里也像在别处一样，采取了民众集会的形式，1108年的那份文本称之为comune coloquium，1111年的一份文本则称之为communi conventus populi。[13]这将影响到我对比萨（以及热那亚）的执政官获得统治地位的日期的断定：因为，如果阿斯蒂的执政官们在1095年就已经有了正式的领导地位，那么我们几乎不会怀疑比萨已然如此——它正是产生了这个术语的城市，而热那亚与比萨有竞争关系，又离阿斯蒂不远，到这时应该也已经如此。

问题出在我们已经看到的阿斯蒂政治框架的其他表征。1111年的文本显示，这里的主教作为一方势力，远强于我此前提到的大多数：他迫使大教堂教士们和阿斯蒂民众就一桩土地争议进行妥协,使得城市的执政官们和智者(consules et civitatis sapientiores)有偿地将土地让给了教士们;在1096年后的多年里,他显然也是最有能力确认当地圣阿纳斯塔西奥修道院权利的,而仅仅作为见证人出现在主教封臣身边的市民们,有时被称为执政官(像在1096年),有时则只是被称为市民。[14]1108年的文本同样提到了阿斯蒂的市民,而不是执政官们。而且在1090年代彰显主角风采之后,阿斯蒂公社的进一步制度化显然被大大延迟;保存下来的最早由执政官审理的法庭案件迟至1185年才出现。[15]

这使我不禁怀疑,重思1095年和1098年关键文本的时间是否尚未成熟。它们双双出现在14世纪的一处公社档案保管处,这里实际上保留了阿斯蒂早期公社文献中的大部分;包含执政官内容的最早原件是1096年和1111年的文本,显示出执政官们的地位更具从属性,并且可能是非正式的。1095年和1098年的文本都是由一位重要的阿斯蒂研究专家吉安·贾科莫·菲索雷展示,经后来的编纂者修正,各有删节;此外,1098年的文本是不完整的,最好被看作一份草稿,而非具有法律效力的文本——实际上是阿斯蒂对翁贝托伯爵提出的一份权利愿望清单,伯爵很可能无法同意(阿斯蒂无论如何算不上离阿尔卑斯山最近的城市,实在无法相信该城执政官在1098年就已经能够否决伯爵造访意大利)。如此一来,这两份仅存的展示执政官们处于有组织的领导地位的早期文本令人头疼。可以很容易地提出解决方案:“执政官”这个词是被硬插入第一份文本中的,而第二份文本不只是草稿,还被大幅修改过,或许可以用德语来讲,是伪造(verfälscht)的。同样,留存下来的1103年的文本是19世纪的版本,其中有些内容是有问题的。[16]必须进一步研究,才能验证这一点;但是,我宁愿认为1090年代到

1110年代的阿斯蒂有着活跃的民众集会和依然非正式的领导层,其执政府此后才缓慢定型,可能要到1111年,到1123年则肯定已定型。这仍旧算很早,但不是那么早,也更加符合任何已知的司法机构在接下来两代人的时间里发展更加缓慢的事实。尽管如此,阿斯蒂绝不是一个被主教支配的城市公社。在一段时期内,主教在城中依然有权势,不过执政官并非“他的”执政官,就像圣保罗的兰多尔福关于米兰的说法。

无论用什么标准来衡量,阿斯蒂无疑是皮埃蒙特地区的首个城市公社。除了韦尔切利,这个时期的其他城市依旧相对较小,并且这个地区长期受到强有力的侯爵的支配,包括主教在内的传统势力依然强大。各城市肯定能够作为一个个集体行动,就像1112—1118年间都灵主教就一桩什一税争议同阿尔巴、阿斯蒂、韦尔切利和伊夫雷亚的人们进行磋商时那样。正如我们看到的,阿斯蒂已经在发展内部治理结构,但我们无法由此得出关于其他城市的任何结论,因为这里采用的术语可能来自中世纪早期的任何一个世纪。实行岗位轮替制的执政官在托尔托纳出现是1122年,在诺瓦拉是1139年,在韦尔切利是1141年,在其他城市甚至更迟。[17]韦尔切利不只是相对较大,而且是一个得到过细致研究的城市公社,它在1140年代已有执政官代表社团(universitas,在1141年这是公社的另一种说法)进行自治活动,但他们大多是主教的扈从;他们是城市居民,有时是司法界人士,包括在那个十年中唯一有领地的家族,不过在大多数情况下,他们都与主教关系密切。1165年之后,当我们更多地知道他们的姓名时(以及当执政官法庭出现时),这些相当富裕但大多没有领地利益的地主作为第二层级精英,占据了压倒性的支配地位。然而,1150—1165年间,执政官们似乎消失了，而主教的统治在一段时期内重整旗鼓：这是朱利亚诺·米拉尼所界定的“潜藏的”公社的典型例子。[18]主教们确实是皮埃蒙特地区所有城市公社中的关键话事人；尽管南部的公社（阿斯蒂，后来的阿尔巴，以及某种程度上的托尔托纳）相对更加自治，但在北部（韦尔切利、诺瓦拉），主教的扈从延伸到了执政府之中，因为相关的所有家族，从根本上来说是以城市为活动中心，至少在韦尔切利是这样。由于手握的文献太过粗略，我们不知道这些公社中有多少个像阿斯蒂这样充当主角，有多少个像韦尔切利这样微弱而“潜藏”，大概后面这种居多。除了韦尔切利，对其中任何一个公社的研究工作都还没有完成（或者说，至少成果还没有公开发表），从而使我们无法确定城市领袖们的经济来源是什么。

在谈到伦巴第和艾米利亚时，我们触及了意大利王国中王权的传统心脏地带。可想而知，1080 年之后二十年间，王国权力在这里的分崩离析尤其显著，而且这里的城市常常大得多，在 1100 年之前长期扮演着主要角色。我们之所以在这里期待看到相对早期的公社，是因为各城市的人口数量和强势的精英，使得它们能够创造性地应对 1100 年左右的权力真空，而我们确实也看到了。我们可能还会推断，作为该区域最大的城市，米兰的模式将占据主导，因为米兰大主教的权威扩张到了除帕维亚以外的全部城市；但正如凯勒所言，各城实际上并没有一脉相承地效仿米兰的发展模式，尽管由领主和封臣组成的军事层级在大多数城市之中都能看到（在米兰以西不远处的韦尔切利也是这样）。[19]我将会聚焦于三个文献最完善且研究最充分的城市公社——贝加莫、皮亚琴察和克雷莫纳，其他的则放在注释中加以说明。

贝加莫的执政官们，以及该城贵族出身的主教安布罗焦·莫齐,因其扮演的活跃的司法和军事角色,在莫塞·德尔布罗洛1120年左右的《贝加莫记》中受到赞扬。从11世纪末开始,在几次迟来的审判大会(晚至1091年)之后,民众集会在文献中被提及;执政官们则是在1108年(不是很确定)最早被提及。不过,在1117年和1133年,我们获得了他们存在的明确证据,而从第一起执政官法庭案件的1144年(这个时间与米兰的非常接近)开始,他们的出现更加经常。一些拥有城堡的贵族置身于公社之外,但是可以看到,随着名单变得更加密集,以及大量城市显要在12世纪早期越来越多地从主教那里获得采邑和领主权利,有些家族(例如达戈拉戈家族,以及本身就很强大的莫齐家族)的成员就常常出任执政官。执政府于是成了充斥着封建/领主家族的主教教廷,他们作为贝加莫的精英阶层已长达一个多世纪,但大多数人近期方才成为军事贵族。在这一点上,贝加莫依然与米兰类似,但较之那个更大的城市,后来执政官文献中出现的司法专家在多大程度上与一个有着法律经验的、没有主教人脉或乡村势力的执政官层级有关,并不是那么清楚:在12世纪四五十年代执政官审理的案件中,只有阿扎诺的阿纳尔多这么一位奥贝托·达洛尔托式的法律专家,在城市中地位显赫但完全没有持有土地的记载,在执政官名单中他完全是被古老的和新兴的领主家族夹击。结果,传统精英统治的连续性更加明显;在贝加莫,我们所面对的,几乎只有第一层级和第二层级的精英。[20]

相反地,公社从一开始就唱主角。1117年,最早的执政官文献是这样开头的:“我们[十个人的名字],作为城市的执政官,[以及另外两个人]根据贝加莫几乎所有其他市民的言辞和合意”,将土地授予一座乡村教堂;同一月份的另一个行动也非常类似,而且这次具体指明了相关的土地属于城市公社(ad cummune civitatis),作为一个名词的公社,拥有它自己的土地,就像1123年的阿斯蒂。引文中的"几乎"一词有趣而微妙:这是一个下定决心对抗反对势力且乐于记录下来的城市社群。1117年的文本在二十五年的时间里没有后继,但这个非常清晰的积极主动的例子(保存下来的是当时的副本,这与阿斯蒂的情况不同),加上莫塞不久之后提及的司法活动,使我感到这不太可能是一个类似于韦尔切利的那种执政官断断续续出现的"潜藏的"公社——这是我对詹马尔科·德安杰利斯的精妙分析的唯一异议。贝加莫事实上可能是比当时的米兰更受瞩目的公社;只是从1130年代开始,米兰的新政治体系变得比贝加莫的更加显眼,就像我们已经看到的。[21]

皮亚琴察同样展现了精英的连续性,皮埃尔·拉辛笔下的"领主集体"(seigneurie collective)在1100年之前和执政官执掌的公社时期都统治着这座城市:1150年之前已知的八十二位执政官中有三分之二只来自六个家族,且全都与主教关系密切。然而,他们几乎全都属于第二层级的贵族家族,而没有涉及领主。拉辛将之视为乡村势力凌驾于城市以及乡村价值占据优势的表现,但我们已经在米兰和比萨看到,像这样的第二层级家族总体上殊异于以乡村为取向的家族;皮亚琴察的一些拥有城堡的主要家族,比如德兰迪托家族,同样已经有成员出任执政官了,但他们是少数。我们手中没有皮亚琴察当时的记载来为我们提供关于价值观的信息。13世纪乔瓦尼·科达涅洛的编年史对1090年皮亚琴察骑兵与步兵之间的大冲突的叙述完全是精心安排过的,却被历史学家们过于严肃地视为报道——最好把它视作为一场在1200年之后更有意义的豪强-民众冲突补写的一份高度修辞化的发起书。相反地,我们可以说，皮亚琴察到 1093 年有了一种民众集会，即 conventus civium，到 1126 年最早的执政官被记载下来时，被称为 concio（皮亚琴察的执政官出现得比米兰和贝加莫的稍迟，尽管到 1117 年皮亚琴察已经是战争中的一方）。到 1135 年，市民大会（concio）已经成为一个有组织的公共团体，因为它制定法律，就像在同时代的热那亚，并且比其他任何城市都早；已知其最早的执政官法庭案件同样可追溯至 1133 年。当皮亚琴察的军事精英朝公社的方向前进时，他们在制度上的动作很快。就乡村势力而言，不容易看出这一点；在长期被第二层级的土地家族控制这一点上，皮亚琴察发展的整个模式与一代人之前的比萨相去不远。[22]

克雷莫纳是这一组中的最后一个，它的发展在许多方面都独一无二。首先，它确实很早就作为一个有组织的团体而存在。克雷莫纳的领导层在同大权在握的主教及其乡村封臣的斗争（原本是在商业通行税问题上，后来还涉及宗教争议）中形成了一股政治力量，斗争的残酷程度独一无二，而且几乎从 10 世纪末持续到了 11 世纪末。后来，在 1068—1110 年的四十年里，主教（如果有的话）根本无法在这座明显支持巴塔里亚的城市中立足。因此不足为怪的是，克雷莫纳的公社（comunum）在 1097 年就已经有了文献记载，在这一年它同意向托斯卡纳的玛蒂尔达提供军队，以换取该主教区西北部克雷马附近的大片领土，而且公社在城郊地区的主导性从此就一直延续，可见于 1118—1120 年松奇诺城堡和 1127—1128 年瓜斯塔拉城堡的骑兵们投降的著名文本。1118 年和 1120 年，克雷莫纳的民众集会也被提及，被称为 concilium 或 aringum，其某个版本想必是 1097 年公社的基础；公社的司法活动于 1138 年开始被记录下来，表明制度化当时已经在进行。但是，克雷莫纳并没有太多证据,让我们看到有组织的执政官精英扮演的公共角色。1112—1116 年执政官曾偶尔被提及,而接下来在 1150 年只有三次;1157—1182 年,在被督政官(podestà)取代之前,他们确实只是经常被证明存在而已。克雷莫纳将会完全理解执政官这个词的正常用法,它指的是一座城市的领导者,先是非正式的,然后对统治权的主张越来越强,就像我们到目前为止常常看到的。1132 年克雷莫纳执政官及全体大小市民(consules et universi cives maiores et minores)与帕维亚相应人士之间的信函副本保存了下来,展现出他们成为公社领军人物的情景,这也符合人们对这个地区的预期。但是克雷莫纳的公社领导层长期保持了其非正式团体的性质,尽管十分活跃。弗朗索瓦·梅南在为克雷莫纳的领袖作传时,就不得不包括任何一个似乎在文献中代表该城的人,无论此人是不是执政官。一座有着如此叛逆传统的城市,正如可以预期的,其领导层中很少有乡村大领主;到 12 世纪,如果有些领袖是主教的封臣(当时与主教之间的紧张已经消失),也无关紧要,因为主教在克雷莫纳有许多小封臣。一些领袖来自司法家族,与主教没有联系,属于我们在米兰广泛看到的一种类型。非常不同寻常的是(除了在罗马),有一些领袖明显是工匠手艺人。[23]从 11 世纪到 12 世纪,克雷莫纳的城市精英存在一种连续性,即收租人较少,无论是在第二还是第三层级的家族之中。但是充满矛盾的出身意味着,较之米兰的情况,他们与第一层级那些拥有领主权利和更多土地的精英家族联系较少,较之贝加莫或皮亚琴察的情况,他们在政治上向更加广泛的社会层级敞开。再重复一下,克雷莫纳正式的、有组织的民众集会似乎在特别长的一段时间内乐于见到一个相对非正式的领导层。[24]

伦巴第-艾米利亚地区各个公社的发展道路有着实质性的不同,就像我们从这份研究中看到的:主教在一些公社的地位很显赫(贝加莫、帕尔玛在一段时间内是这样,而米兰城要一直到1130年代),在其他一些地方(帕维亚、克雷莫纳)则相对没这么显赫;早期公社中的领主只有一些(米兰便是如此,贝加莫有一些,皮亚琴察较少,克雷莫纳极少)地位显赫;与过去的连续显得相当平顺,可见于几座城市(排在前头的是米兰,还有贝加莫、帕维亚,其延续性不同寻常地漫长),而在克雷莫纳则出现了尤其明显而剧烈的断裂,公社与传统势力之间的关系一直很紧张。然而,其他城市也少有像米兰这样,自1130年代从纯粹的贵族统治的公社——常常被认为是原型——发展成为一个不仅有相当数量的领主家族,而且在很大程度上被没什么土地资源的"中等精英"即司法执政官所支配的公社。这座该地区最大的城市,尽管在许多方面很保守,却也表现出自己和克雷莫纳一样是最为激进的。尽管如此,仍有一点将所有这些城市(以及其他没有在此探讨的城市,比如科莫和洛迪[25])串起来,那就是它们都早早地展现出类似的朝向公社发展的步伐。它们通常在1110年代,有时更早,就出现了民众集会和/或执政官。它们大多数到1130年代(到1150年左右则是全部)出现了一些清晰的证据,表明公社理想典型的关键要素已经制度化。由此,这普遍的早期发展态势确实符合如下论述,即:在王国的核心腹地,王国的败落来得更加直接明显,因而对于那些在很多情况下早已自作主张的城市来说,早期预防措施十分必要。这很可能也反映了这一事实:所有这些城市(除了皮亚琴察)都曾与异常好斗的米兰军队作战,因此需要一个足以应对这项挑战的组织。

现在,让我们向东,来到威尼托和罗马涅地区,并且推进得更快一点，因为在这里没有多少关于早期公社的值得一提的记载。成为学者研究对象的主要城市为博洛尼亚、费拉拉、拉文纳、维罗纳、帕多瓦和威尼斯，我们还可以再加上摩德纳，该城当时不像现在这样属于这个地区，但就在它的西面。除了威尼斯，所有这些城市的公社是在主教的政权内部形成的，而且主教们在其中大多数城市也长期保持了强势地位，尤其是在费拉拉、帕多瓦和摩德纳，执政官们依然是主教的封臣。费拉拉位于波河三角洲的中央，那里没有重要的乡村家族，1105 年有一位执政官被偶然提及，到 1120 年“公社”成为一个名词，这相当早；其执政官似乎集中于二等地主。帕多瓦的进程更迟，直到 1138 年才开始有记载，尽管其中最早的文献已经证实了执政官司法活动的存在，而另一方面，市民大会（concio）只是在后来的 1142 年才有记录。在帕多瓦，主教的封臣占据了主导地位，但是还有法学家和其他法律专业人士，他们很大程度上是同一群人，有的是拥有大量土地的地主（以及采邑持有者），有的却只是小土地持有者。他们是第二等和第三等的土地拥有者，这种搭配主导着早期的公社；到 1180 年代，（通常）只有几个小规模的拥有城堡的领主出现在我们的执政官名单中。维罗纳这座城市比帕多瓦更大，在某些方面与帕多瓦相反。我们的证据从 1136 年开始，同样是一份司法文件，里面同样展现出已然开始的制度化进程，但是主教的地位没那么显赫，而且一些新任执政官是商人，不仅拥有乡村土地，有时还拥有城堡，城市精英的第一和第二层级在这里显然是协同行动的。这一组中最难辨的是拉文纳，已知 1109 年和 1115 年有来自城市精英家族的执政官们（以及一位领主）作为正式文件的见证人，但随后直到 1160 年代之前，就再也没有直接证据了。这可能是另一个“潜藏的”公社，因为强势的大主教和追随他的领主(有时还包括封臣)在这段间隔期重新占据了中央舞台。[26]

在所有这些城市之中,博洛尼亚的公社或许是最活跃的。它最早可见于1123年一个非常具有主角色彩的举措("我们,博洛尼亚的执政官,为了我们自己和我们的主君维托雷主教及其继任者们,与我们全体博洛尼亚民众一起……"),尽管执政官们在1150年之前仅仅又被提到了四次而已。在可以知道执政官姓名的12世纪后半期,博洛尼亚同样有一个执政府,由二十个(大多属于)二等城市地主家族主导,其中一些人肯定是法律专家(在博洛尼亚这样重要的知识中心,这没什么好大惊小怪的),或许对主教的依附性也较小。此后,比起这片广域的其他城市,主教在博洛尼亚更加难得现身。与费拉拉一样,博洛尼亚似乎到1120年代已经开始定型为一个公社,尽管进展不是那么迅速[因为博洛尼亚保存下来的最早的公社法庭案件出现得相当晚,要到1149年,并且那是市民大会(concives)的工作,法律专家共同体(iudices comunis)要到1157年才担当起这个角色];维罗纳和帕多瓦要到1130年代末;类似的变迁在摩德纳要稍晚一些,执政官在1134年就曾被提到,但直到1142年才有名有姓地出现在主教的一份文件中,并且在1150年代暂时被一位总督(rector)取代(这样的情况也发生在维罗纳、博洛尼亚和其他一些城市中)。[27]

威尼托和罗马涅地区的各个城市,是主教依然在一段时间内保持相对重要地位的中心城市的典型例子,尽管它们的城市社群常常很庞大,有时(如维罗纳和博洛尼亚)与伦巴第地区某些主要城市的一样大。但它们中的任何一个,都未出现新的统治精英,虽然它们与其他地方一样(而且维罗纳和博洛尼亚实际上是最快的），主教统治被稳步架空，为世俗人士的政治行动取代，不过这些世俗人士在多数时候依然是主教的扈从。这幅图景，常常被看作意大利公社作为一个整体的正常情况，尤其切合这个地区；即是说，威尼托和罗马涅地区的城市是公社脱胎于传统权力结构的典型例子，较之伦巴第-艾米利亚地区（更不要说各个港口城市）的公社不那么具有主角风范，但是到 12 世纪末，出现了大致相同的最终结果。

在这里，只有威尼斯独树一帜：在里亚尔托岛，公爵依旧是十足的城市政府首脑。尽管如此，在 1140 年代和之后的时间里，他的行动越来越多地在一个讨论会（colloquium）面前进行；到 1143 年，这些行动以一种已然正式化的方式，由所谓"执掌委员会的人"（qui preerant consilio）的智者们来代理；到 1147 年，"公社"已是一个名词；到 1148 年，新任公爵在一份文件中告诉我们：他在继位时向"全体威尼斯民众"（cuncto communi Venetico populo）宣过誓。于是公社在这里迅速定型，而完全没有改变威尼斯的政府体制。在这个世纪剩下的时间里，智者和法律专家中的绝大多数都来自 1000 年之前就已经有根可寻的家族。安德烈亚·卡斯塔涅蒂将这看作该城的精英阶层（"i maggiorenti"）从公爵手中接掌一些权力的表现，并且可以肯定的是，威尼斯复杂而又常常令人窒息的、束缚每个人未来的官僚机构从此开始缓慢地发展；这种与各个古老家族分享权力的做法，也可见于威尼托-罗马涅地区的其他一些城市，尽管在这里，公爵的权力绝没有被架空。[28] 而就我们的目的来说，它还表明，到 1140 年代，公社的（显然，在这里不是执政官的）意象及集体仪式实践，是波河平原上各城市像呼吸空气一般习以为常的事；哪怕到这时其他什么也没有改变，但采纳它似乎是合情合理的，因为威尼斯从未建立起任何类似自下而上的政治体系的东西。

最后，让我们看一看托斯卡纳地区，以展现比萨的区域背景。我们聚焦另外三座备受研究者关注的城市——卢卡、佛罗伦萨和阿雷佐。在这里，内战比在伦巴第-艾米利亚地区更甚，导致了传统势力的快速崩溃。异常连贯的托斯卡纳侯爵领，以及主教的权力，在大多数城市从来不是非常强大，因此我们可以期待各个公社会更早地定型；但事实上，除了卢卡（当然还有比萨），并没有发生这种情况。卢卡的城市规模相对大一些，但不像比萨那样以商业为导向，其发展道路与邻城并无多大不同，至少在 11 世纪之后是这样，当时的卢卡城市政治由一个主要的地主和司法家族主导，即弗莱佩蒂/阿沃卡蒂家族。卢卡的执政官们在 1119 年被首次提及，从地位上讲显然从属于当地的主教，但是他们出现的背景中有“卢卡的大量民众”，可以推断是在民众集会上。此外卢卡的民众集会均未得到很好的记载，然而这可能意味着它们在城市中要优先于执政官，作为对那些更初始的集体的一种正式化，这些集体在 1080 年代为了对立的主教而展开争辩。然而到 1120 年，执政官已经是城市的代表，公社从此也在不涉及主教的情况下发展；1127 年有了一名书记官；1136 年执政官法庭开始审理案件，并且很快变得频繁；同一时期通过一系列非常成功的战争控制了其城郊地区。事实上，公社的制度化速度很快，到 1150 年代差不多完成了。然而，比起比萨，卢卡 12 世纪的“大执政官们”（consules maiores）来源更为广泛；他们可能来自第一层级且部分是领主的家族，与主教联系密切，比如马尔皮利家族和阿沃卡蒂家族（前者是在 1130 年代，后者则是在等了一代人的时间之后；但是其他主要领主和主教家族完全远离公社，直到该世纪末）；第二层级的家族，比如稍晚的安特尔米奈利家族；同样还有第三层级的家族，比如萨洛莫内·迪萨洛莫内的家族，他们只在一个村庄中有较大量的土地。最后提到的这个名字很有趣，因为——就像罗马的皮耶莱奥尼家族——他可能是犹太出身；虽然如此，他却是已知最早的执政官之一，分别在1119年、1123年和1140年担任此职；他还在1130年代担任司法执政官。然而，其他第三层级的家族，比如罗马法律师罗兰多·迪瓜米纳诺的家族，在这个世纪的后期，只担任司法执政官。司法执政官在卢卡不像大执政官那么有权势，而且就像在比萨一样，可能来自没有多少或根本没有土地记录的家族。这意味着，第三层级的家族容易从统治精英中掉队；比萨也是这样。但是，卢卡精英的支配地位，尽管有领主家族的扶持，却不如在比萨那么完全；扎根于人民的抵抗运动在1203年战争中已然爆发。[29]

不过，如果将视线移向托斯卡纳的内陆地区，我们会发现公社组织在那里出现得很迟。在佛罗伦萨，依据恩里科·法伊尼的缜密研究，执政官们迟至1138年才首次出现在文献中，而且在1170年的一系列执政官行动（包括最早的常规法庭审理案件）之前，仅有一次提到其姓名；即便在那时，他们也没有完全把自己当作佛罗伦萨的政治焦点。在那之前，佛罗伦萨似乎以非常不正式的方式，由有时被称为“长者”（maiores）的城市领袖管理；必定是大地主无疑的主教，除了1120年代有过短暂的时光，也没有定期作为政治核心出现。这里必定出现了权力真空。晚年的玛蒂尔达曾将佛罗伦萨当作基地，几大贵族家族（比如圭迪家族和卡多林吉家族）在此活跃到1100年左右，但他们要么后继无人，要么很快便不再活跃于佛罗伦萨政坛；不同寻常的是，11世纪拥有城堡的其他贵族也是如此,他们曾经在11世纪的城市政治中扮演举足轻重的角色,但是在1100年之后离开城市,转而投入位于城外广阔郊野的领地之中,就像玛利亚·埃莱娜·科尔泰塞所展现的。佛罗伦萨被留给了很大程度上以城市为立足之基的家族(而城市居民拥有的乡村地产大幅减少),其中的领军者有卡蓬萨基家族、詹多纳蒂家族和维斯多米尼家族,这三个家族在1100年之后应被界定为第二层级的精英家族;但是他们以及其他一些人长期以来似乎都不需要组织有序的政治结构。在这里值得一提的是:佛罗伦萨在12世纪的大多数时间里算不上特别大或者经济上特别重要的中心;那是后面的发展。1170年之前的任何公社要素都被法伊尼描述为"难辨"(在我们掌握的证据中,哪怕一次民众集会都看不到),而且法伊尼还认为,在那之前,执政官职位只是偶尔才有;这无疑符合我们在韦尔切利和拉文纳看到过的"潜藏的"公社的特点,尽管在佛罗伦萨,没有传统的权力结构不时地取代它。然而,1170年代,新出现的执政官们不仅包括卡蓬萨基家族和詹多纳蒂家族的成员,还包括更有权势的、在乡村有一些领主权利的城市精英家族,如菲凡蒂家族和乌贝蒂家族;重要的是,还包括一系列没有多少土地但参与了借贷业务的家族,以及几个身份完全不明的家族:第三层级的家族,以及可能更小的家族。[30]

我们可由此得出结论:佛罗伦萨城市社会所有阶层依然作为一个社群保持统一,与城郊并行(其实也与其对立:佛罗伦萨对其领土的接掌是一个漫长而艰难的过程)。这个集体因此允许更加广泛得多的社会阶层来行使权力——尽管我们不需要怀疑,前面提到的各家族已经作为事实上的领袖行动,而更高的精英阶层(此时还有新兴的城市化领主)在后来的几十年中更加全面地接掌了佛罗伦萨的最高职位。但依然令人惊讶的是，这个社群定型为一个有组织的团体的过程是如此缓慢。法伊尼审慎地提出，这部分是文献记录造成的幻觉，尤其鉴于提到执政官判决的文本仅在1170年代被保存在了教堂档案中。[31]的确，即使佛罗伦萨还不是一个大型的中心城市，也几乎无法想象半个多世纪以来，这座城市可以在没有任何正式权力的情况下运作，而且这一时期，它还卷入了大量的城郊战争。我很好奇，从我们掌握的文献中隐去的实际上不是执政官们，而是民众集会，其界定明确且足够有凝练力，可以允许领导层长期是非正式的（实际上，是不连贯的）；阿雷佐可能也是这样的，就像我们不久将会看到的，克雷莫纳也存在类似的情况。但是肯定很难说佛罗伦萨到1150年，也即我们所研究的这个时期的末尾，已经有了许多公社的特征。

在阿雷佐，执政官拉伊内里早在1098年，就以见证人和另一位见证人父亲的身份出现在两份私人文件中。让-皮埃尔·德吕莫的怀疑很有说服力：他是否担任过正式的统治者（让-皮埃尔·德吕莫无疑又是一个使用执政官一词来指代城市精英成员的例子）。直到1142年，都没有任何执政官再被提及。然而，阿雷佐社团（universitas）分别在1110年和1129年两次卷入毁灭当地主教堡垒（castrum）的行动，这位主教很不寻常，不仅在城外拥有带防御工事的大教堂，还是阿雷佐的伯爵。似乎该城市集合体，估计是以民众集会为形式，既作为被承认的社群，也作为传统势力的对立面行动（就像在罗马和克雷莫纳），反对的对象还不只限于主教：1110年的行动导致该城年底被亨利五世烧毁。因此，这种政治集体是一个相对较早的发展，尽管没有早到1098年；但在一代人甚至更久的时间里，就再也没有多少进展了。1153年，第一个被提到名字的世俗城市统治者，实际上根本不是一位执政官，而是一位总督（rector et gubernator），就像摩德纳和维罗纳的情况，而且他显然是当着民众议会采取的行动（in presentia populi in parlamento）；有名有姓的执政官只有到1160年代才开始出现，最早的执政官法庭案件（一份非专业的文本）是在1167年，最早的组织有序的法庭迟至1190年代。阿雷佐对当地主教的敌意到这时已经烟消云散（主教此时不再是伯爵，且住在城内，大教堂在该世纪末也搬迁了），公社的制度化似乎在这个世纪末之后才完成。1160年代到1180年代，阿雷佐最显赫的执政官们的身份，在每一个已知的个案中，都与该城第二层级的精英相关联：他们的家族地位优越但并未拥有城堡（其中之一是波斯托利家族，有领主背景，但此时主要是城市和城郊事务的参与者），与前一代围绕着大主教的更加贵族化的群体不同。这是一个我们在别处也曾看到过的模式，但是在阿雷佐，考虑到12世纪一二十年代发生的种种事件，没有与主教的附庸性联系，就更加不值得大惊小怪了。[32]无论如何，我们在阿雷佐甚至比在阿斯蒂，更加清晰地看到了早期集体性的积极主动，尽管在很长一段时期之内，没有新增理想型公社的其他任何一个要素。

因此，面对侯爵领崩溃引发的问题，托斯卡纳地区向我们展现了多种解决方案。与威尼托不同，这些解决方案通常与主教们没有很紧密的联系；即便是阿雷佐这种地方，主教们在11世纪真的很强大，城市社群还是朝着与其相反的方向发展，而不是在他们的附庸之内。这些方案还表明，主要由第二层级精英，有时也包括第三层级精英所执掌的城市，没有多少领主势力的参与；一些与领主世界有联系的城市家族（例如卢卡的马尔皮利家族和佛罗伦萨的乌贝蒂家族）确实较早地投身于托斯卡纳的公社，但它们没有在任何城市占据支配地位——不过在此处,我们应该作出区分,像比萨和卢卡这样的城市,领主家族反正没多少且处于边缘地位,而在佛罗伦萨以及很可能还有阿雷佐,当地的领主家族只是选择在 12 世纪不参与城市社会。我们无疑可以这么说:军事阶层和主教教廷在托斯卡纳地区的任何城市都不算强大。这种说法符合一个领主势力(至少在其城市化的北部)普遍较弱的地区。[33]我们还可以试着这么说:较之比萨,执政官职位在佛罗伦萨出现时,向更为广泛的人群开放,包括从领主家族(尽管很可能是第二层级)到第三层级的家族;这可能标示着,较之阿尔诺河沿岸的另一座城市,佛罗伦萨的社群更感自己四面楚歌,因而对包容性有更大的需求。但最重要的是,很显然,比萨和卢卡的经历同内陆城市的经历之间存在巨大的差异,前者在我们所研究的时期末尾前很早就完全发展出了公社结构(其中比萨非常早),而后者在 1170 年代甚至 1190 年代才刚刚起步。譬如在皮埃蒙特地区,各内陆城市相对较小,因此界定不明的政治结构可以维持更长的时间。在托斯卡纳地区,一个正式化的民众集会可能就足以统治两代人以上,就像我对佛罗伦萨的假设,而阿雷佐还要更明显一点。但依旧惊人的是,这些无论如何无法同已经公社化的意大利隔离开来的城市,竟然选择等待这么久才开始效仿。

＊＊＊＊＊＊＊＊＊

要对如上例子所展现的公社的不同发展模式进行分类,并不容易。每座城市的文献密度相差很大,每个早期公社的研究质量更是参差不齐,这不利于我们的研究。我试图将我对三座城市的个案研究加入它们之中，但还有更多的工作要做。只有系统研究过这一时期意大利中北部的所有文献后，我们才能真正确定我们是在进行同类比较，而这般巨大的工程在其他任何地方都未见过。不过，我们还是可以得出某些结论，其中一些是推测，一些则相对更为肯定。

第一点，从年代上看，公社发展的步调，遵循了某些可以看得见的地理上的线索。与往常一样，这是基于我们的证据的偶然性，只为我们提供任何特定发展的一个兆示（terminus ante quem）（有时连这个都没有）；但是，这些地理上的同质性使我们有理由去相信这些模式至少是部分可靠的。最早的公社是比萨和热那亚这两个港口城市，1110 年左右，它们的公社就已定型，随后各自发展出更加稳固的制度；它们还是最早有立法文件保存下来的公社（在这一点上，还有皮亚琴察），早到 1130 年代到 1140 年代之间；此后，它们的政府结构也保持了特别大的复杂性。继它们之后，就是古老的王国心脏地带伦巴第和艾米利亚的各大城市（再加上卢卡，它是托斯卡纳侯爵领的关键城市，与比萨针锋相对），执政官们大多出现在 1120 年之前，通常是在民众集会之后，而且到 1130 年代，理想型公社的其他要素常常已经显现出来。（然而，再一次地，我们不能单纯地将执政官的出现等同于公社羽翼已经丰满；在一些例子中，存在早期“执政官”，却没有什么公社制度的迹象，尤其没有常规的公社法庭程序，需要到我们所研究的时期结束很久之后，比如阿斯蒂、拉文纳、皮斯托亚和阿雷佐。）[34] 威尼托和罗马涅地区的城市以及皮埃蒙特的部分地区几十年后效仿了伦巴第地区的先例，公社的制度化速度则各不相同（维罗纳和帕多瓦很快，威尼斯这一非典型个案也很快；其他地方则较慢一些）；这里必须加上罗马，它的公社在1143—1144年的一年之内突然出现并以超快的速度得到巩固,还可以加上普罗旺斯(同样是帝国的一部分),当地公社出现于12世纪三四十年代。托斯卡纳的内陆城市、皮埃蒙特的其他城市、威尼托的东部边远城市,还有翁布里亚和拉齐奥的那些城市,在这里没有探讨,它们的发展要迟得多,通常直到我们研究的这个时期之后才有迹可循。也正是在这些外围地区,我们发现了"潜藏"的公社的最可能的例子,韦尔切利、拉文纳和佛罗伦萨。它们提醒我们:公社的发展,未必只有一条道路——这一点在更偏南的贝内文托得到了进一步强调,在那里,公社被称为communitas,出现在1128年(就像通常那样,在政治危机期间),但在1130年遭到教皇阿纳克莱图斯二世的反扑,并且没有再度以这种形式出现。[35]

不过,这种对公社化进程的非常图式化的呈现(从港口扩展到伦巴第-艾米利亚地区,再从那里慢慢向外扩展),已经因公社取向的其他方面的明显差异,而需要加以限定。博尔多内和梅尔·维古厄已经强调过附庸于主教的领主导致的公社差异程度,从米兰这个主教/领主式公社的原型(但是,仅限于12世纪前二十年),到帕多瓦这种主教举足轻重但他的城市附庸者显然不那么领主化的城市,再到阿斯蒂、克雷莫纳、罗马以及托斯卡纳地区的大部分城市,(要么是因为主教太过强大,要么是因为主教太过软弱)城市的领导者们与主教没有密切的联系。但是,我们看到还有其他类型的区分,例如,以司法界人士(他们通常都不是大地主)在公社领导层中的重要性为标准。这种重要性在1130年代之后的米兰尤其鲜明可见,但也可见于——同样是以各种方式——克雷莫纳、帕多瓦、韦尔切利、博洛尼亚、帕维亚以及(但只是起初)比萨和卢卡。理想型公社的不同要素——民众集会、实行岗位轮替制的执政官、常规化的法庭程序、立法活动，有着不同的发展步伐，在各城之间也差异极大；只有对军事活动的矢志不渝这一点，在每个个案中都是自始就有的。

公社面临的竞争也程度不一。除了 11 世纪早期几座城市中引人瞩目的起义，尤其是在伦巴第这一王国心脏地带，三座相距甚远的城市（罗马、阿雷佐和克雷莫纳），都有证据表明在公社活动和身份的最早要素出现的那几十年，城市社群与传统势力（在各个个案中都是指主教）之间存在强烈的敌意。很容易理解为什么主教们的高压在这些个案中引发了这样的现象；比较难看出的是，为什么它没有发生在其他那些常常有同样专横的高级教士的城市（米兰只是其中之一），尽管在上一章我部分地解释了为什么至少罗马是特殊的。这三座城市在其他要素上也鲜少共同之处。罗马非常大且活跃，克雷莫纳是新兴的商业枢纽，而阿雷佐是较小的中心城市。克雷莫纳和阿雷佐似乎有过早期的民众集会，是用来反对主教的，显然也是此后一段时间里集体政治的主要焦点；罗马的公社则是在一年时间里形成了它所有的主要要素，民众集会是在这之后而不是之前出现的。我们在这里远无法得出因果关系的一般模式，但至少值得强调的是，罗马和克雷莫纳在结果上殊途同归：其早期公社领导层的组成，展现出向更加广泛的社会阶层开放的迹象，不仅是向“中等精英”，也向非精英阶层。在某些情况下，反对传统权威的需要，可以打破关于哪种社会群体可以执掌权力的根深蒂固的假设。

如果我们想要探究造成各城市公社之间差异的根源，我们很快就会陷入证据问题之中。但是，就像我在上一章结束时强调的，在我看来，一个重要的因素是，在一个共同的精英（或者说民兵）身份内部,在对早期公社的参与之中,各城不同的领导层级之间是如何相互关联的。(事实上,不仅如此,因为这些层级以及层级成员的彼此关系,从那之后就一直在随家族兴衰而变动;但本书研究的范围止步于1150年。)我强调过三个精英层级之间的差异,第一层级较为富有且通常更具领主色彩,第二层级欣欣向荣但没有城堡(如果有采邑,也只是土地,或者有时是什一税),第三层级是手中土地明显较少的"中等精英"。如果我们将12世纪早期意大利公社化的城市看作一个整体,我们就会发现一个清晰的模式:组成早期执政官的群体与第二层级的关系极其密切。[36]这个层级必定是各城骑马民兵的政治核心,而这种潮流完全证实了梅尔·维古厄对他们的特征的归纳:拥有同质的"正直"的世袭土地。我们研究的个案中只有两个是明显的例外:由第三层级统治、与非精英家族有联系的罗马;以及米兰,尽管1130年代之后米兰的权力由这三个层级共掌,但作为"中等精英"的司法家族地位着实显赫。在我看来,这似乎是将我们研究的城市精英看作一个群组的重要基础;我认为,他们在与当地主教的关联(无论是封建性的,还是其他类型的)程度上的可见的同质性,至少与他们之间得到充分研究的差异性同样重要。

尽管如此,在谈到第二层级精英与哪个社会层级联系更紧密时,差异随着我们拥有的更加专门(且常常更少有人研究)的信息而来。贝加莫在早期公社的领主色彩方面与米兰不相上下(首先是因为其第二层级中的许多家族都在积极追求领主权利),却无法在任何程度上与米兰对无土地法学家的开放相媲美。贝加莫的第二层级最容易与第一层级相关联;两个层级可能是竞争对手,但它们是其早期公社中最显而易见的两个群组。卢卡也有一些相同之处,即最富有的早期执政官家族马尔皮利家族,不仅拥有城堡,而且是刚刚获得的(他们在不到一个世纪之前还是一个司法家族[37]),尽管卢卡的公社在其他方面是由不太领主化的第二层级主导,有些时候甚至是由第三层级的人物。这种模式可以扩展到维罗纳,维罗纳 12 世纪早期记载最完备的商人家族——克雷申齐家族——从 1100 年起拥有城堡、从事领主活动,同时也成了执政官。作为佛罗伦萨的一个领主家族(虽然在佛罗伦萨很可能不属于第一层级),菲凡蒂家族在这些活动方面也是相对的新手,与城郊那些长期拥有城堡的家族不同。但是这个群组应当与另一组城市区分开来,后者较古老的第一层级领主家族有一小群人投身于公社,但公社在其他方面则尤其被有着执掌城市的雄心的第二层级家族主导,比如韦尔切利(达卡萨尔沃隆内家族)、皮亚琴察(德兰迪托家族)或者帕多瓦(达巴奥纳家族)。第一个群组展现的是,城市在精英更替周期内的不同阶段如何定型为公社,这种乡村精英和城市精英都发生更替的周期是多数社会(甚至多数扩张的经济体)都经历过的。一个雄心勃勃的城市家族,像卢卡的马尔皮利家族、维罗纳的克雷申齐家族以及尤其是贝加莫的各主要家族,闯入城堡主人们的社交圈子时,可能正值城市舞台变得更加自治,也更加集体化,他们很可能想要同时拥有两个政治舞台;而在其他城市,比如帕多瓦,第二层级的精英并不指望进入领主的世界,公社舞台的吸引力也足以使他们在一段时间内放弃这样的念头。甚至在米兰,尽管有些第一层级的家族,比如达罗家族和布里家族,一直都投身于公社之中,尤其是最早期的若干年,但较少有迹象表明第二层级家族在努力获得领主的权力基础。结果,在每个个案中,公社的构建过程都不相同。

第二和第三层级家族之间的关联性也是同样的道理。一些城市在一定程度上与米兰类似:我们对帕多瓦、佛罗伦萨和克雷莫纳看得最清楚。[38]在帕多瓦,我们可以追踪到无土地记录的司法执政官(在贝加莫早期公社中也有一个例子,即法律专家阿纳尔多),以及出身为小地主但没有其他显著财富的执政官。在佛罗伦萨,早期执政官中出现了正在崛起但规模尚小的放债人。在 12 世纪初的克雷莫纳,我们有市民领袖的名单而没有执政官的名单,但仍然惊人的是,其中包括几位工匠,在除罗马之外的其他城市,几乎看不到这类人。[39]这些例子各自展现了一条第三层级家族成为公社领袖的不同道路:因为他们的专业素养有着足够的社会价值,使他们能够被接受为可靠的政治角色(米兰、帕多瓦);因为经济的扩张让新兴家族快速上位(佛罗伦萨);或是因为公社反对传统势力且被传统势力反对(克雷莫纳、罗马)。帕多瓦或许也展现了对普通的第三层级地主的开放,因为它与一片乡村地区联系紧密,即地主被精心组织起来的萨奇斯卡地区。我想,如果历史学家能更多关注那些不太显赫的执政官领袖,那么更多的城市会出现在这些类别中;尽管同样可能的是,如果超出目前的知识状态下能收集到的全部的临时数据,去研究更多的城市,可能表明,在其中一些个案中,这些家族没有我在这里所暗示的那么重要,毕竟,即便在比萨这种第二层级的主导最闻名的公社,也有一些第三层级的执政官。但是,在所有这些个案中,较之其他公社,当地社会结构的具体细节证实了一种对"中等精英"担任政治领袖的更加开放的态度,而当时如果这种情况持续下去,可能导致各公社在政治上各自走向不同的方向。

要理解为什么每个公社都不同——就像我在上一章末尾所说

的，对于任何想要理解前文所展现的种种发展的人而言，这都是一个关键问题。在我看来，对不同的社会内部结构进行微观分析，似乎是最好的推进方式。然而，就像本章简略勾勒的，意大利没有那么多城市能像米兰、比萨和罗马那样展现出如此鲜明的内部反差。这可能是因为它们没有得到充分的研究（虽有一些例外，但这种说法在大多数情况下都属实），或者是因为它们的相关证据不够完备（这种说法在大多数情况下同样属实）；但也可能是因为它们真的没怎么分化。不过我认为最后这种观点更难让人信服，至少我们提到最多的那些公社（热那亚、阿斯蒂、贝加莫、克雷莫纳、帕多瓦或佛罗伦萨），在总体发展上无疑与我们研究的那三座城市一样具有多样性。我们当然希望，未来的研究工作将使我们更加了解其他城市；因为在我看来，这是必须迈出的一步。

但是同样地，我们必须回过来说一说相似之处。我们已经看到了广泛的差异；但是对大多数城市（皮埃蒙特以及托斯卡纳内陆这样的边缘地带的城市除外）而言依然成立的是，12 世纪早期是理想型公社的大多数要素出现在意大利北部和中部的时期。因此，在结束这一讨论时，我们需要试图弄清楚，为何尽管存在如此多样化的经验，仍有共同的趋势贯穿这个半岛的大部分地区。这里我将先聚焦民众集会的重要意义，然后粗略勾勒作为整体的意大利中北部从 1080 年代到 1140 年代的大事记：这是为了看清，或者至少估测出不同事件之于它们的意味，以及每一个阶段，它们认为自己是在做什么。

在此前的章节，我已经强调了民众集会，作为正式的城市活动的主要形式，出现在 1090 年代的米兰和比萨，比有组织的执政官领导的发展早得多。我认为，民众集会而非“公社”，才是 1080 年代及之后防御性地应对意大利王国（以及托斯卡纳侯爵领）危机的主要形式，而那种界定明确的执政官领导是后来作为一种更加积极的发展而出现的——无疑在很长一段时间里它依然是个别案例，但注定要相当快地发展成为一种制度，不仅是许多制度中出现得最早的，而且出现在大多数地方，并将持久地存在。[40]既然前面我们已经勾勒了许多城市的情况，我们便可以将其放入背景之中来看。有几座城市可以匹配米兰和比萨的民众集会经历，清晰程度不一：贝加莫、布雷西亚、皮亚琴察、克雷莫纳、洛迪、帕尔玛、阿雷佐，还有威尼斯这个反常的个案。我还要在这份清单中小心翼翼地加上热那亚，那里的执政官们被证实很早就扮演起各种活跃的角色，但执政官集团或执政官会议（compagna /consolatus）似乎是他们最初的组织机构，到1110年代无疑已包含民众集会的要素。这些城市几乎要么是港口城市，要么位于伦巴第-艾米利亚地区，总体上说，也就是最早的公社经验的所在地。相反，威尼托和罗马涅地区没有民众集会先于公社的明显例子，威尼斯除外，那里根本没有出现执政官，公爵的权力依然是该城的核心。托斯卡纳地区也是。很难证实卢卡和佛罗伦萨出现过民众集会；我论证过，可能不是没有，而是我们手头没证据。然而，鉴于我们手中（贫乏的）数据的同质性，对于威尼托-罗马涅地区，就较少理由这么做，尽管值得一提的，博洛尼亚执政官的首次出现，是与整个民众一起的。[41]

这里逐渐浮现出一个相当清晰的模式：最早记录在案的公社确实大部分都曾有一个民众集会在前，有些要早几十年，它们以有组织的方式发展出了一个执政官领导层。民众集会从已有的集体行为实践中脱胎出来，将自己正式化，以便应对该王国（和托斯卡纳侯爵领）的权力真空——这一提议确实受到了广泛的支持。但最重要的是，除了港口，它同样适用于意大利王国古老的心脏地带，那里王国制度性崩坏的后果最为明显；因此，这里的城市发展出自己的协商办法，以作为弥补。我们可以推测，对崩溃感受不太充分的威尼托地区（例如，一些审判大会依然出现在12世纪后的文献中），很大程度上是在复制一个时间上稍迟的伦巴第模式（该模式此时也已经包含了执政官），从而最终迈向了正式化的公社的方向。皮埃蒙特的大部分地区可能同样如此，还有普罗旺斯。意大利中部很晚才发展起来的公社则必定如此，哪怕是作为主要范例的罗马。

然而，发展较早的城市此后有了一些进展。至少，各城市开始偶尔把“公社”作为一个名词用于自称；就像班蒂所展现的，这一点在这个世纪初并无证明，除了1097年的克雷莫纳，但他有些低估了这个现象接连出现的速度：比萨到1110年已经这么做了，贝加莫则是1117年，费拉拉和布雷西亚是1120年，阿斯蒂是1123年。[42]公社开始发展出常设的法庭，以审理争议：热那亚是在1110年代，比萨相对较迟；其他大部分重要的早期公社以及威尼托的某些公社则是到12世纪三四十年代。也正是在12世纪三四十年代，至少热那亚、皮亚琴察和比萨这三个公社已经在从事立法活动（通常是关于彩礼嫁妆，这是早期城市公社中一件众所周知的头等大事）。[43]轮替制官员出现，他们被称为执政官，其职责是管理城市，当然这只是众多进展中的一项，显然是最重要的之一，不过不是唯一重要的——这进一步背离了执政官在历史著述中传统的主导地位。这里发生的，本质上是自治城市政府稳步正式化的过程。首先，民众集会成为一个正式团体，这一时期其领导者在界定上依然相当随意，被称作智者或者贤人或者执政官，对手中权力的性质及与之相连的社会地位也不确定（沃尔佩认为他们的形象是"只关心个人利益的"，这种看法在这里最能带给我们启发）。直到后来，领袖才获得概念上的界定，职位的期限也得到了清晰地界定（并不一定是一年）；随后，通常是更晚的时候，一种以城市为核心的新型法律体系也发展了起来，有时直接由执政官们运行（就像在热那亚和米兰，以及后来的罗马），有时被委派给地位来得没那么显赫的人们（比如在比萨和卢卡）。通常就是在这时，我们开始发现"公共/公众"（public）这个术语被各城市采用，尽管在大部分情况下，连非正式的领导者都是从一开始就代表整个城市行动：非正式的领导地位并不意味着残缺不全的权力，即那种需要从外部获得合法性的权力。

当然，考虑到这个正式化过程在事实上的起源，尤其考虑到我方才归纳过的精英的社会结构的差异，每个城市的构形不同也就不足为奇。理想型公社的独特要素在各个城市只是非常缓慢地，以不同的顺序变得明晰。但是，后来的发展通常不像民众集会的正式化那样是出于防御。相反，掌权的执政官们的出现，相当于精英阶层以一种更加有组织和积极的方式，控制当时已经存在的城市合议机构，至少在伦巴第-艾米利亚地区是这样；而常规法庭的出现，标志着各个城市中权力行使的日益制度化，总体而言，标志着如今可以被称为城市"政府"的东西的开端。随之而来的是立法和税收，是对（常常是脆弱的）制度失灵方面没完没了的改造，而对合议性团体的广泛参与则逐渐消失。

这样的结构性概述也可以按照时间顺序来呈现。这里，我的故事线将会包括相当程度上的推测——只是我认为实际发生的——但它至少符合已经得出的论断。1080 年代以前，各城市完全整合进了意大利王国。它们有时会叛乱，反对国王-皇帝或主教们，偶尔会因宗教冲突而分化，但是，它们的领导集团完全属于传统等级制的一部分，就像我们在米兰和比萨看到的，他们通常会在公开的审判大会上出现，与伯爵和主教们有着封建或附庸纽带。内战开始时，比萨和热那亚这两大港口城市（前者直到那时还牢固地臣服于托斯卡纳侯爵，后者部分地属于一个明显较弱的本地权力结构）必须对可能使城市四分五裂的政治分歧作出回应，并且能够相对迅速地回应，因为它们已经习惯于组织进攻性的海战；到1090年代，它们各自有了一个活跃的民众集会。领导它们的精英已然被称为"执政官"，而持续不断的战争挑战（第一次十字军东征，以及随后针对乡村领主和各对立城市的斗争）使得这些领导者到1110年定型为拥有司法权力的正式统治集团。我曾在第三章提出，比萨对外战争的胜利所带来的兴奋感，使得这个过程不只平顺，而且是在不知不觉中进行的，因为没有人会站出来反对；热那亚无疑也是如此。这是港口的情况。在内陆，帕维亚和米兰附近的王国心脏地带，皇帝与卡诺萨的玛蒂尔达之间发生了近乎绵延不绝的战争，一直延续到1090年代[44]。实际上，不仅海岸边，一些城市（最值得一提的例子是克雷莫纳）也出现了内部的权力真空，因此民众集会不得不发展起来，以便以一种更加正式的方式来组织本地社会。但是，主教们在大多数地方依然居于支配地位，而且城市的领导层常常甘当附庸，渴望传统意义上的地位和权力。

在其他较古老的制度缺位，必须有所作为才能使社会保持运转的那些年，我们看到城市精英们很可能既通过城市民众集会又借助主教们而勉强支撑。然而，到1110年左右，至少在伦巴第-艾米利亚地区，治理一座城市（也即在一个稍微太平但依然没有权力较广泛的统治者持久在场的时期勉强支撑的过程)的挑战,使得城市领导者(他们越来越多地被称为“执政官”),更加需要表明他们是在代表他们的城市处理政务。1110年代,伦巴第和艾米利亚地区的执政官已经能够例行地以城市的名义写信,带领城市进行战争,代表城市签订正式协议。尽管如此,他们并没有真正的制度基础,而且在一座像米兰这样的城市中,他们同大主教及其贵族扈从密不可分;的确,在米兰,是该城的民众集会,而非执政官们(或大主教)发动了1118年对科莫的战争。也正是这个地区的城市民众集会敲定了与乡村领主们和小城镇之间的重要交易。

如果腓特烈·巴巴罗萨像他在1150年代一样出现在1110年代,想要系统地复辟王权,可能还不难实现。他所需要承认的,只是城市景观中此时已经固定下来的特征——当地的市民大会(conciones),一种正式化的民众集会政治,而且主要是在伦巴第和艾米利亚地区,这里只占王国的一小部分。贵族城市领袖们可以轻易地返回他们通常从未离开的传统等级中;在所有地方变得越来越重要的第二层级城市领袖,则或许不得不满足于执掌民众集会,并试图跻身于贵族精英的恩庇网络,而这与他们几个世纪以来的行为并无二致。但这样的事并没有发生,由于德意志内部的原因,也不会轻易发生;而且很可能该王国的制度基础已经过于衰弱,无法被轻易重建,尤其是城市这一层面的王国政府的古老正式要素(最明显的代表是审判大会),正如我们所看到的,几乎完全崩溃了。但是,思想实验仍然值得做,以便让我们看出:这个十年已经存在的城市自治要素的永久性,尚不被看作理所当然——毕竟,连热那亚这个当时在制度上最稳固的公社,也依然将它的执政官集团看作可能是暂时的。

然而,此后,尤其是12世纪三四十年代,简单的日常惯例使执政官们的统治变得更加制度化,并且在意大利北部得到越来越多的效仿。此时,将正式的民众集会及其领导层变成一个治理结构,有规则和更大的权力组织,并不一定是为了应对权力真空。这更多的是领袖们接掌权力并将手中的权力常规化的问题。而且此后,城市之间的战争也变得更加常见,这使得城市领袖们更有必要获得稳固的权力。我们发现最早偶然提到城市郊区财政压榨的文献,是在1120年代处于战争背景中的科莫和锡耶纳。[45]就战争而言,1130年代是一个尤其恶劣的时代。当时意大利北部的一部书信集中,有一封典型的信函,在历数家族事务之余,随手写道:“整个伦巴第地区[波河平原]以及整个意大利的战争都非常危险(infestissima)。”此言并非夸张。无论人们认为公社的优点是什么,难以否认的是,意大利中北部各城市之间的暴力行为在这个时期特别严重,因为各城市的领导层像领主一样有着咄咄逼人的荣誉感,他们展现出对邻城相当不宽容的态度,并且更加无心妥协;事实上我们可以看到,制造战争的骑马民兵的霸权地位初露端倪,梅尔·维古厄对此有过探讨。这种情形与意大利王国的相对平静之间的反差,至少对于当时较年长的人而言,想必再明显不过。[46]此时,执政官们的角色也不再仅限于领导政治或军事活动,而是拓展到了解决城市争端;威尼托地区的城市从这个时期开始采取执政官领导时,也伴随着一套更加稳固的公社/公共/法律实践,那些更偏南方的城市在下一个世代也是如此。

然而,即便是此时,大多数地方的精英很可能依然认为,他们单纯是在填补一个(可能是暂时)失灵的体制的空隙;只是到后来这一点才变得清晰:他们正在创造一种崭新的体制。到1150年已经出现在意大利中北部大部分地区的城市公社，确实非常多样，我们已经探究过个中原因；早前勾勒的理想型公社的不同要素，在各地以不同的方式得到凸显。公社并不一定非常积极主动（比如皮埃蒙特地区的那些城市），也不一定拥有发达的政府（托斯卡纳内陆地区的那些城市就没有，至少此时还没有），甚至不一定具有自治性（比如威尼斯）。即使如此，12 世纪三四十年代，而非更早的时候，公社发展的支点出现了：执政府越来越稳定，越来越制度化，越来越具有支配性，哪怕是在主教很强大的城市，以至于威尼斯人在 1140 年代可以借用公社自我展示的整套修辞，罗马人在同一时期与教皇闹翻时，有现成的政治制度框架直接采用，而腓特烈·巴巴罗萨在 1158 年后才插手意大利事务被证明为时已晚。

但是现在，我们距离民众集会政治的最初正式化已经整整一代人的时间。这是一段漫长的时期，并且无助于有意识的自我反思。除罗马外，无论执政官们认为自己在做什么，无论在哪一个有据可查的个案中，他们都不认为自己正在帮助建立一个崭新的世界。聚焦城邦（city-states）的意大利例外论这一宏大叙事，在执政官终于可见于我们手中的文献（有些甚至是非常晚近的著作）时，会产生一种胜利主义论调，事实上，这是人们尝试过很多机会和道路后的结果，而这些人的脑袋经常是朝向相反的方向。我们在第二章看到，奥贝托·达洛尔托身为一位重要的米兰执政官和政治代表，却是怎样沉迷于封建关系的，以及在第三章看到，《马略卡战记》的作者是如何执迷于比萨的军事荣光；至于罗马，如第四章所述，元老院无疑是有意识的创举，但是如果此前几十年的贵族执政官们最后像他们在其他地方那样，稳步却远非自觉地创造出一个持久的城市政府，这个政府无疑还是会以同样的热情，采用同样向后看的、复兴(renovatio)罗马传统的意象。我们也没法认为意大利其他城市的领袖有着更高程度的自我认知。例如,1120 年左右,莫塞·德尔布罗洛在关于贝加莫的赞美诗中花费了大量笔墨去描写当地主教的种种美德甚至城中的喷泉,远多过描述执政官及其作为;这个世纪后来的城市年鉴,甚至没有提到与巴巴罗萨交战以前的执政官;而在“潜藏的”公社,比如韦尔切利和佛罗伦萨,很多时候,执政官制度是一个在相当长的时期内可以抛弃的政府要素。[47]这些人不知道自己在做什么;或者说,某种程度上,他们是在用属于其他政治体系的意象来掩盖自己的行为,甚至掩盖自己。对公社的识别是后来的事;这种识别需要对早期集体确认的时刻进行完全的虚构,正如 13 世纪的历史书写所做的,从而让公社凭空产生。然而,在我们所研究的这个时期,公社的领导人确实都像梦游一般。

在总结中,我想通过使用我在别处,在非常不同的背景下用过的一个形象,[48]即巴勒莫的黑手党,来强调上述这一点。巴勒莫的黑手党是一个类似的政治结构:意大利政府的制度存在于城市中,并且以它们自己的方式运行;但是“众所周知”,黑手党“真正地”非正式地统治着当地,作为一套通常有利可图的恩庇-侍从运作体系,它并不全然是暴力的,也并非总是成功的(有时政府会获胜),但几乎不可能被根除。不过,如果政府各个机构,比如市政府、警察、宪兵、司法系统和财政系统,都消失了,那会发生什么呢? 那样的话,黑手党就不得不自行运作起来。而且所有东西都将慢慢变得越来越清晰。那些非正式的、强制性的、剥削性的,但同时也能解决问题的运作,都得公开显露。这个时候,人们需要知道统治者是谁,以及他们的属下有谁;需要知道规则是什么,以及它们在多大程度上可以指望。还得加上一句:依然必须有人打理下水道系统并向清理工支付报酬,更不要说电力系统了。而这些乏味的事情都是黑手党目前不必操心的。因此,想要运转顺利,就需要将规则和程序正式化,无论黑手党的首领们是否想这么做。他们将会梦游一般走向一套崭新的政府体系,在了解它的实际运作方式之前也许有很长的一段路;有朝一日,他们会醒过来,并完全接受它,但是它可能已经有效地运作了一段时间,并为他们创造了种种选择。这就是意大利各城市公社及其领袖们的情况,他们中的很多人的祖先也曾"真实地"执掌过先前几代的公共机构,这些机构大多数此时已不复存在。当他们从梦游中醒来,并最终有意识地接受时,新的世界业已在他们周围形成。

注　释

第一章　城市公社

[1] *Landulphi Iunioris Historia Mediolanensis* [下文简写为 *HM*], c. 44。在兰多尔福的其他拉丁文作品中,"舞台"(*theatra*)意指"王座",但是鉴于米兰还有一座罗马式剧场作为集会地点(它是一个受欢迎的集会地点),而且这又是一个重大场合,我们可以推测出,这里有相当大的木制舞台或一排排座位。

[2] *Gli atti del Comune*, n. 1. 参见 Giorgio Giulini, *Memorie*, vol. 5, 75–91;马纳雷西(Manaresi)的制度分析见于 *Gli atti del Comune* 的导言,xxviii–xxxii; Bosisio, *Origini del comune*, 173–183;Barni, 'Milano verso l'egemonia', 319–321。兰多尔福清楚地表明,布罗莱托的会议和民众的"大会"(*arengo* 或 *concio*),是聆听诉求的地方(他至少提到了两次会期),两者即便不是一模一样,也是相互借鉴的,*HM*, c. 44。1117 年,科隆大主教也曾给米兰的执政官们、领主们、全体兵士(*omnis militia*)以及广大民众写信:*Monumenta Bambergensia*, 513–514。

[3] Carlo Cattaneo, 'La città: considerata come principio ideale delle istorie italiane'. 对比 Bordone, *La società cittadina*, 7,这部历史著作开头简单地援引了卡塔内奥的话;亦对比 Tabacco, *The Struggle for Power*, 19–36;Wickham, *Community and Clientele*, 1–4, 185–189。注意:本书的探讨,不涉及意大利南部,基本研究的起点是 Oldfeld, *City and Community*。

[4] Frederic C. Lane, 'At the Roots of Republicanism', 403. 参见 Muir, 'The Italian Renaissance'(莱恩著作中关于 1106 年的内容); Molho, 'The Italian Renaissance, *Made in the USA*'。

[5] Robert Putnam et al., *Making Democracy Work*, 180; Quentin Skinner, *The Foundations of Modern Political Thought*, 3-22.

[6] Otto of Freising, *Gesta Friderici*, 2.13;晚近的评论,参见 Zabbia, 'Tra modelli letterari e autopsia'。对比 *Romualdi Salernitani Chronicon*, 276-277,关于米兰主要执政官之一吉拉尔多·卡加皮斯托在1177年《威尼斯和约》谈判时的措辞:这是关于城市公社的激进主义的外部观点,而非本地陈述(亦参见 Zabbia,同上,第129—134页,该作者比我更认可吉拉尔多言论的权威性)。值得补充的是,当然,选举统治者的原则本身并不成为意大利公社的标识;在我们研究的这个时期,关于君主型统治者,无论皇帝还是教皇,都是选举产生的,主教们也不例外。但是选举他们的人非常特定且地位很高,只是偶尔才有更广泛的民众参与的迹象;执政官的选择则相当不同,尽管也是精心策划的,却总是呈现为民众直选的结果。

[7] Giovanni Tabacco 和 Cinzio Violante 的论著都研究了城市公社的后期,对早期的城市公社着墨甚少(关于 Tabacco,参见他的 *The Struggle for Power*, 321-344的附录,以及'Le istituzioni',其范围一直到1100年)。

[8] 有一张关于各个城市的研究专著的列表,可见于 Coleman, 'The Italian Communes'(不久将会有一部续作见于 *History Compass*);进一步的、更晚近的研究,参见 Rippe, *Padoue*, 323-379; De Angelis, *Poteri cittadini*(关于贝加莫);*Vercelli nel secolo XII*; Faini, *Firenze*。总论性著作中,Tabacco, *The Struggle for Power*,是最重要的;更进一步的论著是 Bordone, *La società cittadina*; Jones, *The Italian City-State*, esp. 130-151; Pini, *Città, comuni*;并且参见凯勒的许多文章的参考书目。近期关于意大利的指南手册数量众多,包括 Milani, *I comuni italiani*;Maire Vigueur and Faini, *Il sistema politico dei comuni*(这两部作品强调最多的是早期公社的非正式性,这也是本书的主要论点);Franceschi and Taddei, *Le città italiane*; Occhipinti, *L'Italia dei comuni*。关于意大利以外地区的手册有 Menant, *L'Italie des communes*, 这是目前为止最佳的一部;英文经典 Waley and Dean, *The Italian City-Republics*,读来依旧令人获益匪浅。Grillo, 'La frattura'提供了更加重要的综述和新的诠释,并在其'Cavalieri, cittadini'中予以了发展。

[9] 与北欧对比的做法并不总是有帮助,参见 Scott, 'A Historian of Germany Looks at the Italian City-State'。关于意大利,晚近的著作包括 Menant, *L'Italie des*

communes,以及 Franceschi and Taddei, *Le città italiane*,该作极其细致地探讨了经济问题。

[10] 在众多著作中,有 Franceschi and Taddei, *Le città italiane*, 120; Occhipinti, *L'Italia dei comuni*, 32; Jones, *The Italian City-State*, 141; Pini, *Città*, *comuni*, 70-71[这位作者将其称作"豹猫行动"(operazione gattopardesca),意指兰佩杜萨的《豹》]。参较 Banti, '"Civitas" e "Commune"', 222,该作者将公社称为一种达成一致的"紧急方案"(soluzione di emergenza)。

[11] Ottavio Banti, '"Civitas" e "Commune"', 223-232. 公社(Commune)最早作为名词出现在米兰的时间,迟至 1158 年(*Gli atti del Comune*, n. 45),不过是在一个表明此时它已是常用词的语境下;比萨则在 1110 年就已经出现。其他早期例子,参见本书第五章注释 42。

[12] 卡桑德罗(Cassandro)在 1958 年的一篇再版标题为'Un bilancio storiografco'的短文中,阐述了后来得到接受的执政官的公共角色模型,驳斥了沃尔佩 1904 年将公社描画为一个"私人社团"的著名论调: Volpe, *Medio evo italiano*, 100-104。我们在后文中(比如注释 29)将会看到沃尔佩的观点其实依然相当中肯;但是执政官们的公共角色已经非常清楚了,例如 Adalberto Samaritano 于 1110 年代末的博洛尼亚创作的关于书信写作的论著 *Praecepta dictaminum*, 60-61,展示了可能是向执政官们奉承的信函的草稿,文中提到了他们的任务,是保全"你的城市的活力与地位",而且认为执政官们至少在某些情况下会"审问市民们的公私争议"。

[13] 关于司法的连续性,参见 Fissore, 'Origini e formazione', 586-588。注意:我不会总将 iudex 这个词翻译过来。采用"法官"(judge)的译法并不总是适当,因为这个词常常只是一个头衔而已,尤其是在 11 世纪;"法律专家"(legal expert)可能更好一些,但是这个专业的内容在我们所研究的时期千差万别。Tabacco, *The Struggle for Power*, 321-344 是了解主教角色及其与城市关系的最佳起点(public 这个词,也早在 1962 年就被作者看作一个问题: 'Interpretazioni e ricerche', 715)。

[14] Bougard, *La justice*; Wickham, 'Justice in the Kingdom of Italy', 'Consensus and Assemblies', 'The "Feudal Revolution"'. 比萨的执政官是一个例外。注意:集会意义上的 placitum 的终结,并不意味着这个术语过时了。它依旧在 12 世纪被用于指代"争议"或"判决",像热那亚或卢卡人的"执政官裁决/意

见”(consules de placitis/placito)(*Annali genovesi*, 27 ;Wickham, *Courts and Conflict*, 32),或是将末日审判称为“普世审判”(universale placitum): Adalberto Samaritano, *Praecepta dictaminum*, 61;不过,这个词确实不再那么广泛使用了。

[15] Hagen Keller, *Signori e vassalli*(xi-xlviii 是他对批评意见的回应;然而,这本书没有聚焦城市公社本身);Philip Jones, ‘Economia e società’, 210-279,以及 *The Italian City-State*,143;Pierre Racine, *Plaisance*, 372。cives 这个词十分模糊,因为它也可以包括贵族层级(ordines): Rossetti, ‘Il comune cittadino’, 36;Keller, *Signori e vassalli*, 15-17,也持类似的观点。

[16] 例如 Bordone, ‘Tema cittadino’; Rossetti, ‘Il comune cittadino’。(凯勒实际上别无他意;他将自己限制在只表明:如果不能对乡村地区的封建关系也加以研究,就无法理解各个城市,参见 *Signori e vassalli*, 339-341, 对比 xxix。)

[17] 关于地方性的差异,参见 Bordone, *La società cittadina*, 160-182; Maire Vigueur, *Cavaliers et citoyens*, 220-246; *La vassalità maggiore*;以及三篇重要的文章: Grillo, ‘Aristocrazia urbana, aristocrazia rurale’; Castagnetti, ‘Feudalità e società comunale’;以及 Cortese, ‘Aristocrazia signorile e città’。关于城乡差异,参见这三篇文章; Grillo, 同上, 87-96,是关键的基本出发点。

[18] Renato Bordone, *La società cittadina*, 34-100, 130-133,在这里,市民文化是雄辩、法律知识、战争、服装、游行队列以及市民自由(libertas)。并不是所有这些方面都存在城乡差异。

[19] Jean-Claude Maire Vigueur, *Cavaliers et citoyens*, esp. 217-219, 337-362; quotes from 341.

[20] 或者封臣(valvassores);但是二者常常难以区分,而且含义彼此重合(例如 *I placiti*, n. 467, a. 1088,文中几位米兰的领袖人物出身于其他许多文献中称为领主的家族,但在这里却被称为封臣,对比 Keller, *Signori e vassalli*, 27,他将这一点与宫廷的不同用法联系起来)。在文献中,封臣相对领主而言也相当稀少。我在本书中也不会将封臣强调为一个分立的类目;就像文中此处评述的,依据财富对贵族(以及广义的精英)内部进行区分,在我看来更加有用。Keller, *Signori e vassalli* 将领主与封臣之间的差异看得相当严格,而且与财产相关,但是他同样表示,封臣和富有市民(cives)之间的经济差异并不总

是那么大,对于我的主旨而言,这一点更加重要。在我们的城市个案研究中,可甄别的贵族在米兰广义的精英中显而易见,在罗马也站得住脚;在比萨,则比较不一样。的确,整个意大利境内,各城精英的社会结构区别更大。关于精英阶层,亦参见 Wickham, *Roma medievale*, 222-226。注意:梅尔·维古厄本人将他笔下的全体民兵称为一个"贵族阶级"(noblesse),*Cavaliers et citoyens*, 281-283 。然而,这更多的是一种13世纪的措辞方式;这是一种有效的选择,但我不会使用它。

[21] Keller, 'Gli inizi', 56. 有两项研究,Waley and Dean, *The Italian City-Republics*, 220-232,以及 Opll, *Stadt und Reich*, 178-480,包含有许多城市对执政官的最初提及,很可惜没有跟进。

[22] Ronzani, *Chiesa e "Civitas"*, 194, 226, 253; Delumeau, *Arezzo*, 850-857; Savigni, *Episcopato*, 42-43.

[23] 这些归纳来自 Volpe, *Medio evo italiano*, 100-104。关于这些结构的有用的探讨,可见于 Rossetti, 'I caratteri del politico'。Dilcher, *Die Entstehung*, 142-158,尤其强调誓言。

[24] Caffaro's *Annali genovesi*; Otto Morena, *Historia Frederici I.*; Bernardo Maragone, *Gli Annales Pisani* (这位作者在该作的第16—20页强调了1156年起、花费巨大的城墙加长扩建工程,这是他所记录的比萨执政官所采取的第一个举措);Otto of Freising, *Chronica* and *Gesta Friderici I*。不久之后,匿名作者所撰的《米兰年鉴》(*Annales Mediolanenses*)也从一开始就将执政官的统治看作理所应当。关于财政盘剥,此时的基本研究来自 Patrizia Mainoni, 'A proposito della "rivoluzione fscale"' 以及 'Sperimentazioni fscali';然而1150年代表明,公社系统地直接征税的最早迹象(热那亚和皮亚琴察是在1140年代)——商旅过路费,在几个世纪的时间里已经是司空见惯的。Grillo, 'La frattura', 685-690,对马伊诺尼(Mainoni)的著作加以概括,表示:1150年左右,至少某些城市的制度巩固很迅速。

[25] Wickham, *Courts and Conflict*, 31-38. "常规"(regular)这个词还意味着以正式的格式记载下来。正式从城市放逐,在热那亚首见于1139年,(更清晰的)在博洛尼亚首见于1149年,对此问题的研究,见 Milani, *L'esclusione dal comune* ;关于早期公社法庭和领土管辖权之间的关系的进一步探究,参见同前, 'Lo sviluppo della giurisdizione'。

[26] 关于比萨,参见本书第三章;关于其他城市,参见本书第五章。

[27] Keller, 'Die Entstehung', 206-209;'Einwohnergemeinde und Kommune', 575-576;'Die Stadtkommunen', 685-691;'La decisione a maggioranza', 47-49——不过就米兰而言,我支持1130年代而不是1120年代的说法。

[28] Arnolfo of Milan, *Liber gestorum recentium*, 3.11, 18, 23;对比Landolfo Seniore, *Mediolanensis historiae*, 2.26, 3.5, 8。引文来自Keller, 'Gli inizi', 54。Tabacco, *The Struggle for Power*, 185,也略带目的论意味,认为1044年是"未来公社的基点所在"。Dilcher, *Die Entstehung* 有力地反驳了将1040年代看作公社时代的观点,但我没有全盘遵循他从司法方面着手的论证路径。我在另一个方面也与凯勒的模型保持了距离,参见Keller, 'Einwohnergemeinde und Kommune',将城市公社作为一个宗教现象,或许与教会发起的"上帝和平运动"(the Peace of God)有关联;在我看来,较之11世纪中期某些城市的情况,12世纪公社的发展发生在一种远非那么狂热的情境中。

[29] Giuliano Milani, *I comuni italiani*, 24-25,论述了"潜藏的"(latent)一词(Mary Douglas不断发展中的理论)。这位作者严格地将这个术语用在所有早期城市公社身上,正是因为它们的非正式性和不确定性,但是这幅景象也有助于勾勒公社的情状,它最初可能显示出断断续续的特性,至少在执政官领导方面,而在本书中,我也会用这样的方式使用这个词。

[30] 参见Wickham, *Courts and Conflict*, 24-28。

第二章 米兰

[1] Arnolfo of Milan, *Liber gestorum recentium*; Landolfo Seniore, *Mediolanensis historiae*; *Landulphi Iunioris Historia Mediolanensis* [后文简称为 *HM*]。

[2] Grillo, *Milano*, 209-234,是最佳的产业指南,而且涉及1183年之后社会经济和社会政治的一切发展。一份机敏而尖锐的经济综述,见Castagnetti, 'Feudalità e società comunale', 213-220。

[3] 关于1045年时的伯爵,参见*I placiti*, n. 364;参见Violante, *La società milanese*, 187-188; Tabacco, 'Le istituzioni', 346-348。大主教在该城的至高无上的地位,并不是由任何留存下来的帝国文献正式授予的。

[4] Violante, *La società milanese*, 209-212;Tabacco, 'Le istituzioni', 357-364;

Maire Vigueur, *Cavaliers et citoyens*, 227. 就像前文提到的,这两个层级(ordines)的成员也可以被称为市民(cives),但是贵族(nobiles)和市民的对立以及类似的措辞在米兰十分普遍,在其他城市也一样。

[5] Arnolfo of Milan, *Liber gestorum recentium*, 2. 1 (关于 1018 年); Landolfo Seniore, *Mediolanensis historiae*, 3.3(关于 1045 年), 32 (关于 1075 年); *HM*, cc. 2(关于 1097 年), 7(关于 1102 年)。

[6] Violante, *La Pataria milanese*, 175-213;同前, 'I laici'(该作依旧是基本的结构性分析);Miccoli, *Chiesa gregoriana*, 127-212(关于巴塔里亚派的理论); Cowdrey, 'The Papacy, the Patarenes'; Bob Moore, 'Family, Community and Cult', 65-69; Keller, 'Pataria'; Schultz, "*Poiché tanto amano la libertà . . .*", 32-56。老兰多尔福关于 Erlembaldo 的记述,参见 *Mediolanensis historiae*, 3. 14。Arnaldo da Rhò 与 Erlembaldo 的死有关,1130 年代时对这一点的强调,参见 Landolfo of S. Paolo, *HM*, c. 66,这份记载巨细无遗,但是更多的同时代作品都没有提到它。

[7] 圣保罗的兰多尔福来自一个巴塔里亚派家庭,但是他没有怎么强调公社,也没有将它与巴塔里亚派上一任主要领袖,也就是兰多尔福父亲的兄弟利普兰多(于 1113 年去世)采取的所有政治行动联系起来。

[8] 参见 Lucioni, *Anselmo IV da Bovisio*,这是关于 1090 年代的整体性论著;第 108—117 页是关于阿里亚尔多,第 118—119 页是关于安布罗焦 · 帕加诺,第 117—139 页是关于世俗社会。*Last placitum*: *I placiti*, n. 473; Giulini, *Memorie*, vol. 4, 546-548,该作是关于 1099 年大主教廷的记载。Mediolano Ottone 在 1053 年—1097 年间作为法官活跃于公共领域,*APM*, nn. 366, 854; 就像安布罗焦 · 帕加诺一样(参见下文注释 40),从未有文献将他记述成地产持有人。

[9] *APM*, n. 854. 甘巴里家族(Gambari)成员从 1151 年起成为活跃的执政官(*Gli atti del Comune*, n. 24;关于 1119 年,参较 n. 2);1150 年之前,作为土地持有者,关于他们的记录仅限于该城西南部的古多(Gudo)(*APM*, n. 743; *Morimondo*, n. 87),尽管他们的地位显赫且后来财富显著增长。

[10] *I Biscioni*, vol. 1, part 2, nn. 279-280,比安德拉泰的执政官们是由比安德拉泰的伯爵们和兵士们(milites)设立的,以便监管他们之间的协议和小型争议; *APM*, n. 852,基亚文纳则是由三位"社群事务执政官"(consules de

comunis rebus)负责管理当地的公地,采取行动对抗恶邻。无论在哪个个案中,我们都不能称执政官为发展成熟的当地领导人,但是每一个中心城市都显然以不同的方式使用着一套当时既存的语汇。后者参见 Keller, 'La decisione a maggioranza', 28-30; Becker, *Il comune di Chiavenna*, 51-54。马纳雷西(Manaresi, *Gli atti del Comune*, xxvii-xxviii)认为:米兰的那套关于执政官的措辞来自拉文纳,在那里执政官也是一种古老的精英头衔(参见 Franchini, 'Il titolo di *consul* in Ravenna', 以及 Mayer, *Italienische Verfassungsgeschichte*, vol. 2, 532-537,这些学者不太有说服力地将他们看作担任官职之人);鉴于比萨在 1080 年代的用法,这在我看来,基本不太可能。

[11] Barni, 'Milano verso l'egemonia', 247,提供了一张 1098 年的铭文照片,上面说到大主教建立了一座市集,而上文关于 conscilio 的引述就出自这一铭文;关于 1100 年,见 *Italia sacra*, vol. 4, cols. 124-125。

[12] Fasoli, *Dalla 'civitas' al comune*, 70-76, 85-89。

[13] Fissore, 'Origini e formazione', 554-555,这位作者基于古抄本,认为:1097 年的文件实际上已经是一份公社文本,与 1140 年代的执政官审理的案件非常相似。我觉得,这种看法似乎是错的。这份文件是一份标准的否定权利的文件,就像此前与审判大会一样,与执政官文件唯一有联系的地方,就在于结尾处权势人物和米兰三位最活跃的法律专家的签名,在那个(或者任何)时代,这是任何人解决争议时都需要做的。关于这次十字军东征,见 *HM*, c. 4;参见 Lucioni, *Anselmo IV da Bovisio*。

[14] *HM*, cc. 9-21.

[15] *HM*, cc. 15, 44, 47, 58;参见 Coleman, 'Representative Assemblies',以及 Grillo, 'Una frattura', 692-696,这是关于 concio 的著作。Grillo, 'A Milano nel 1130', 227,认为是焦尔达诺在 1118 年召开了大会,但兰多尔福没有这样说。安塞尔莫五世在 1128 年也面临一项神职人员和民众公开教权禁止令(publicum interdictum cleri et populi);兰多尔福没有告诉我们,神职人员和民众是在什么样的背景下集会的。关于安塞尔莫五世,见 Zerbi, 'La Chiesa ambrosiana', 162-184,这是一部基本著作,尽管无可避免地同样依赖兰多尔福的记述。

[16] *HM*, cc. 30-31, 38-41;关于格罗索拉诺,参见 Arcioni, 'Grosolano',以及 Rossini, 'Note alla "Historia Mediolanensis" di Landolfo iuniore',两部作品都

有一些陈腐过时的预设。值得一提的是,厄利姆巴尔多在 1075 年、格罗索拉诺在 1111 年的倒台双双受到自然灾害的催化;很可能 1117 年的地震之后,焦尔达诺的大会是在煞费苦心地避免遭受同样的命运。

[17] *HM*, cc. 23(关于书信起草者),44 (关于 1117 年),58(关于安塞尔莫的倒台),59, 65-66(最后的两位是达罗家族出身的执政官);"关于他的(大主教的)执政官们":44, 48 bis,两者都提到了 1117 年。参见 Keller, 'Gli inizi', 51-52;以及 Tabacco, *The Struggle for Power*, 337-338。

[18] *HM*, cc. 4, 24, 47.

[19] 至于叙事,与不久之后完成的、1154—1177 年的《米兰年鉴》相反,后者几乎都是关于战争的。

[20] 1117 年、1130 年和 1138 年的案例,参见 *Gli atti del Comune*, nn. 1, 3, 4;关于随后直到 1216 年的内容,见该作全书。总体参见 Padoa Schioppa, 'Aspetti della giustizia milanese', 503-549。对这个时期的公社的最佳制度分析,参见 Manaresi, *Gli atti del Comune* 的导论,以及 Rossetti, 'Le istituzioni comunali a Milano nel XII secolo'。

[21] 在主教区内,米兰的政治力量确实异乎寻常地没有竞争:就像博尔多内所言(Bordone, 'Le origini del comune in Lombardia', 321),在 12 世纪早期,米兰人斗争的对象是其他城市,而非乡村领主。一些执政官的司法文本强调当事人各方的协议,由此也表明这些判决有可能真的是私人仲裁的结果——这种观点在传统的法律史学家中很流行,比如 Sinatti, *La gerarchia delle fonti*, 18-28,以及对比(更精细微妙的)Manaresi, *Gli atti del Comune*, xxxiv,这位学者不能接受执政官们自称在击败巴巴罗萨后才拥有完整的司法权利,而不是在皇帝赐予该城权力之前便拥有事实上的权力。但是,遭到拒不服从的第一份判决,是在一方缺席的情况下作出的,这表明早在 1147 年就完全可以在当事人不情愿的情况下主张司法管辖权(在这里,不情愿的是一个乡村大领主家族,达卡尔卡诺家族),见 *Gli atti del Comune*, n. 14。学者 Sinatti, 同上, 23,效仿马纳雷西,通过辩称执政官法官是帝国使节这一事实赋予了他们代表帝国的权力,从而绕过了这个问题,但是各种迹象表明这不过是司法头衔,尤其是在米兰,而其他城市没有帝国使节如此行事。还要注意:*S. Ulderico*, n. 1 (a. 1142),是一个由斯特法纳尔多作出的真正的私人仲裁,他在之前和之后的年份中都是执政官法官:这与执政官案件几乎没有什么不

同,而且是由一位执政官抄写员执笔记录的。我曾在其他著作中表示,执政官的判决至少是以仲裁为模板的,尽管与它们不同:Wickham, *Courts and Conflict*, 35-38。

[22] *Gli atti del Comune*, xxi-cxxi. 其他仅有的聚焦执政官/公社方面的著作是:关于罗马的 *Codice diplomatico del Senato romano*,以及关于热那亚的 *Codice diplomatico della Repubblica di Genova*,在 *I libri iurium* 中有重新编辑的不同版本。然而,后者大多没有包含该城的法庭案件;这与前文提到过的马纳雷西的著作(Manaresi, *Atti*)形成了鲜明对比。这无疑是因为,在米兰的《权利书》(*Liber iurium*)没有保存下来的情况下,或者说公社档案的其他内容荡然无存的情况下,法庭案件是我们研究这个时期仅有的资料。

[23] Wickham, 'Justice in the Kingdom of Italy', 220-221, 239.

[24] *Gli atti del Comune*, n. 1. 亦比较 *De bello Mediolanensium adversus Comenses*,尽管这不是对大主教统治地位的有力支持。*Liber Cumanus*, 407,这是一份显然早于诗歌《科莫记》(*Liber Cumanus*)的文本,文中记述:1118 年大主教焦尔达诺统治着米兰(tunc regebat Mediolanum)。参见 Grillo, 'A Milano nel 1130', 227。

[25] *Gli atti del Comune*, n. 3; Otto of Freising, *Gesta Friderici*, 2.13;参见 Keller, *Signori e vassalli*, 1-10。关于兰多尔福,参见 *HM*, cc. 38, 53,其中有一份 1113 年的一场战斗中死去的三个人的名单,三个层级的分类似乎是对城市社群的一种隐喻;另一个是在 1128 年选取正式代表去会见大主教。两者都表明,至少 1130 年代,兰多尔福依然在用 11 世纪的三个层级的套路思考,一如凯勒也曾指出的。

[26] 关于大主教的案例:Giulini, *Memorie*, vol. 5, 547-548, 548-554; Zerbi, 'La Chiesa ambrosiana', 207-211 (a. 1123); *Mensa di Lodi*, n. 38。关于"准执政官"的文献,首先是 *Gli atti del Comune*, n. 2, of 1119,有多达三十五名参与者,但是其资料来源是 16 世纪和 17 世纪的两则摘要,并且这个群组的身份地位也不清楚——摘要暗示原本的文本只是列举了大会的成员。1129 年的文本编入了 Besozzi, 'Hobedientia de Abiasca e de Clari', 130-132;关于分析文章,参见 Grillo, 'A Milano nel 1130', 229-230。注意,在米兰,大主教自己的档案没有保存下来;凸显他的文件全都来自其他资料档案集(fondi),这就更突出了其地位的显赫。

[27] 例如 *S. Simpliciano*, n. 5; *S. Dionigi*, nn. 2, 3, 7, 8; *Mensa di Lodi*, n. 42; *S. Maria delle Veteri*, n. 3。

[28] *Gli atti del Comune*, n. 1.

[29] 比较 Keller, *Signori e vassalli*, 347-354。

[30] 名单列表参见 *Gli atti del Comune*, 537-562,以及 Vincent of Prague, *Annales*, 675, 对 1158 年的补充(Classen, *Studium und Gesellschaft*, 50-51)。必须记住,这些人物很可能不完整;就像已经提到的,米兰的公社档案以及公社行为的正式记录都已散佚,因此我们著书立传依靠的是法庭案件。

[31] 关于达卡尔卡诺家族,参见 Grillo, *Milano*, 288-291, 以及 Keller, *Signori e vassalli*, 186-187(他们在 1196 年出了一位执政官:*Gli atti del Comune*, n. 194)。关于达贝萨特家族,参见 Violante, 'I "da Besate"'。关于城乡差异,参见 Grillo, 'Aristocrazia urbana, aristocrazia rurale', 87-96。关于达罗家族和布里家族,参见下文。关于达波尔塔-罗马纳家族,参见 Salvatori, 'I presunti "capitanei delle porte"', 46-68。达塞塔拉家族没得到完善的记录,但是这个家族在米兰城西南面的科罗纳泰有采邑,并靠近附近的莫里蒙多修道院:*Morimondo*, nn. 58, 66(采邑), 92, 170。关于达索雷西纳家族,Violante, 'Una famiglia feudale'。关于克里韦利这个至少在 13 世纪相对富有的家族,参见 Caso, *I Crivelli*。1117—1130 年之后,直到 1167 年,他们实际上没有人出任执政官,但时不时地在执政官的行动中作为见证人出现,参见 *Gli atti del Comune*, nn. 5, 8, 13, 25, 29, 46。维斯孔蒂家族的情况也是如此,他们在 1130 年—1159 年间没有出任执政官,而是时不时地作为见证人出现,见 *Gli atti del Comune*, nn. 5, 7, 8, 13, 17, 25, 30。达巴焦家族处在这个群组的边缘,这个城市领主家族与大主教关系密切(涌现了许多高级神职人员);1117 年之后,他们的第一位执政官出现时,已经是 1151 年了,但是他们在 1140 年代没有担任见证人(第一位执政官见 *Gli atti del Comune*, n. 22)。格拉西家族也与此类似,直到 1160 年(*Gli atti del Comune*, n. 48)才出现执政官,并且与圣安布罗焦修道院过从甚密,世代担任该修道院的诉讼代理人(参见 *S. Ambrogio* 3/1, passim),而担任见证人的情况,参见 *Gli atti del Comune*, n. 11 以及可能还有 n. 23,并且与私人仲裁案件中的执政官们有关,见 *S. Ulderico*, n. 1 (a. 1142)。

[32] 达普斯泰拉家族的第一个执政官见 *Gli atti del Comune*, n. 121,尽管他们在

同一执政官文献的注释中作为见证人出现;1120 年代大主教的扈从,参见 Zerbi, 'La chiesa ambrosiana', 210,以及 *Mensa di Lodi*, n. 38(当然,该家族的一位成员在这些年里担任大主教);*seniores in Morimondo*, n. 35;安塞尔莫·达普斯泰拉是奥罗娜的圣母修道院的诉讼代理人,见 *Chiaravalle* 1, n. 66, 以及 *S. Maria di Aurona*, n. 7;他们在洛迪也很显赫。达梅莱尼亚诺家族跟随阿里亚尔多,站在大主教这边;关于他们的第一位执政官,参见 *Gli atti del Comune*, n. 123。波佐博内利家族的第一位执政官见 *Gli atti del Comune*, n. 206,尽管他们有时也在较早期的执政官文献中作为见证人出现,后来在 1180 年代又数次出现;他们中的一位曾正式会见过安塞尔莫五世;他们在米兰南部的维拉马焦雷持有土地和什一税/领主权利。达特内比亚戈家族在 1130 年之后,很少有文献记载,他们从达兰德里亚诺家族那里获取土地,并且拥有维拉马焦雷的土地和什一税/领主权利。关于凡蒂家族,参见 Chiappa Mauri, 'A Milano nel 1164', 23-29,以及 Andenna, 'Le strutture sociali', 266-269。

[33] Biscaro, 'Gli avvocati'. 一位家族成员有一次担任了执政官们的见证人,那是在 1154 年。

[34] 关于 11 世纪末,参见 *I placiti*, n. 467;关于 12 世纪早期,参见 *HM*, cc. 19 bis, 53, 60, 63; *Gli atti del Comune*, n. 2;Giulini, *Memorie*, vol. 5, 552,以及 *Mensa di Lodi*, n. 25(关于大主教)。关于首位执政官,见 *Gli atti del Comune*, n. 33;关于联盟的首领,参见同上,nn. 94, 100。这个家族的成员在 1140 年和 1153 年为公社担任见证人。关于维拉马焦雷,参见 *Chiaravalle* 1, nn. 50, 112。

[35] 关于圣安布罗焦修道院的封臣家族,参见 *APM*, n. 40;后来的情况,参见 *S. Ambrogio* 3/1, n. 45。关于这个家族的公共角色,参见 *APM*, n. 854(为执政官会议的相关文件担任见证人);Zerbi, 'La chiesa ambrosiana', 210(a. 1123, 与主教相关);*Gli atti del Comune*, n. 181(首位执政官出现在 1193 年)。Quinto de' Stampi: *Gli atti del Comune*, nn. 44, 68; *S. Giorgio al Palazzo*, nn. 44, 53, 78。他们在维拉马焦雷也拥有土地,*Chiaravalle* 1, nn. 7, 41;参见 *Chiaravalle* 2, n. 5。

[36] Violante, 'I "da Besate"'. 另一个例子是达因迪米亚诺家族,他们的土地遍布伦巴第地区,但是没有涉足米兰的城市政治,除了大主教阿里贝托这个著

名的例子,尤见 Basile Weatherill, ‘Una famiglia “longobarda” ’。

[37] 关于大主教,参见 *Mensa di Lodi*, nn. 38, 42; *Velate*, n. 123; *Capitolo Maggiore*, nn. 19, 21, 22。关于什一税,参见 *Velate*, n. 61;*S. Maria in Valle*, n. 8。位于罗的城堡,参见 *Velate*, n. 61。其他土地,参见 *S. Giorgio al Palazzo*, n. 32。

[38] 关于大主教的扈从和封臣,参见 Zerbi, ‘La chiesa ambrosiana’, 210;*Velate*, n. 123(在该作中,马拉斯特莱瓦明显是布里家族的成员,在大多数执政官文献中却不是)。关于土地,参见 *S. Giorgio al Palazzo*, nn. 12-14, 16; *S. Stefano di Vimercate*, n. 51; *Chiaravalle* 1, nn. 34, 80; *Morimondo* 1, nn. 104, 141, 152。关于什一税,参见 *S. Stefano di Vimercate*, n. 25。关于嫁妆,参见 *Morimondo* 1, n. 43。马拉斯特莱瓦还插手了卡皮托洛家族与圣安布罗焦修道院修士们之间的激烈争议,可见于一封写给一位被他称为亲戚的枢机的书信:Pflugk-Harttung, *Iter italicum*, 464-465,我能援引这部参考文献,多亏 Katrin Getschmann 的善意相助。关于这个家族在 13 世纪的情况,参见 Grillo, *Milano*, 263-266。

[39] Fasola, ‘Una famiglia di sostenitori milanesi’. 关于 1143 年,见 *Capitolo Maggiore*, n. 12。关于“叛徒”,参见 *Annales Mediolanenses*, 373, 376。

[40] 关于 1109 年的瓜尔泰里奥,参见 *Chiaravalle* 1, n. 7。阿里普兰多 · 帕加诺:从 *APM*, n. 823 到 *Capitolo Minore/Decumani*, n. 2; *Chiaravalle* 1, n. 5,这是关于他的父亲的内容。安布罗焦 · 帕加诺:从 *APM*, n. 509(作为公证员)以及 585, a. 1078(作为法律专家),参见 *S. Vittore di Varese*, n. 34。关于后来的阿里普兰多和巴巴罗萨,参见 *Annales Mediolanenses*, 376。我不相信 1155—1174 年的阿里普兰多 · 科尔博,这位常常出现的抄写员和法律专家,与作为执政官的法律专家阿里普兰多是同一个人;但是,如果真的是同一个人,那么这些法律专家就是科尔博家族的成员,该家族在 1140 年代之后拥有米兰城南部的一些土地,并且是圣乔治宫教堂的见证人,他们很可能是中等地主,与其他法律专家家族类似。

[41] Keller, *Signori e vassalli*, 188-189,简单地陈述了年代学上的差异。在卢卡也一样,11 世纪城市的法律专家们常常也是地主,但是在 12 世纪的城市中却不是这样。然而,即便在 11 世纪,卢卡的法律专家也是一种从公证员职业做起的执业资格,就像安布罗焦 · 帕加诺所经历的。1062 年,一位小安布罗

焦·帕加诺作为地主出现,拥有一处中等规模的产业,但这肯定是另一个人;司法界的那位早在 1069 年就已经是受过训练的公证员了。

[42] 关于斯特法纳尔多的土地与维梅尔卡泰的联系,参见 *Chiaravalle* 2, n. 30; *S. Stefano di Vimercate*, nn. 20, 78, 85, 114, 119(关于土地);同上, nn. 52, 61, 64, 72, 73, 94(关于司法角色)——加上 *Gli atti del Comune*, n. 349 (a. 1211),以及 Grillo, *Milano*, 343,作为一份 1220 年代的参考。关于作为一个崛起的小镇的维梅尔卡泰,参见 Rossetti, *Percorsi di Chiesa*, 186-209。另一位作为移民的法律专家是 Ottobello of Lodi,他在 1140—1144 年间担任执政官;我们或许可以再加上 Arderico Cagainosa,他同样在这两年中担任执政官,这个姓氏早前已在科马西纳岛得到了证实。

[43] Andenna, 'Dall'Orto (de Orto), Oberto'; Classen, *Studium und Gesellschaft*, 50-51;以及 di Renzo Villata, 'La formazione dei "*Libri Feudorum*"', 666-681,大多数相关文献都汇集于此。关于 1139 年,参见 *Chiaravalle* 1, n. 65。克拉森表示:"这个家族属于封臣家族。"但我没有看到关于这种说法的证据。

[44] 这些课本和关于它们的研究,参见下文 nn. 57, 59。关于奥贝托在米兰可能受到的训练,参见 Classen, *Studium und Gesellschaft*, 36-39;关于 1140 年代为奥贝托书信的撰写日期(其他一些学者推测是在 1150 年代),参见同上, 60, 67。关于帕维亚,参见 Radding, *The Origins*(该城提供了一套法律训练,而不是一所正式的学校,第 97 页);该作者审慎地提出与米兰的法学家们有关, 172-173。布拉格的文森特:*Annales*, 675; Classen, *Studium und Gesellschaft*, 51,援引了讣告。

[45] 关于 1151 年和 1147 年,分别参见 *Italia sacra*, vol. 5, cols. 793-794, 788;对斯特法纳尔多的最佳评论是 Padoa Schioppa, 'Il ruolo della cultura giuridica', 278-284;亦参见 di Renzo Villata, 'La formazione dei "*Libri Feudorum*"', 676-677。

[46] 关于吉拉尔多的法律和执政官事业,参见 Classen, *Studium und Gesellschaft*, 49-54 (加上 Soldi Rondanini, 'Cagapesto [Cacapisti, Pesto], Gerardo')。Andenna, 'Una famiglia milanese di "cives"',是研究这个家族的基础。关于 1154 年,参见 Otto of Freising, *Gesta Friderici*, 2.16-18。关于 1177 年,参见本书第一章注释 6。关于 1170 年,参见 *Canonica di S. Ambrogio*, nn. 63, 70,

76, 79. 1188: *Gli atti del Comune*, n. 159。关于布鲁扎诺,参见 *S. Eusebio*, nn. 1, 2。

[47] Menant, 'Une forme de distinction inattendue'. 严格地说,pesto 意指任何经过碾碎或压实的东西,既包括食物,也包括非食物,而并不需要记住现代热那亚的酱汁的配方。结果,卡加皮斯托被翻译成了"碾压一坨粪便"(crush-a-shit),但以我对语源学的认知来看,其实有其他合理的选择。

[48] Wickham, *Roma medievale*, 438. 关于"马拉"开头的名字,参见 Collavini, 'Sviluppo signorile'。

[49] Otto of Freising, *Gesta Friderici I.*, 2.16-18 ("黑色的吉拉尔多"),2.13("束带簪缨"是对罗马帝国末期官僚的标准措辞,而奥托作为一位极具古典风格的作者,当然知道这一点,并且这个词并不一定是意指加入军事阶层,尽管奥托在这份文献的其他地方使用了这个表达来指代"骑士身份",参见他所著的 *Chronica*, 4.9, 5.7, 6.2,文中它指代的是"官职")。注意,吉拉尔多晚年常常去掉他姓氏中的"卡加"这个前缀,但他的亲戚们没有这么做。

[50] 参见 Mohr, *Holy Sh * t*,该作提供了一份杰出的关于禁忌和粗鲁词汇的历史研究,主要是英文,但有着广泛的适用性。关于希尔德布兰,参见 Benzone of Alba, *Ad Heinricum IV. Imperatorem*, 6.6 (562)。

[51] 粪便相关的名字不仅限于城市(通常是精英阶层,包括贵族)的出身背景,还包括一些农民,参见 Menant, 'Une forme de distinction inattendue', 443-444,但它们没有扩展到乡村贵族。

[52] 'Il "Liber Pergaminus"', 第 271-292 行。关于米兰,见 Barni, 'Milano verso l'egemonia',这是一部再好不过的战争指南。

[53] Vincent of Prague, *Annales*, 675.

[54] 但他们并非全都如此,扎瓦塔里家族于 1160 年在莫伊拉诺拥有领主权利,而这一家族在 1130 年曾有成员担任市民的执政官,参见 *Canonica di S. Ambrogio*, n. 47。

[55] *Annales Mediolanenses.*

[56] *De bello Mediolanensium adversus Comenses. Liber Cumanus.* 这首诗的见证的性质,在第 6 行、第 1670—1674 行表露无遗。关于执政官,见第 703—704 行;关于"贵族",见第 752, 1051, 1125, 1602, 1645 行,并比较第 1995 行关于"长者"(maiores)的内容。执政官们还出现在该诗篇的"引子"部分,407。在战

争中,法律专家也参加了战斗,参见第253—256行。我所见到的对这首诗的唯一晚近的探讨是Grillo,'Una fonte', 68-76,该作聚焦于早期乡村公社的证据。

[57] Anselmo dall' Orto, *Iuris civilis instrumentum*; *De summa Anselmini de Orto super contractibus*. 评论参见Peter Classen, *Studium und Gesellschaft*, 55-57(关于维罗纳),64-66(关于安塞尔莫);Antonio Padoa Schioppa, 'Il ruolo della cultura giuridica', 278-289(关于维罗纳);Cortese, *Il diritto*, vol. 2, 122-123, 161-162(关于安塞尔莫)。*Gli atti del Comune*, nn. 73-74, 1170年,是该世纪米兰执政官唯一有着罗马式诉讼行为的案件。

[58] 由Conte和Menzinger编辑,书名为*La Summa Trium Librorum*:关于他的文化背景,参见同上, li-lxiv;关于他的职业生涯,参见xxvii-xlii。然而他没有被文献记载为"大执政官",这是卢卡每年一届的城市领袖的头衔。

[59] Lehmann, *Das langobardische Lehnrecht*, *Antiqua* 8 and 10 [后文均简称为*Antiqua*];引文来自142页。评论:Classen, *Studium und Gesellschaft*, 59-68; Reynolds, *Fiefs and Vassals*, 215-230, 483-486;以及最完整的近期研究,di Renzo Villata, 'La formazione dei "*Libri Feudorum*"'。此外,文中提到的唯一有名有姓的作者(*Antiqua* 9)是甘博拉多的乌戈(Ugo of Gambolado),即帕韦塞的甘博洛(Gambolò),他在1112年担任帕维亚的执政官(di Renzo Villata, 'La formazione dei "*Libri Feudorum*"', 657)——此处对奥贝托的表述,也适用于他。

[60] *Antiqua* 8.1(Lehmann, *Das langobardische Lehnrecht*, 115);在这里主张米兰法效力高于罗马法的,有许多论著,包括:Andenna, 'Dall' Orto (de Orto), Oberto'; Classen, *Studium und Gesellschaft*, 63; Padoa Schioppa, 'Aspetti della giustizia milanese', 549。

[61] Lehmann, *Das langobardische Lehnrecht*, 114-148,该作的脚注部分提到了米兰的法律条文;关于后来的封建法,参见Reynolds, *Fiefs and Vassals*, e.g. 249-257, 286-287, 460。

[62] *Gli atti del Comune*, nn. 5, 18, 24(1140-1151).

[63] 历史学家们(包括Castagnetti, 'Introduzione', 20; Keller, *Signori e vassalli*, 3-5, 23-24)倾向于推断:是奥贝托撰写了*Antiqua* 8.16这个章节,谈到了领主——他们被界定为封地内带洗礼堂的乡村教堂(pievi)[什一税权利]的持

有者,以及封臣——他们“自古以来”就从领主手中获得采邑/收益,还有那些“近期”[只是]作为平民(plebeii)获得它们的新晋者(noviter)(注意:卡加皮斯托家族就是这些“新晋”家族之一,恐怕奥贝托对这一点也是心知肚明)。然而,阿尔卑斯山另一边的法律史学家,Classen, *Studium und Gesellschaft*, 68, 以及 Reynolds, *Fiefs and Vassals*, 217,485,将这一章节看成插入。这种观点可追溯至 Laspeyres, *Über die Entstehung*, 192-193,作者拉斯佩尔依然是唯一早在 1830 年就严肃调查这个问题的人;他这么认为,完全是基于这个章节导致奥贝托的论证中断,肯定不是基于任何手稿证据(主要的手稿大约从 1200 年开始,都包含这段文字);而且他也确实表示,插入的说法“很有问题”(sehr bedenklich)。在缺乏更加细致的研究的情况下,我认为我们完全应当铭记这里的不确定性。关于带洗礼堂的乡村教堂,基本的研究见 Violante, ‘Pievi e parrocchie’; 718-721,该作记述了它与《封土之律》的关联。

[64] Kershaw, ‘Working towards the Führer’.

[65] [Otto of Freising 以及] Rahewin, *Gesta Friderici*, 4.1-10。注意:腓特烈在同一次集会时,也进行了封建法相关的立法活动。

[66] 关于民众集会,参见上面的注释 15;亦参见 Celli, ‘Il ruolo del parlamento’, 该作赋予了民众集会在公社的早期历史中适当的分量,尽管其总体论述在其他方面与我的看法背道而驰。

[67] 关于米兰,参见 *Gli atti del Comune*, xxxviii, lxxiii-lxxvi。

[68] Mainoni, ‘A proposito della “rivoluzione fscale”’,35.

[69] 关于乡村压迫,参见 *La Summa Trium Librorum*, 383-384;关于贵族的恶行,有一份出色的指南:Lansing, *The Florentine Magnates*, 165-191。

第三章　比萨

[1] 三百这个数字,参见 *Gesta triumphalia per Pisanos facta*, 6,这是一部 1120 年左右的文本。这首诗歌在 1904 年被编辑为《马略卡战记》(*Liber Maiorichinus*),后文中简称为 *LM*。关于战利品,参见 *LM*, 第 2925 行(马略卡国王表示,比萨人只是“想要将我们的财富掠夺一空”,而他所言确实不错,这不是一场以征服为目的的远征),第 3515—3519 行。人们普遍认为 Enrico pievano of Calci 是

该诗的作者,根据却十分薄弱,von der Höh, *Erinnerungskultur*, 156-160, 164-178,也谨慎地接受了关于作者身份的通说,但有充分的理由认为该作者是一位神职人员。然而,这首诗歌相当世俗,尽管带有宗教腔调。

[2] 关于这个时期比萨的财富的晚近著作有许多,包括 Gabriella Rossetti, Mauro Ronzani, and Maria Luisa Ceccarelli Lemut 的著作,经典的概论是 Volpe, *Studi*。

[3] 关于商业的直接证据,在12世纪末的君士坦丁堡有一组关于比萨的出色的私人文献:*Documenti sulle relazioni delle città toscane*;亦参见 Baldelli, 'La carta pisana di Filadelfa',关于12世纪早期比萨海军的意大利语记载。比萨作为一个获取财货的渠道,参见 Cantini, 'Ritmi e forme'; Baldassarri and Giorgio, 'La ceramica'。贸易进口通过伊斯兰彩绘碗(bacini)得到了进一步的展现,它们被用于装饰比萨教堂的立面和钟楼,参见 Berti and Tongiorgi, *I bacini*。

[4] Goldberg, *Trade and Institutions*,是迄今为止的总结; Constable, *Trade and Traders*,涵盖了西班牙的相关内容。

[5] 近期的一篇出色的研究,见 Salvatori, 'Lo spazio economico di Pisa';一篇杰出的综合性论述,见 Petralia, Le "navi" e i "cavalli"。

[6] Malaterra, *De rebus gestis*, 45. 关于协议,参见 Banti, *Scritti di storia*, 287-350,以及 Salvatori, 'Lo spazio economico di Pisa';文献载于 *Documenti sulle relazioni delle città toscane* 以及 *I diplomi arabi*。关于12世纪商业如何运作的问题,基本著作是 Abulafa, *The Two Italies*。比萨人在1119年之前袭击了尼斯,但是在12世纪,主要是与意大利南部和热那亚发生海战。关于后来的"海盗"(也就是说,当比萨成为种种条约的缔约方、海盗行为成为一种尴尬现象时),参见 Puglia, 'Fuori della città', 183-188,尤其参见 Salvatori, 'Il corsaro pisano Trapelicino'。

[7] 关于当时的背景,参见 Ronzani, *Chiesa e "Civitas"*, 11-32, 240-269。对于科西嘉的宗教管辖权,比萨和热那亚一直你争我夺,直到英诺森二世在1133年敲定了权利划分。

[8] 尽管热那亚确实拥有最好的、从1099年开始的早期公社编年史,Caffaro, *Annali genovesi*。对比萨人自我纪念的最全面的总体研究是 Fisher, 'The Pisan Clergy'以及 von der Höh, *Erinnerungskultur*。

[9] 如今铭文的基本版本:关于布斯凯托,参见 Ottavio Banti, *Monumenta epigrafca pisana*: nn. 48-50,关于远征(巴勒莫诗歌),参见46-47, 51。这些文献的日

期有争议,常常还十分激烈:究竟是较早的日期(诗歌出自 11 世纪),还是较晚的日期(在某些情况中更接近目前大教堂立面的日期,1150 年左右);班蒂倾向于较晚的日期(参见 Banti, *Scritti di storia*, 67-90),而另一位作者朱塞佩·斯卡利亚(Guiseppe Scalia)倾向于较早的日期(在许多文章中都是如此,例如'Tre iscrizioni e una facciata')。在最近的细致研究中,Von der Höh, *Erinnerungskultur*, 315-363,接受了 1135 年作为巴勒莫碑文的最可能的日期。我不会作出它们要么是同时代要么是后来所作的论断。

[10] "下一个罗马":*LM*, 133;关于金门,参见 *Monumenta epigrafca pisana*, n. 9。对"下一个罗马"的论述,参见 Scalia, '"Romanitas" pisana', 805-806;进一步的内容,参见 Petralia, 'La percezione'; von der Höh, *Erinnerungskultur*, 399-412。

[11] *LM*, lines 445-448, 717-718, 780, 1184-1186.

[12] 这篇作品被编入 Scalia, 'Il carme pisano'。该作的日期仍存在争议,尽管必定早于手稿上标注的日期——1119 年。

[13] *Liber Guidonis*, ed. Campopiano。关于战争中(as belligeras)的比萨,参见 *LM*,第 778 行。

[14] *I Costituti*, Vignoli 编辑的这部作品包括了两部基本法的现存最早版本,标注日期为 1186—1190 年;引述部分见第 129 页。

[15] Ronzani, *Chiesa e "Civitas"*, 223-228,清楚地罗列了 1087 年的情况(尽管关于 1064 年的外部赞助是一种猜测);1098 年是没有问题的(对它最细致的探讨,见 Matzke, *Daibert*)。关于 1113 年,《马略卡战记》提到了远征军的三面旗帜:比萨的、大教堂的和教皇的,见第 1684—1688 行。然而,这种赞助关系并不意味着比萨人只是应请求而发动袭击;在 1087 年,以及随后的 1113 年,是比萨人自己发动了袭击。

[16] 关于十字军式意象的论述,在我看来是过度解读,参见 Scalia, *Gesta triumphalia per Pisanos facta*, xl-xlii; Banti, 'La giustizia'; von der Höh, *Erinnerungskultur*,要更持平。

[17] 总体参见 Ronzani, 'Dall'*edifcatio ecclesiae*。布斯凯托是一位早期的司工(operarius);伊尔德布兰多则是最显赫的。

[18] Giroacchino Volpe, *Studi*, 1: 'Il comune pisano, nato dalla organizzazione privata degli armatori e dei mercanti di mare...'.

[19] 马拉戈内的著作被编入 *Gli Annales Pisani*。关于他的职业生涯,参见 Ceccarelli Lemut,'Bernardo Maragone'。

[20] *I placiti*, nn. 414, 421, 428, 433, 436, 445;关于当时的背景,Goez, *Beatrix von Canossa*, 89-99, 106-107;Ronzani, *Chiesa e "Civitas"*, 109-190,该书是研究 1060—1092 年这一时期的基本著作。

[21] 马拉戈内记述的最早的难以控制的公社动乱,是在 1182 年,参见 *Gli Annales Pisani*, 73-74。但是我们必须加上 1153 年的维斯孔蒂之乱,尽管我们不知道情况到底有多么严重,参见下文注释 50。

[22] *I placiti*, n. 445;比较 inquisitio, n. 14 (*I placiti*, 451-452),文中乌戈曾在一个案件中按照比阿特丽斯的命令行事,但同样是在 1077 年,比阿特丽斯去世之后。

[23] *Die Urkunden und Briefe der Markgräfn Mathilde von Tuszien*(后文简称为 *DM*), n. 23。

[24] Ronzani,'L'affermazione dei Comuni cittadini', 5-10;Cowdrey,'The Mahdiya Campaign', 16-18.

[25] Ronzani,'Le tre famiglie dei "Visconti"',分出了不止两个而是三个子爵家族。这种分立在家族血脉方面不是毫无余地的定论,但是各个子爵分支在政治上的差异却十分鲜明。我很高兴接受这种论断。关于支持皇帝的家族,亦参见 Struve,'Heinrich IV', 516-523。关于玛蒂尔达,参见下面这部著作的行动和地点列表,Overmann, *La contessa Matilde di Canossa*, 127-143。

[26] *Heinrici IV. diplomata*, nn. 359, 362, 404,是皇帝给大教堂和奥兰迪家族的馈赠;最后一次是在 1089 年,到那时,亨利已经不再支持托斯卡纳。玛蒂尔达将这块土地再度送出,并且确认了奥兰迪家族土地的归属。

[27] *Heinrici IV. diplomata*, n. 336,其重新编辑版收录于 Rossetti,'Pisa e l'impero';关于插入语,参见 163, 168-170。(这一论证很有说服力,但是要搜寻插入语却遇到了问题,因为一旦开始,就很难收手:参见 Puglia,'Reazioni alla dominazione canossiana', 41-46,这位作者补充了更多的插入语,并且与 Struve,'Heinrich IV', 514-516 形成对比,后者将整篇文献看作一个整体来进行辩护。)亨利并不是这个市民集合体的缔造者,因为玛蒂尔达在 1077 年(*DM*, n. 23)曾将比萨市民称为大教堂教士们公社生活的实际保证人;但是,对我而言,这是一则较不重要的援引。

[28] 这部文献最晚近的版本,可见于 *I brevi dei consoli*, 107-108。将该文献视为伪造的著作,参见 Wolf, Il cosiddetto "Privilegio logudorese"。Blasco, 'Consuntivo delle riflessioni', 以及 Ronzani, *Chiesa e "Civitas"*, 190-199(该作主张一个更加严格的时间:1080—1081 年间),成功地捍卫了它的正品地位。布拉斯科关于这篇文献的日期应被重新标注为 1121 年的细致论述,尚未受到全面的反驳(尽管在我看来他的说法终究还是不足以服人:他发现很难将对吉拉尔多主教的引述搪塞过去,而"朋友们"的名单更符合 1080 年代,而非 1120 年代的情况),而且太过强调日期会犯错;我在这里的诠释没有这么做。

[29] 关于这则引述,参见 Scalia, 'Il carme pisano', 43。斯卡利亚认为四人全都是执政官;可能确实如此(那么这些词语是因为格律之故,才被拆分开的),但是这仍然无法改变这种论断。

[30] 总体参见 Ronzani, *Chiesa e "Civitas"*, 229-233, 245-246; 以及 Matzke, *Daibert*。

[31] Rossetti, 'Il lodo del vescovo Daiberto',给出了文本和基本分析。关于文献的背景,见 Garzella, *Pisa com'era*, 62-63 。

[32] Rossetti, 'I caratteri del politico',比我在这里的观点更进一步。Matzke, *Daibert*, 64-65,遵循哈根 · 凯勒的说法,认为誓言与"上帝和平运动"的那些言辞类似;这在我看来,毫无帮助。

[33] *I brevi dei consoli*, 105-107, 108-110,是两者的最晚近的版本;至于评论,包括 Rossetti, 'Società e istituzioni', 320-337; Ronzani, *Chiesa e "Civitas"*, 252-255。

[34] 关于威廉等,总体参见 Niermeyer, *Mediae latinitatis lexicon minus*, 260-261, s. v. *consul* 5。注意:意大利早期掌权的执政官绝非总是每年一换。Caffaro, *Annali genovesi*, 5-17,展现了 1099—1121 年间每三年或四年一换的执政官;在比萨,马略卡战争时期的执政官们任职三年,还有几位执政官在 1120 年代连续担任了多年,并不是每届都必须改选:数据参见 Ceccarelli Lemut, 'I consoli'。

[35] Wickham, *Roma medievale*, 236-237;比较 *LM*, line 51,这里将 1113 年比萨的执政官称为"执政官和领袖"(consules atque duces)。

[36] 关于法律专家,参见 Hiestand, 'Iudex';关于借鉴罗马,参见 Wickham, *Courts*

and Conflict, 118-121。

[37] *Codice diplomatico del monastero di Santo Stefano*, n. 96.

[38] 同样参见 Keller, 'Gli inizi', 56。

[39] 关于1113年,参见*LM*, 第343行;以及*I brevi dei consoli*, 117-119,关于1153年的"公共商议大会"(publica contio),参见下文注释50。

[40] *LM*, 第449—450行。

[41] 关于彼得罗,参见 Ceccarelli Lemut and Garzella, 'Optimus antistes'。

[42] 关于这个问题,参见 Wickham, 'The "Feudal Revolution"'。注意:在我们研究的这个时期,在比萨之外的托斯卡纳地区,这种民众集会的文献记载远远没有那么完备。

[43] *DM*, nn. 61-63, 74, 124, 125(奥兰迪家族最后的余脉,曾经是亨利四世1082—1084年间特许状的受益人)。1099年,玛蒂尔达在卢卡之外,也有文献记载(*I placiti*, n. 479)。注意:国王康拉德——亨利四世那个支持玛蒂尔达的叛逆的儿子,1097年也在比萨,我们不知这对比萨的政权有何影响。

[44] Savigni, *Episcopato*, 42-50,追踪了这个时期的动态。

[45] *Carte dell' Archivio arcivescovile di Pisa* [后文简称为*AAP*], vol. 2, nn. 10-17。最全面的分析,见 Ronzani, 'Le prime testimonianze'; 'L' affermazione dei Comuni cittadini', 20- 27。

[46] 参见下文注释48。

[47] *LM*, 137-140(1114年); *AAP*, vol. 2, nn. 49, 55。关于1111年,见*Documenti sulle relazioni delle città toscane*, n. 34——不过大主教和大教堂从阿历克塞那里得到了种种馈赠;比较尼斯条约,很可能缔结于1118—1119年,当时彼得罗大主教与执政官们和子爵们一起代表这座城市行事。关于1126年的抄写员,见 Banti, *Studi di storia*, 58。

[48] *AAP*, vol. 2, nn. 20, 19. 我自己早前曾好奇,前面的文献,以其独特的审判大会形式,是不是在暗示大主教真的主持审理了这个案件,就像前文探讨过的1117年米兰的审判大会;但是必须说,这份文件中毫无迹象表明有主教作为主导,我们无法得出这样的推断。

[49] *Regesto della chiesa di Pisa* [后文简称为*RCP*], n. 300。最早的措辞可能是"比萨民众(populus)的公社的"。Ronzani, 'L' affermazione dei Comuni cittadini', 36, 认为:这是为了集资,让教皇的判决有利于比萨教会在科西嘉

的权力，这项权力近期被热那亚成功夺取了。见 *RCP*, n. 311 (a. 1129)，鲁杰罗抱怨执政官忽视了一次较早向大主教让渡的机会。

[50] 关于 1138 年，参见 *AAP*, vol. 2, n. 124。关于 1153 年，参见 *I brevi dei consoli*, 117–119。其他子爵家族很快重新掌权，尽管没有正式的子爵权利，因此，这时最简易的方法是将他们称为维斯孔蒂家族（其他家族中的一个，即 1153 年担任执政官的彼得罗的家族，被明确地排除在 1153 年的裁断之外，而与彼得罗不属于同一支的圭托内·维斯孔蒂在 1158 年担任执政官）；然而，阿尔贝托的家族成员，直到 1183 年才再度担任执政官。总体参见 Pratesi, 'I Visconti'; Ceccarelli Lemut, 'I consoli'。

[51] *AAP*, vol. 2, n. 20; Ceccarelli Lemut, 'Terre pubbliche'，关于大主教的领主权利。关于沃尔佩，参见 *Studi*, 9–18（对他的批评，参见 Ronzani, 'L'affermazione dei Comuni cittadini', 35–36）。Rossetti, 'Costituzione cittadina'，最全面地分析了向大主教让渡城堡，更新了沃尔佩开出的阅读文献，见 108–111, 158–160。对拒不服从的判决（始于 1142 年，见 D'Amia, *Diritto e sentenze*, n. 2），1153 年对子爵们的驱逐，以及 1155 年打造该城两部基本法的决定，是公社担当公共角色的更加明显的例子；所有这些都早于 1162 年腓特烈·巴巴罗萨正式向这个公社授权（*Friderici I. Diplomata*, n. 356）。

[52] 关于前执政官的仲裁，参见 *AAP*, vol. 2, nn. 61–62（阿佐·迪马里尼亚诺在 1120 年担任执政官；同上，n. 55；两位执政官还担任了见证人，亦参见 n. 62）。大主教审理的一起世俗案件，参见 *AAP*, vol. 2, n. 89，他也是其中一位当事人，且作为领主参与其中，不过，也有执政官们参与。然而，大主教确实审理教会法案件：直到 1150 年，参见 *AAP*, vol. 2, n. 67; D'Amia, *Diritto e sentenze*, n. 1; *RCP*, n. 367。注意：大主教鲁杰罗也是沃尔泰拉的主教，并且在那个主教区（只有非常弱小的城市）有迹象表明，他在 1128 年召开了一次姗姗来迟的审判大会，参见 *AAP*, vol. 2, n. 72：重要的是，在比萨没有类似的情况。

[53] *AAP*, vol. 2, nn. 105, 124；关于伊尔德布兰多，参见 Ronzani, 'Dall'*edifcatio ecclesiae*', 29–42。

[54] 关于数据，参见如 Rossetti et al., *Pisa nei secoli XI e XII*。注意：托斯卡纳地区的采邑比伦巴第地区的更加稀少，尽管比萨大主教确实割让了一些（而且一

些执政官家族持有主教采邑),且有一个教廷,以容纳他的封建依附者们,参见 *RCP*, n. 654 (a. 1137)。然而,这份文献也清楚地表明,在那个时期,大主教对他的佃户中的许多人,几乎无力掌控。

[55] 关于托斯卡纳地区主教权力的传统弱点,参见 Rossetti, 'Ceti dirigenti', xxxi。关于卢卡的探讨,参见 Osheim, *An Italian Lordship*, 10–25。关于侯爵经久不衰的权力,早期领主的缺位是一个表现(Wickham, 'La signoria rurale in Toscana', 361–370),再加上侯爵领中审判大会一直保留至较晚近时期(*I placiti*, vol. 3)。阿雷佐是例外;在那里,主教是公众眼中和土地占有方面的一个真正的焦点,参见 Delumeau, *Arezzo*, esp. 525–528。

[56] 1050—1150 年,至少吉拉尔多、彼得罗、乌贝托,或许还有巴尔多维诺是比萨人,但看起来并非出自城中的大家族。

[57] *LM*, lines 72–81(关于教皇), 86, 1209, 1391–1392, 1575–1589(关于彼得罗的布道),1404(关于多东内 · 迪泰珀托的引述),760–761(首次提到乌戈),971–972(彼得罗 · 迪阿尔比佐的引述)。实际上,较之那首诗歌,大主教彼得罗在 1114 年的比萨-巴塞罗那条约中的形象要鲜明得多(*LM*, 137–140)。在最早的引述中,乌戈被说成"正主宰着比萨城",但是他在任何文献中都不太像"主宰"者,尽管 1111 年,他在他的"裁判庭"(curtis)上批准了一位妇女进行的一宗交易——这无疑是他作为子爵依然担任的司法角色(Guastini, 'Le pergamene', n. 42):参见 Pratesi, 'I Visconti', 57–58。

[58] 比较 Wickham, 'The "Feudal Revolution"'。

[59] 关于公地和官员,参见 Giardina, *Storia del diritto*, vol. 1, 135–185;总体而言,关于三角洲地区的证据,参见 *La pianura pisana*, ed. Mazzanti。对这个问题的出色陈述,参见 Rao, *Comunia*。关于意大利的乡村公社和公地之间关系的最热切倡导者,见 Bognetti, *Studi sulle origini del comune rurale*, 1–262。

[60] Ronzani, 'L'affermazione dei Comuni cittadini', 18–22.

[61] 玛蒂尔达于 1107 年围困了佛罗伦萨附近的普拉托:参见 *DM*, nn. 102–103;已知她所召开的最后一次审判大会是 1107 年在沃尔泰拉。她关于比萨的最后法令来自 1112 年,发布于马萨,该地位于比萨以北三十多英里处的海岸边,远离主教区。

[62] 也可以认为我们需要解释:为什么比萨没有成为一个由曾经也是传统地方掌权者的子爵们所掌管的城市;在 1109 年和之后的年月中,各子爵家族一开

始确实也是比萨执政官的来源之一。但是我们在后文中将会看到,这是不可能的。

[63] 我在这里的论述是基于 Ceccarelli Lemut,'I consoli'。我分别历数任期一年的职位;许多执政官,就像在米兰那样,多次出任。各家族包括巴尔多维纳斯齐家族、瓜兰迪家族、卡萨皮耶里家族、西斯蒙迪家族、达圣卡夏诺家族、各子爵/维斯孔蒂家族(为了便于计数,不得不将维斯孔蒂家族的三个分支合计为一个家族)、多迪/加埃塔尼家族、奥兰迪家族、卡萨莱家族、卡萨尔贝蒂家族、阿齐/马里尼亚尼家族、埃里齐家族、费代里奇家族/达帕拉肖家族、德屈尔特家族、里库奇家族、安福西家族。只有最后四个家族在 1080 年之前(甚至在 1100 年之前)无迹可寻;这四个家族也是相对微末的家族。到 1200 年左右,这里用到的家族名号在大多数情况下都被证实为比萨当时所谓的"世家门阀"(houses / domūs)——在我们所研究的这个时期很罕见,尽管有一些例外;但是这些名字到此时已是历史文献中的既存姓名。

[64] Luglié,'I da Caprona';关于埃布里亚齐家族,见 Ceccarelli Lemut,'Pisan Consular Families', 128-139;各个家族的成员在 1150 年之后偶尔出任执政官,此前也有一例(埃布里亚齐家族在 1135 年曾有人担任执政官)。

[65] Delfno,'Per la storia', 84-98(di Ripafratta);Pescaglini Monti, *Toscana medievale*, 547-551(da Ripafratta);Ceccarelli Lemut, *Medioevo pisano*, 163-258(Gherardeschi).盖拉尔代斯奇家族在比萨的分支担任该城的大使,直到 1158 年,并且从 1190 年起担任督政官(podestà),尽管此职位定位模糊,但至少表明其城市居民的身份;关于 13 世纪,参见 Cristiani, *Nobiltà e popolo*。10 世纪比萨伯爵们的后人仍专注于乡村/封地的势力,尽管他们至少有一部分人住在城中,在 1109 年就已经服从于城市执政官们,并且在 1167 年还出了一位执政官,参见 Ciccone,'Famiglie di titolo comitale'; Ronzani,'Le prime testimonianze'。唯一在这个时期与公社没有任何联系的家族是(以乡村为根基的)Upezzinghi 家族,以比萨人进驻的土地为基地,位于比萨主教区的东面,参见 Pescaglini Monti, *Toscana medievale*, 449-491。

[66] 后面没有讨论到的家族的相关参考文献,可见于 Tiné,'I discendenti'(Baldovinaschi);Martini,'Per la storia'(Gualandi);Ticciati,'S. Casciano'(da San Casciano);关于但丁的引述,参见 *Inferno* 33, lines 29-30。

[67] 关于"七大豪门"(seven houses)从此时到 15 世纪的情况(不过中世纪后期的

七大家族稍有不同）,参见 Ronzani, 'Nobiltà, chiesa, memoria'。

[68] 关于后文没有探讨的费代里奇家族,见 Iapoce, 'La famiglia Federici';关于埃里齐家族,参见下文注释 73。

[69] Pratesi, 'I Visconti';关于这些土地,见第 39—56 页。关于 1153 年,参见上文注释 50。关于 13 世纪,总体参见 Cristiani, *Nobiltà e popolo*; Poloni, *Trasformazioni della società*。

[70] 关于这个家族,参见 Farina, 'Per la storia';Puglia, 'L'origine', 85-93; Ronzani, La "casa di Gontulino"。关于作为领地总管的潘多尔福·康图里诺,参见 *I placiti*, n. 414。关于恩里科的绰号,参见 *LM*, 第 1405、1879 行。关于努戈拉,参见 *AAP*, vol. 1, n. 132;关于里窝那,参见 *AAP*, vol. 2, n. 154。

[71] Sturmann, 'La "domus" dei Dodi'. 他们的第一块土地是以租赁的形式从达卡普罗纳家族手中获得的,卡普罗纳家族则可能是从侯爵手中获得这些土地的。Tangheroni, 'La prima espansione di Pisa', 10,该作者已经看到了森林的关联性。关于 *LM* 与森林,参见第 98—104 行。关于沙丘,参见 Sgherri, 'Le pergamene', nn. 1-6。

[72] 关于该家族,参见 Ticciati, 'Strategie familiari'。关于 1016/1114 年,参见 *LM*, lines 962-974, 2812-2814, 2912-2936。

[73] 参见 Garzella, 'Marignani'（72-73, 112-113, 关于阿佐·迪马里尼亚诺）;关于巴塞罗那条约,见 *LM*, 137-140。作为发源地的法夏诺,参见 *I placiti*, nn. 421, 433。关于没有亲属关系的西斯蒙迪,见 Ronzani, *Chiesa e "Civitas"*, 84n。埃里齐家族与马里尼亚尼家族,作为 11 世纪的法律专家和早期执政官的家族,后来却较少有人出任执政官,土地也相对很少,参见 Guzzardi, 'Erizi'。

[74] Rege Cambrin, 'La famiglia dei Casalei'（关于财产,见第 179—199 页）。关于巴比罗尼亚家族,参见 *I diplomi arabi*, n. 2。

[75] Ceccarelli Lemut, 'Pisan Consular Families', 124-128.

[76] Rovai, 'La famiglia de Curte'（关于护林员,见第 3—9 页;关于财产,见第 76—90 页）。

[77] Ticciati, 'S. Casciano', 125-126; Garzella, 'Cascina', 73-77. 还要注意:韦基亚诺无疑是一座部分由达圣卡夏诺家族控制,并且可想而知地是与其他伦巴第人家族分享的城堡,但是也没有维系多久,见 Ticciati, 'S. Casciano',

126-127;Ronzani, 'Nobiltà, chiesa', 760-761。

[78] 在文献汇编中,几乎没有这些人物的踪影,除了作为司法界角色。关于他们中的一些人,参见 Classen, Burgundio;关于 1166 年作为执政官的伊尔代布兰多·法米利亚蒂,见 Ceccarelli Lemut, 'I consoli'; Angiolini, 'Familiati, Bandino'(不过只能了解他在博洛尼亚的职业生涯)。

[79] 关于 1182 年,参见 *Gli Annales Pisani*, 73-74。卢卡的情况非常近似。早期的比萨"人民"(popolo),见 Poloni, *Trasformazioni della società*, 38-42。米兰则相反,人民最迟于 1198 年开始活跃,参见 Grillo, *Milano*, 644-657。

[80] Matzke, *Daibert*, 61-74,将这些活动罗列了出来,数量并不多。

[81] *DM*, nn. 63 (a. 1100), 74 (a. 1103). 严格地说,玛蒂尔达赠与了宫邸旁边的两片土地(就像 1100 年的文献记载的),而不是宫殿本身。但是到 1111 年,执政官们和民众将这个地点作为"比萨的论坛"(forum Pisane civitatis),并且女侯爵后来再未对这里发挥过什么影响。可以猜测,要么是第二次捐献实际上也包括那座宫殿,要么是侯爵的土地实际上被城市据为己有,但是无论哪种情况,都发生了权利的转移。参见 Garzella, *Pisa com'era*, 85-88, 109-111。

[82] Ronzani, 'L'affermazione dei Comuni cittadini', 20-30.关于阿尔贝蒂家族的联盟,参见 *Chronicon pisanum*, 102n。

[83] 总体参见 Wickham, 'La signoria rurale in Toscana'. Ceccarelli Lemut, 'Terre pubbliche', 探讨了比萨的伯爵们,是了解比萨附近的乡村领地的入门。

[84] Racine, *Plaisance*, 372.

[85] Wickham, *Courts and Conflict*, 111.

[86] *Constitutum usus*, c. 44, in *I Costituti*, ed. Vignoli, 288-301;事实上,在对知识进行迅速移植时,它多少利用了米兰的《封土之律》(Classen, *Studium und Gesellschaft*, 86)。

[87] 正如确实发生在乡村公社的领袖们身上的情况,在很多地方,他们都是当地的领导阶层,但与军事化的领主并无接触,参见 Wickham, *Community and Clientele*, e.g. 231-234。

[88] *Gli Annales Pisani*, 16.

第四章 罗马

[1] *Liber Pontifcalis*, ed. Přerovský, 727-741.

[2] 我会用“改革”和“改革派教皇”的措辞,加引号,以指代 1046 年之后的时期。这样的措辞是有问题的,因为它们理所当然地采取了利奥九世、格列高利七世及其继任者们的立场,但它们也是便于使用的标签。

[3] 这不会与传统教皇的宏大叙事如出一辙,后者可参见我的《中世纪的罗马》(*Roma medievale*)(涵盖了从 900 年到 1150 年的情况),36—37;那种叙事,除了其固有的瑕疵,几乎对罗马作为一座城市的历史未加考量。目前,关于 1143 年之后的基本记载是 Maire Vigueur, *L' autre Rome*.

[4] Toubert, *Les structures*, esp. 1191-1257, 1314-1348; '*Scrinium et palatium*', 440-455.

[5] 关于罗马,见 *Le Liber Pontifcalis*, ed. Duchesne [后文简称为 *LP*], vol. 2, 331。

[6] 关于“新贵族”的探讨,参见 Wickham, *Roma medievale*, 266-300。关于文献对 nobiles 的提及,对该术语的广泛使用,参见 *Codice diplomatico della Repubblica di Genova*, n. 32; *Patrologiae . . . cursus latina* [后文简称为 *PL*], vol. 129, cols. 699-700, n. 9, cols. 706-707, n. 18; *S. Gregorio*, n. 7。关于弗兰吉帕内家族,参见 *S. Prassede*, n. 26; *Acta pontifcum romanorum inedita* [后文简称为 Pflugk], vol. 3, n. 245; *PL*, vol. 200, col. 178, n. 103; *Le Liber Censuum* [后文简称为 *LC*], vol. 1, n. 64。关于皮耶莱奥尼家族,参见 *Papsturkunden in Italien* [后文简称为 Kehr], vol. 4, 157。进一步的探讨,参见 Kehr, vol. 2, 348-350 (Corsi family); *Epistolae*, ed. Loewenfeld, n. 282 (Sant' Eustachio family)。

[7] 关于希尔德布兰/格列高利,参见 Cowdrey, *Pope Gregory VII*, 37-58, 71-74, 314-329, 213-229。关于琴乔·迪斯特凡诺和他的家族,参见 Borino, 'Cencio del prefetto Stefano', 以及 Whitton, 'Papal Policy', 223-226, 233-236, 244-252。基本文献有 *LP*, vol. 2, 336-337; Beno, *Gesta*, 1.8 (372); Bonizone of Sutri, *Liber ad amicum*, cc. 6-8 (595, 603-606, 610-611)。

[8] 关于审判大会,见 *RF*, nn. 906, 1006, 1013。总体参见 Toubert, *Les structures*, 1316-1319。

[9] 关于诺曼人的侵袭,参见 Hamilton, 'Memory, Symbol, and Arson'。

[10] 关于弗兰吉帕内家族,参见 Thumser, 'Die Frangipane', 113-116;皮耶莱奥

尼家族在这个时期地位不那么显赫,因为世代发生了更替,而关于 1060 年左右的那个时代,参见 *LP*, vol. 2, 334, 336;科尔西家族无疑是格列高利最初的支持者,但是到 1088 年,他们可能已经改换了阵营:参见 *RF*, n. 1115, 这份克莱芒时代的文件是在城市长官彼得罗的主持下签署的,而这时的城市长官似乎已经是一位科尔西家族的成员。

[11] Ziese, *Wibert*, 275-279, esp. *Framing Clement III*, ed. Longo and Yawn.

[12] 关于这些具体的个案,参见 *SMVL*, nn. 120 - 121, 139; *RF*, n. 1115; *Chronicon farfense*, vol. 2, 232-233; ASR, SCD, cassetta 16, n. 109; *RS*, n. 212; *S. Gregorio*, n. 34; Andenna, 'Documenti di S. Paolo', 35-38。

[13] 关于城市长官制度,参见 Halphen, *Études*, 16-27, 147 - 156; Toubert, *Les structures*, 1208- 1209。关于帕斯卡尔二世和科尔西家族,参见 *Liber Pontifcalis*, ed. Přerovský, 711-714, 717-721。

[14] 总体参见 *Liber Pontifcalis*, ed. Přerovský, 705-744。

[15] 参见 Laudage, 'Rom und das Papsttum'; Stroll, *Calixtus II*。

[16] *Liber Pontifcalis*, ed. Přerovský, 750-754,不过非常片面。

[17] 关于 1130 年,最好的记载是 Palumbo, *Lo schisma*,以及 Stroll, *The Jewish Pope*。

[18] 参见中译本第 135 页。

[19] 关于赠礼和金钱/财富,参见 Wickham, 'The Financing of Roman City Politics'。

[20] *RF*, n. 1115.

[21] *Chronica Casinensis*, 3.39, 66, 68; *SMN*, n. 42 (a. 1126); *Codex diplomaticus Cajetanus*, n. 312; Kehr, 'Il diploma purpureo'; *SMN*, n. 49; *S. Gregorio*, n. 7; *SMVL*, nn. 165, 178. 参见 Moscati, *Alle origini*, 138 - 141; Vendittelli, 'Romanorum consules',这篇文章是关于这个头衔的含义如何连续变迁的最佳指南。

[22] *Liber Pontifcalis*, ed. Přerovský, 717-720, 734; *Codex diplomaticus Cajetanus*, n. 312 (a. 1127) with Moscati, '"Una cum sexaginta senatoribus"'; Petersohn, 'Der Brief', 505-507. 关于此前教皇的赐予,参见 *PL*, vol. 143, cols. 831-834, 1305-1309。

[23] 关于枢机,参见 Doran, 'The Legacy of Schism', 75-78;关于宣布无效的行

动，参见 Kehr, vol. 5, 14–15, vol. 2, 348–350, *SMCM*, n. 42；关于教堂，参见 Kinney, 'S. Maria in Trastevere'；关于石棺，参见 Herklotz, *Gli eredi di Costantino*, 19–28。

[24] 关于薪资，参见 *LP*, vol. 2, 383–384。关于法庭程序：一份 18 世纪版本的手稿中保存了一个标志性的专业案例，参见 Biblioteca Apostolica Vaticana, Codices Vaticani Latini 8044, ff. 4–16，该案件始于 1143 年，终于 1145 年。

[25] 关于皮耶莱奥尼，参见 *S. Gregorio*, nn. 7, 89; Bernard of Clairvaux, *Epistolae*, n. 317; *Chronica Casinensis*, 4. 130。关于 1141 年，参见 Müller, 'Der Bericht', 102。

[26] 传统研究专著包括 Fedele, 'L'êra del senato'; Rota, 'La costituzione originaria', 41–53。

[27] 关于比萨的元老院议员，参见 *Documenti sulle relazioni delle città toscane*, n. 7 (a. 1160); *I brevi dei consoli*, 48 (a. 1162)；关于"元老院"这个词更早期在罗马的使用，最好的指南是 Arnaldi, 'Rinascita'。

[28] 关于文献资料，参见 *LP*, vol. 2, 385–386; Otto of Freising, *Chronica*, 7.27, 31; Romualdo of Salerno, *Chronicon*, 228; Godfrey of Viterbo, *Pantheon*, 261; *Carmen de gestis*, 1.808; John of Salisbury, *Historia pontifcalis*, c. 27; *Annales Casinenses*, 310。

[29] Bartoloni, 'Per la storia', 24–27.

[30] 关于这个时期，参见 Otto of Freising, *Chronica*, 7.31, 34; *LP*, vol. 2, 386–387; John of Salisbury, *Historia pontifcalis*, c. 27; Wibald, *Epistolae*, nn. 347, 214, 215。关于宫殿，参见 *Codice diplomatico del Senato romano*, n. 11。在元老院的第一个十年中，两名有名有姓的元老院议员可能也是贵族出身，他们分别是 1148 年的 Grisotto di Censio，他很可能与巴伦齐家有关联；以及 1150 年的 Stefano di Cencio di Stefano di Tedaldo，很可能与琴乔·迪斯特凡诺有关联。参见 *Codice diplomatico del Senato romano*, n. 12, 以及 Wickham, *Roma medievale*, 280–281。

[31] Otto of Freising, *Chronica*, 7.34（关于协议）；*Codice diplomatico del Senato romano*, nn. 12, 13, 这里有最早的几起案件。关于教皇的财务官格雷戈里奥，参见 *Codice diplomatico del Senato romano*, n. 13。

[32] Wibald of Stablo, *Epistolae*, nn. 214–216, 347；关于文艺复兴的景况，参见

Benson, 'Political *renovatio*'; Strothmann, *Kaiser und Senat*, 78-216;以及更加细腻的记述,参见 Petersohn, *Kaisertum und Rom*, 80-109。

[33] *Codice diplomatico del Senato romano*, nn. 41-44;接下来的时期,参见 Thumser, *Rom*。

[34] 我的人口估计是根据 Meneghini and Santangeli Valenzani, *Roma nell' alto medioevo*, 21-24; Hubert, 'Rome au XIVe siècle'; Maire Vigueur, *L' autre Rome*, 36-38:这些著作不仅专注于1050年之前,也聚焦于之后。

[35] Krautheimer, *Rome*, esp. 271-326, 对该作的修正见 Hubert, *Espace urbain* 以及 Wickham, *Roma medievale*, 147-155。

[36] Hubert, *Espace urbain*, 70-74, 83-84, 86-96, 365-368.

[37] 关于1177年,参见 Augenti, *Il Palatino*, 188;关于公社,参见 Hubert, *Espace urbain*, 92-93。关于米兰,参见 *Gli atti del Comune*, nn. 22, 97(关于韦尔切利纳门附近的公地);Barni, 'Dal governo del vescovo a quello dei cittadini', 221-222(关于韦尔切利纳门;他进一步假设,米兰城门附近的社群可能也是军事组织的基地,并且选举出了执政官们;这是米兰历史著作中的共同观点,但证据十分薄弱)。

[38] Toubert, *Les structures*, 938-1081.

[39] Wickham, 'La struttura della proprietà fondiaria'.

[40] 对这个时期租赁的基本分析,参见 Lenzi, *La terra e il potere*。

[41] 相关的研究专著,参见 Wickham, *Roma medievale*, 173-190。

[42] 关于教堂和修道院的更加明显的地区性豁免权,比较保存于 *SMVL* 的 S. Ciriaco 的文献与保存于 *SMN*、*SMCM* 和 *SCD* 的文献。

[43] 参见中译本第129—134页。

[44] 关于弗兰吉帕内家族的统治地位,见 S. Maria Nova/Colosseo,尤其参见 Augenti, *Il Palatino*, 188(a. 1177);关于与圣母教堂的关联,参见 *SMN*;关于圣格列高利/圣格雷戈里奥教堂,参见 *S. Gregorio*, nn. 7, 16, 21-22, 82, 135, 152。

[45] 关于弗兰吉帕内家族,基本著作是 Thumser, 'Die Frangipane'。关于963年,参见 Liutprando of Cremona, *Historia Ottonis*, c. 9;关于1094年,参见 Bernold, *Chronicon*, 509,以及 Geoffroy de Vendôme, *Œuvres*, 288-290。

[46] 关于早期皮耶莱奥尼家族的最佳记述是 Whitton, 'Papal Policy', 185-202。

关于莱昂内,参见 *SCD*, nn. 56 (a. 1051), 73 (a. 1072);关于罗杰二世 1134 年的特许状,见 Kehr, 'Diploma purpureo', 258-259;关于伊索拉,参见 *ASR*, *SCD*, cassetta 16, nn. 109, 118, 137。

[47] 参考文献见 *LP*, vol. 2, 336, 345; *RF*, n. 1097 (a.1084); *SMVL*, nn. 121, 122, 123, 200; *ASR*, *SCD*, cassetta 16, n. 109; *S. Gregorio*, nn. 34, 137 (a. 1131);*RF*, n. 1115; *LC*, vol. 1, n. 123。

[48] 关于描述和分析,最佳研究有 Barbanera and Pergola, 'Elementi architettonici'; Pensabene, 'La Casa dei Crescenzi'; Montelli, 'Impiego dei mattoni';同前, *Tecniche costruttive*。关于铭文,参见 *Iscrizioni delle chiese*, vol. 13, nn. 1339-1341;关于其他家族,参见 *Liber Pontifcalis*, ed. Přerovský, 738-739。

[49] Normanni: *LP*, vol. 2, 345-346; *Chronica casinensis*, 4.38; *Liber Pontifcalis*, ed. Přerovský, 734-741; *Codice diplomatico della Repubblica di Genova*, n. 31; [Otto of Freising and] Rahewin, *Gesta Frederici I.*, 4.77, 80; *S. Gregorio*, n. 24;关于这个 13 世纪的家族,参见 Carocci, *Baroni di Roma*, 381-386。Sant' Eustachio: *RF*, n. 1115; *Codex diplomaticus Cajetanus*, n. 312; *SMVL*, n. 165; *LL*, nn. 1187, 1221; *RF*, nn. 1278, 1085, 1095; *Epistolae*, ed. Loewenfeld, n. 282. 关于琴乔后代的各座城堡,见 *S. Paolo*, nn. 4, 5, 7-11。

[50] 关于担任城市长官的家族,参见 Halphen, *Études*, 149-151; D'Acunto, 'Il prefetto Cencio';以及文献,参见 *LP*, vol. 2, 335; Bonizone of Sutri, *Liber ad amicum*, cc. 7-8 (603, 611); Pier Damiani, *Epistolae*, nn. 145, 155。关于土地,参见 *SCD*, nn. 24, 25, 35, 41; SMT, n. 7; *S. Gregorio*, n. 14; *SMVL*, n. 63; *ASR*, *SCD*, cassetta 16, n. 120 (a. 1132)。

[51] Thumser, *Rom*, 182;关于各男爵家族,总体参见 Carocci, *Baroni di Roma*。

[52] 关于加尔加诺的儿子们,参见 *SMVL*, n. 205。关于他担任总理的职业生涯,参见 Halphen, *Études*, 100-101。关于贝内代托的职业生涯,参见 Chiodi, 'Roma e il diritto romano', 1228-1239;关于他的家族,参见 *SMN*, nn. 15, 33, 38。

[53] 关于曼奇尼家族,参见 *SMN*, nn. 30, 33, 35 verso, 41, 43, 44, 46, 51, 53, 54, 56, 79, 91, 109, 118, 119, 125, 133;作为重要角色,参见 nn. 47, 82, 99;加上 Augenti, *Il Palatino*, 188 (a. 1177); 'Documenti per la storia', n. 19; *LC*, vol. 1, 300。

[54] *SMVL*, nn. 160-162, 172, 175, 176, 178, 194, 216, 225 , 228(*Codice diplomatico del Senato romano*, nn. 34-40,这部作品将彼得罗称为一位元老院议员),258, 266; Baumgärtner, 'Regesten', n. 66;其他各处,参见 *ASR*, *SCD*, cassetta 16, n. 143。

[55] 关于名单,参见 Bartoloni, 'Per la storia'。

[56] 关于书信,参见 Wibald, *Epistolae*, nn. 216, 404, 403。参见 Arnaldo Frugoni, *Arnaldo da Brescia*;Thumser, 'Die frühe römische Kommune', 128-46; Schmitz-Esser, '*In urbe, quae caput mundi est*', 33-42。

[57] 关于 1170 年,参见 Thumser, 'Die Frangipane', 136; Petersohn, *Kaisertum und Rom*, 272-273;主要文献资料,参见 *Annales Ceccanenses*, s. a. 1170 (286);关于豹子,参见 Fedele, 'Il leopardo e l'agnello', 215。

[58] Maire Vigueur, *L'autre Rome*, 306-310.

[59] John of Salisbury, *Historia Pontifcalis*, c. 31; Wickham, 'Getting Justice'.

[60] 参见 Thumser, *Rom*, 239-256; Moscati, 'Benedetto "Carushomo"'。

[61] Maire Vigueur, *Cavaliers et citoyens*, 220-246, 341-346.

第五章 意大利

[1] 韦尔切利、贝加莫、克雷莫纳、帕多瓦、佛罗伦萨以及阿雷佐,保存的记录最佳;参见本章注释 18, 20, 23, 26, 30, 32。Maire Vigueur, *Cavaliers et citoyens*, 339-341,作出了类似的批评。

[2] Bordone, *La società cittadina*, 160-182; Maire Vigueur, *Cavaliers et citoyens*, 220-246。然而,这两部著作使用了不同的标准去创立城市的类型学,专注于执政官(博尔多内)或者更广泛的城市骑马民兵(梅尔·维古厄)之中的主教封臣和领主利益;我将会更多地聚焦于执政官们的财富,只要是能够确定的,并且聚焦于公社制度化的步伐。Opll, *Stadt und Reich*, 178-480,也逐个城市地汇集了大量关于 12 世纪意大利多数城市的信息(尤其是阐述了它们与皇帝们的关系);他的数据很有用,但是对于我们所研究的时期,并不总是可靠。

[3] 关于卡法罗的职业生涯,参见 Petti Balbi, *Caffaro e la cronachistica genovese*;同前,'Caffaro'; Schweppenstette, *Die Politik der Erinnerung*, 51-96。后面这部著作,尤其是第 83—153 页,以及 Placanica, 'L'opera storiografca di Caffaro',是

当前关于《年鉴》的结构和策略的基本指南。关于卡法罗的最初的措辞，他在1150年代的大使职位，以及《东方城市解放记》(*De liberatione civitatum Orientis*)，参见 *Annali genovesi*，5，39，51，99；关于1111年，参见 *Le carte del monastero di San Siro di Genova*，n. 73。关于执政官的名单，参见 Olivieri，'Serie dei consoli'；但是该作的数据大量地来自卡法罗。

[4] *Annali genovesi*，111(*consulatus*)，25 (1130)，11 (Guglielmo Caputmalli)，155-156 (Oberto)；1098年，参见 *Codice diplomatico del monastero di Santo Stefano*，n. 96 (这里的日期不确定，但很有可能属实)。关于12世纪二三十年代的执政官的出身，至此为止，最佳分析是 Bordone，'Le origini del comune di Genova'。博尔多内遵从 Pavoni，'Dal Comitato di Genova al Comune'，162-163，也将最早的执政官集团(compagna)的日期标注为1100年，而不是1099年；帕沃尼进行了歪曲的论述，以便使得卡法罗关于十八个月没有执政官的说法显得正确，但我们手中已经有了1098年的文献。在我看来，对于卡法罗《年鉴》的直接解读，依然给出了1099年的说法；我们需要承认，他可能有意或无意地搞错了年表。关于比萨的执政官们的日期问题，1098年的文献十分重要。

[5] 关于1104—1109年的国际协议，参见 *Codice diplomatico della Repubblica di Genova*，nn. 16，20，22，24。根据档案，1140年为止的执政官法庭案件中标注日期在1130年之前的：同上，nn. 45 (a. 1127)，49，50，77，93；*Codice diplomatico del monastero di Santo Stefano*，nn. 104 (a. 1109)，110，115；*Le carte di Santa Maria delle Vigne*，nn. 3 (a. 1109-1110)，6；*Le carte del monastero di San Siro di Genova*，n. 73 (a. 1111)；Belgrano，'Il registro della curia arcivescovile di Genova'，27-28，56-60(aa. 1117，1123)；*I libri iurium*，vol. 1. 3，n. 524 (a. 1127)；*Le carte del monastero di Sant' Andrea della Porta*，n. 2。所有之中最早的，来自1104—1105年，涉及卡波迪蒙特猎隼的权利。意大利城市公社的司法历史始于一个关于猎隼的判决，这本身就十分引人入胜。

[6] 关于"议会"(parlamentum)，1117年的文本可见于 Belgrano，'Il registro della curia arcivescovile di Genova'，56-57。卡法罗也在1101年和1123年(以及后来)提到了"议会"(parlamenta)；他在这里是亲眼见证者，不过是在后来才付诸纸笔的；这些早期的引述集合在一起，意味着很可能这个词最初是一个热那亚词。*E-mgh* 并没有更早的参考；《早期拉丁教父文献集》(*Patrologia*

Latina)记录了一则可能更早的引述,是 1089 年教皇乌尔班二世写给韦莱特里居民的一封信,但是语境似乎不同。

[7] 近期两部关于热那亚家族群组最重要的研究,都是博士学位论文:Filangieri, 'Famiglie e gruppi dirigenti a Genova', 1-189; Inguscio, 'Reassessing Civil Conflicts in Genoa'。应当注意:卡斯基费洛内实际上是一座城堡——这一点并未明显出现在任何我所看到的资料中。

[8] 参见 Inguscio, 'Reassessing Civil Conflicts in Genoa', 78-103, 112-134, 154-159, 187-235。然而,热那亚的文献并不能使我们完全了解这些家族拥有土地的活动,因为它几乎没有出现在公证记录中,由此我们无法完全肯定。

[9] 关于执政官们或执政官集团(compagna)非永久性的设想,参见 *Codice diplomatico della Repubblica di Genova*, nn. 97, 205。关于其他城市的类似之处,比较 Faini, *Firenze*, 271-272;Grillo, 'Il comune di Vercelli', 166。热那亚另一个不同寻常的特点是:执政官集团明显不包括所有的热那亚人,参见 *Codice diplomatico della Repubblica di Genova*, n. 128, at 155-157。1130 年之后,独立的审判执政官(consules de placitis)似乎并没有构成一个向明显更为广泛的社会阶层敞开的官职。早期公社的文献中,主教的角色并不突出,哪怕事实上许多早期执政官的判决都在大主教的文献中保存了下来,但是那些判决中的大多数,都是在大教堂或主教宫作出的,这暗示主教(从 1133 年起,为大主教)至少有某种仪式上的重要性。

[10] 关于比萨,参见本书第三章注释 14。

[11] 首先要参见 Inguscio, 'Reassessing Civil Conflicts in Genoa'。

[12] *Codex Astensis*, vol. 3, nn. 635, 707. 参见 Fissore, *Autonomia notarile*, 11-34;同前, 'Problemi';对此问题的探讨,参见 Bordone, *Città e territorio*, 352-377;关于之前的政治背景,同上, 311-351。

[13] 参见 *Codex Astensis*, vol. 3, nn. 890-891 (a. 1108);关于 1103 年, Adriani, *Degli antichi signori di Sarmatorio*, 314-315;*Le carte dell' Archivio capitolare*, nn. 3, 6-7 (aa. 1111, 1123)。关于执政官们的社会构成,参见 Bordone, *Città e territorio*, 365-366, 373-376,这是权威文献,但缺乏细致的记述。

[14] Cognasso, 'Pergamene', 13-17, 18-19.

[15] *Le carte dell' Archivio capitolare*, nn. 95, 97;*Codex Astensis*, vol. 2, n. 117,可能也指的是 1171 年的一份执政官判决。

[16] 参见 Fissore, *Autonomia notarile*, 13-25,接着是 Bordone, *Città e territorio*, 355;1098 年的文本也被下面的著作所接受:Sergi, *Potere e territorio*, 154, 以及 Provero, *Dai marchesi del Vasto*, 66-67。该文本有太多次要的细节,但应该不是完全伪造的。关于 1103 年,参见上文注释 13;除了问题重重的细节,还要再加上对"公社"作为名词的反复使用,早期完全没有任何类似的情况。

[17] 关于 1112—1118 年和诺瓦拉,Bordone, '"Civitas nobilis et antiqua"'。关于托尔托纳,*Il Chartarium Dertonense*, n. 2。

[18] 关于韦尔切利,分析精到的基本著作是 Panero, 'Istituzioni e società'; Degrandi, 'Vassalli cittadini'; Barbero, 'Vassalli vescovili';以及 Grillo, 'Il comune di Vercelli'。关于米拉尼,以及我对他的术语的微小调整,参见本书第一章注释 29。来自第三层级精英的司法界人士则相反,在韦尔切利城市公社的执政官之中,没有证据证实其存在,参见 Barbero, 'Vassalli vescovili', 299。

[19] Keller, *Signori e vassalli*, esp. 6-30.

[20] Menant, 'Bergamo comunale', 17-27;同前, *Campagnes lombardes*, 633-655, 是关于主教周围的领主和许多城市家族的。De Angelis, *Poteri cittadini*, 关于民众集会,见第 269—270 页,关于早期执政官文件的文献,见第 341—367 页,关于阿扎诺的阿纳尔多,见第 236—243 页——与他类似的还有他的同时代人物兰弗兰科(Lanfranco),后者也是一位公开活跃的、根据文献记载没有土地的法学家,但很可能也是一位执政官,因为去世太早,没能保存下来其作为执政官时参与的案件。晚期的审判大会,参见 *I placiti*, nn. 459, 467, 470-471。

[21] 关于 1117 年的文献,参见 De Angelis, *Poteri cittadini*, 341-346;关于早期城市公社的不确定性,见第 282、293—294、295—299 页;关于"几乎",见第 288—292 页。

这里还可以加上帕维亚;它似乎早在 1112 年就由执政官们处理法庭案件,尽管争议文件也表明:帕维亚的基本司法权力的持有者依然是宫廷伯爵,显然他在执政官的判决之后召开旧式的审判大会;因此伯爵在这里的角色,犹如其他城市中的主教们。在帕维亚,1150 年之前,只有两部提到执政官的参考文献保存了下来,并且司法执政官们(consules iusticie)直到 1157 年才首次现身。尽管如此,司法界人士在这里最早的执政官之中地位显赫,与这个王国的旧有政治/法律中心相符;1112 年的资深人物实际上就是甘博洛的乌戈本人,他是《封土之律》的作者之一。参见 Lane,'The Territorial Expansion', 71-123;对于 1112 年的文本,莱恩的怀疑比我更重。这是已知伦巴第地区首个由执政官审理的案件,第二个来自科莫——参见下文注释 25。

[22] Racine, *Plaisance*, 204-236, 358-375; Bulla, 'Famiglie dirigenti'; Fugazza, *Diritto, istituzioni*, 6 (1093 年文本), 20 (1133 年文本), 19-29;同前, '"In palatio episcopi"', 21-34,该作是一篇重要的分析,强调了民众集会如何在日期上早于执政官。关于 1090 年,参见 *Johannis Codagnelli Annales*, 1-3。关于 1126 年和 1135 年,参见 Il *Registrum Magnum*, vol. 1, n. 53; vol. 3, n. 804。

帕尔玛可以加进来:它在 1115 年之后很快就有了执政官,但是它的民众集会在 12 世纪早期更加突显,而 12 世纪最初的十年中,市民已然在作为一个团体而行动。

[23] 参见 *Le carte cremonesi*, vol. 2, nn. 242, 273, 279, 296-298, 316;关于 1132 年,参见 *Die Lombardische Briefsammlung*, nn. 34-35;更全面的分析,参见 Menant, 'La prima età comunale'"。Banti, '"Civitas" e "Commune"', 225-227,对 1097 年引述内容的批判态度比我更甚。

[24] 这里可以加上布雷西亚:1120 年左右,该城既有市民大会(concio),也有公社(*Liber Potheris*, n. 2),在 1127 年还有了实行岗位轮替制的执政官们(同上, n. 3)。(如果同上., n. 1 属实,那么它的城市集市在 1038 年就已经得到了明确的界定;不过,Menant, *Campagnes lombardes*, 586 质疑了这一点。)这里的市民大会(concio),或者至少是城市社群,显然足够强大到有能力在 1135 年或 1139 年将城市执政官们驱逐的地步,参见 *Annales Brixienses*, 812;1150 年市之前,没有几位执政官有姓名可考。

[25] 科莫在 1114 年有了执政官,他们审判了另一桩早期争议(*Liber statutorum consulum Cumanorum*, 379-380;参见 Faini, 'Le tradizioni normative delle città toscane', 474n;这份文献展现了一份执政官的判决,是基于誓言的帮助,并且是在一次民众集会上作出的);洛迪在 1117 年召开了一次大会(*aringo*)。

[26] Castagnetti, *Società e politica a Ferrara*, 57-78, 127-169;Rippe, *Padoue*, 323-379; Castagnetti, 'L'età precomunale', 57-63, 以及同前, 'Da Verona a Ravenna', 370-374, 这是关于维罗纳的。关于拉文纳,参见 Pini, 'Il

comune di Ravenna', 209-219; Vasina, *Romagna medievale*, 171-183, 229-244, 以及关于关键文献,参见 201-209, 246-247;Castagnetti, 'Da Verona a Ravenna', 459-486。一部 1138 年的著名文本,由瓦西纳(Vasina)编辑,受到如上所有文献的探讨,描绘了领主、封臣和民众三个层级,他们代表该城行事而无需中介,还设想了拉文纳以及弗利未来的联合执政官们,他们通过复杂的程序选举产生;但是这一协议没有明显的持久性的结果,亦参见 Maire Vigueur, *Cavaliers et citoyens*, 352-353。拉文纳的执政官们在他们极少的记录在案的行动中,与大主教没有联系。还要注意,就像在罗马一样,在拉文纳,执政官是一个意指"贵族"的古老的词语,1109—1115 年与过去相比,可能根本没有多大变化。

[27] 博洛尼亚:Wandruszka, *Die Oberschichten Bolognas*, 28(引文),57-70;关于 1149 年,参见 Milani, *L'esclusione dal comune*, 27-28; Fried, *Die Entstehung*, 73-87(关于法律专家,84-87)。关于摩德纳,参见 Rölker, *Nobiltà e comune*, 121-152;1142 年,摩德纳的执政官们是主教的封臣(包括拥有城堡者和类似的人);同样,在接下来被提到的 1167 年,他们也大多是主教的封臣(包括两位法律专家)。关于这里没有讨论到的总督(rectores),参见 Banti, *Studi di storia*, 20-47;最有用的做法是将他们看作首席督政官(proto-podestà),尽管他们确切的政治背景遭到了误解。在这个时期,他们大多数是贵族。

[28] 参见 Andrea Castagnetti, 'Il primo comune'。

[29] 参见 Savigni, *Episcopato e società*, 47—97; Wickham, *Courts and Conflict*, 22-40, 51-61, 85-88;关于罗兰多,参见本书第二章注释 58。我在这里将安特尔米奈利家族抽离出第一层级的精英。然而,连不倾向于公社的贵族在卢卡人之中也不是非常有权势,而且没有多少人以任何方式抵制公社。关于 1119 年的文本,参见 Blomquist and Osheim, 'The First Consuls';关于 1080 年代,参见 Rangerio, *Vita metrica*, lines 5249-5646。

[30] Enrico Faini, *Firenze*, 137-140, 150-154, 243-279, 297-320, 332-363;加上附录 18-19, 21-22, 27-28, 37-45; Maria Elena Cortese, *Signori, castelli, città*, esp. 209-258。

[31] Faini, *Firenze*, 362.

[32] Jean-Pierre Delumeau, *Arezzo*, 847-861, 1109-1124, 1142-1158; idem, 'Des Lombards de Carpineto aux Bostoli', 82-99.

锡耶纳有着相当类似的发展轨迹,尽管对主教没有敌意:Cammarosano, *Tradizione documentaria*, 35-47; Delumeau, *Arezzo*, 1113-1115。皮斯托亚也是如此,执政官们早在1105年就有了文献记载,但是司法记录以及著名的法律条文直到1170年代之前都没有出现。佩鲁贾也是一样,它无疑是翁布里亚地区最强大的公社,却几乎没有像这样的文献记载(在它的首批执政官于1139年出现之后),直到1180年代;这里我们至少可以说,它与主教或领主世界都没有多少关联,参见 Grundman, *The Popolo at Perugia*, 12-18; Cammarosano, *Studi di storia medievale*, 151-157。关于这个时期这三座城市的证据都太匮乏了,因而在这里无法进行更加全面的分析。

[33] Wickham, 'La signoria rurale'.

[34] 维泰博却不是这样:Opll, *Stadt und Reich*, 474-475,记录了维泰博部分城墙建造的铭文"根据执政官和全体人民的命令"(ex precepto consulum et totius populi)标注的日期不是1099年(甚至也不是铭文中提到的实际日期1095年),而是教皇犹金三世在位期间,大约1150年,参见 Bottazzi, 'Tra papato e impero', 326-340。

[35] 关于翁布里亚、拉齐奥和马尔凯,参见 Maire Vigueur, 'Comuni e signorie', 383-396;关于贝内文托,参见 Falcone, *Chronicon*, cols. 1202-1206 。关于关键的时刻,参见 Oldfeld, *City and Community*, 51-54, 59-60, 65-66, 77-80。关于普罗旺斯,参见 Poly, *La société*, 310-317;多数城市公社(在法语中称为consulats)最早在1140年代得到证实,但法国的阿尔勒自从1131年就已经有了,其展现出的惊人的自我认知,在别处只有罗马可以匹敌,虽然这个贵族统治的城市公社没有证据证明存在社会争论的迹象。

[36] 这殊途同归地符合结论,Cortese, 'Aristocrazia signorile e città'。

[37] Schwarzmaier, *Lucca*, 326-327.

[38] 我们或许还可以将阿斯蒂包括进来,考虑到它小心地从主教权力网络中分离出来,以及它迅速发展的商业部门,这带来了许多新兴的家族;以及博洛尼亚,在那里法学家们的影响力如此巨大,虽然我们并不十分清楚他们的个人财产状况;还有大约1180年之后的帕维亚(Lane, 'The Territorial Expansion', 111-115)。

[39] Rippe, *Padoue*, e.g. 368(Jonas), 373-374 (Nicolò), 375-376 (Raimondo).

[40] 对民众集会的进一步概括,见 Wickham, 'The "Feudal Revolution"'。对意大

利其余地方的基本分析，见本书第二章注释 15 中的科尔曼和格里洛。

[41] 在维罗纳，于 1107 年与威尼斯缔结条约的这个集体，比文献记载中最早的执政官早了三十年（Castagnetti，'Feudalità e società comunale'，226-230，232），这个集体可能是一个正式的民众集会，但是文献没有这么说，而卡斯塔涅蒂将它看作"偶然现象"。

[42] Banti，'"Civitas" e "Commune"'，229-232.

[43] 参见最晚近的著作 Faini，'Le tradizioni normative delle città toscane'，463-465，471-479。

[44] Hay，*The Military Leadership*，76-167.

[45] 关于锡耶纳，参见 Cammarosano，*Studi di storia medievale*，232-233。

[46] *Die lombardische Briefsammlung*，n. 43；比较弗赖辛的奥托（Otto of Freising）大意相同而更少中立性的抱怨之辞，*Chronica*，7.17，19，27，esp. 29。绕不开的类似作品是托马斯·比松（Thomas Bisson）关于后加洛林王朝时代西法兰西和其他地方在国家衰落之后地区暴力更加严重的著作，最晚近的总结，见 *The Crisis*，41-68，亦参见 Fiore，'Dal diploma al patto'，关于这个时期旨在缔造地方和平的更加正式的乡村协定。

[47] 'Il "Liber Pergaminus"'，lines 87-126（关于主教），205-262（关于喷泉），271-292（关于执政官）；关于年鉴，Wickham，*Land and Power*，298，307-308。

[48] 即后罗马时代的不列颠，参见 Wickham，*Framing*，330-331。

致　谢

非常感谢普林斯顿大学和普林斯顿大学出版社于2013年5月邀请我举办劳伦斯·斯通讲座，我在这次讲座上的讲稿为本书奠定了基础；尤其要感谢的是：极尽地主之谊的Philip Nord和Brigitta van Rheinberg，令我和妻子Leslie Brubaker感到宾至如归的Peter Brown、Pat Geary、John Haldon、Bill Jordan、Helmut Reimitz和Jack Tannous，以及所有提出问题和批评意见的人，他们极大地改善了随后成书的品质。我也非常感激Eddie Coleman，他为整本书提供了批评意见，还有为第一章到第三章提供批评意见的Leslie Brubaker，为第二章提供批评意见的Paolo Grillo，为第三章提供批评意见的Mauro Ronzani，以及为第五章提供批评意见的Sandro Carocci和弗朗索瓦·梅南。罗马多里亚·潘菲利档案馆的Alessandra Mercantini亲切备至，使我在这个关键的档案保管处的查阅工作轻松不少。此外，我的其他老友，比如Maria Luisa Ceccarelli Lemut、玛利亚·埃莱娜·科尔泰塞、Alessio Fiore、Pino Petralia、Gigi Provero、Gianluca Raccagni和Enrica Salvatori，也提供了至关重要的帮助，他们或是提出建议，或是向我展示他们未发表的作品。就像往常一样，若没有朋友们，我这本书的价值恐怕会大打折扣。

克里斯·威克姆

2013年10月，伯明翰

一頁 folio

始于一页，抵达世界

Humanities · History · Literature · Arts

出品人　范新
出版统筹　恰恰
版权总监　吴攀君
印制总监　刘玲玲
营销编辑　张延　戴翔
新媒体　赵雪雨
装帧设计　陈威伸
内文制作　陆靓

Folio (Beijing) Culture & Media Co., Ltd.
Bldg. 16-C, Jingyuan Art Center,
Chaoyang, Beijing, China 100124

一頁 folio
微信公众号

官方微博：@一頁 folio ｜官方豆瓣：一頁｜媒体联络：zy@foliobook.com.cn